谢绍平 著

中学物理教师对探究教学的适应性研究：
课程改革的视角

U0646517

北京师范大学出版集团
BEIJING NORMAL UNIVERSITY PUBLISHING GROUP
北京师范大学出版社

图书在版编目(CIP)数据

中学物理教师对探究教学的适应性研究：课程改革
的视角 / 谢绍平著. -- 北京：北京师范大学出版社，
2025.1. --（教育技术学教学研究丛书）. -- ISBN
978-7-303-30238-3

Ⅰ. G633.72

中国国家版本馆 CIP 数据核字第 2024VL2032 号

出版发行：北京师范大学出版社 https://www.bnupg.com
　　　　　北京市西城区新街口外大街 12-3 号
　　　　　邮政编码：100088
印　　刷：北京虎彩文化传播有限公司
经　　销：全国新华书店
开　　本：787 mm×1092 mm　1/16
印　　张：11.75
字　　数：329 千字
版　　次：2025 年 1 月第 1 版
印　　次：2025 年 1 月第 1 次印刷
定　　价：42.00 元

策划编辑：王建虹　　　　　责任编辑：安　健
美术编辑：李向昕　　　　　装帧设计：焦　丽
责任校对：王丽芳　　　　　责任印制：马　洁

前　言

我国正处在全面推进教育现代化、建设教育强国的伟大征程中。教育强国建设的关键在于教师队伍建设。党的二十大报告指出，要坚持教育优先发展，加快建设教育强国，培养高素质教师队伍。习近平总书记在《扎实推动教育强国建设》重要讲话中进一步指出，强教必先强师，要把加强教师队伍建设作为建设教育强国最重要的基础工作来抓，大力培养造就一支师德高尚、业务精湛、结构合理、充满活力的高素质专业化教师队伍。但教师在践行教育强国建设、推进教育教学改革中还存在对新教育理念和教学方式等的适应性问题，从而影响和阻碍着教师专业化建设。近年来，世界各国都把发展学生核心素养作为重要的教育理念加以推广。我国在全面深化基础教育课程改革中也把发展学生的核心素养作为重要的课程理念和课程目标加以强调和实施。在全面发展学生核心素养大背景下，探究教学对培养学生的科学精神、实践创新等核心素养具有重要的价值，因此探究教学得到了进一步的巩固和加强。教师是课程的实施者，探究教学的课程理念必须通过教师的教学才能得到落实。然而，由于各种主、客观因素的影响，教师在适应探究教学的过程中还存在诸多问题，从而影响和阻碍着探究教学课程理念的落实，也影响着教师自身专业素质的提高。因此，帮助教师解决探究教学的适应性问题，增强他们对探究教学的适应性是探究教学实践的迫切需要，也是教师专业化建设的必然要求。已有的相关研究几乎都集中于探究教学本身，从教师对探究教学适应的角度所进行的研究还非常缺乏。基于这样的背景和缘由，本书以中学物理教师为研究对象，从课程改革视角对他们关于探究教学的适应性问题进行了全面、深入的论述，揭示中学物理教师对探究教学适应性的本质规律，为增强教师对探究教学的适应性提供理论指导和工具支持。

本书对当前教育改革的意义主要有以下两个方面。

第一，为促进和支持新时代高素质教师队伍建设发挥积极的作用。教师专业素质培养是高素质教师队伍建设的重要内容之一，具备对探究教学的良好适应性是新时代教师专业素质的重要组成部分。本书立足于帮助解决教师对探究教学的适应性较薄弱这一现实问题，通过提供相应的理论指导和工具支持，促进教师增强对探究教学的适应性。教师对探究教学适应性增强的过程即教师专业素质提高的过程。

第二，为深化基础教育课程改革发挥积极的作用。当前我国基础教育课程改革已进入以全面发展学生核心素养为宗旨的新阶段。本书通过帮助教师增强对探究教学的适应性，可以激励教师更加积极、主动地开展探究教学实践，有效提高探究教学的质量，从而更好地发挥探究教学在培养学生核心素养方面的重要作用，促进以核心素养为导向的课程理念和课程目标的落实。

本书的主要内容包括以下四个方面。

首先，对"教师对探究教学适应性"及相关概念进行了辨析。在对已有的"探究教学"定义进行梳理、分析的基础上，对"探究教学"内涵予以界定；构建了一种新的探究教学"探究性"评价标准；辨析了探究教学与启发式教学、探究教学与实验教学的关系。在对"教师适应性"内涵进行梳理、分析的基础上，得出了"教师对探究教学适应性"内涵的界定。

其次，以5位中学物理教师为研究样本，主要运用深度访谈和课堂观察等定性研究方法，对中学物理教师关于探究教学的适应性现状进行了深入探析。总体上，中学物理教师对探究教学的适应性还比较弱，主要表现在：教师对探究教学内涵的认识欠准确和全面，开展探究教学的行为倾向性较弱，探究教学行为的探究性较弱，自我学习中普遍存在过于重视实践性知识而轻视理论知识的倾向；外界提供的支持内容主要面向传统的授受式教学，而针对探究教学的支持内容很少。

再次，在相关理论的基础上，结合现状研究的发现与启示，构建了中学物理教师对探究教学适应性理论框架。中学物理教师对探究教学适应性理论框架由理论基础、适应性内容和适应过程三部分构成，后两者为理论框架的核心部分。理论基础主要包括适应性理论、教师专业发展理论和探究教学理论；适应性内容包括认识适应、态度适应、能力适应和教学行为适应四个方面；理论框架的适应过程部分对中学物理教师适应探究教学的过程机制进行了深入阐释。

最后，构建了中学物理教师对探究教学适应性评价指标体系。在所构建的中学物理教师对探究教学适应性理论框架的基础上，初步构建了中学物理教师对探究教学适应性评价指标体系。运用专家咨询法对初步构建的探究教学适应性评价指标体系进行了修改和完善，得到了最终的中学物理教师对探究教学适应性评价指标体系。

另外，本书提出了一些旨在帮助中学物理教师解决探究教学适应性问题的建议，并对后续的相关研究进行了展望。

本书的创新之处主要体现在以下三个方面。

第一，研究视角的创新。本书从教师适应性和探究教学相结合的视角，深入探讨了中学物理教师对探究教学这种具体教学方式的适应性问题，这是对已有的教师适应性研究的深入和细化，也是对探究教学研究在方向上的拓展。

第二，研究内容的创新。所构建的中学物理教师对探究教学适应性理论框架，对中学物理教师关于探究教学适应性的本质规律进行了全面、深入的揭示与阐释；所构建的中学物理教师对探究教学适应性评价指标体系，可以较全面、准确地评价中学物理教师对探究教学的适应性状况。

第三，研究方法的创新。现状研究中运用了课堂观察和深度访谈等定性研究方法，弥补了以往探究教学现状研究中定量研究方法运用较多、定性研究方法运用较少的缺陷。

本书可供广大教师、师范生及教学管理和研究人员参考。由于作者学识和水平的局限，书中难免有不足之处，恳请广大读者不吝赐教。

目　录

第一章　导论

一、研究背景

（一）科学探究是国际科学教育改革的核心理念

科学探究对于培养学生的科学素养、交流与合作能力、创新精神与实践能力具有重要的价值。"以科学探究为核心"已经成为国际科学教育界的共识，世界各国纷纷把科学探究作为科学教育改革的核心理念加以推广。引领国际科学教育改革潮流的美国在其《美国国家科学教育标准》中明确提出：科学探究是学生科学学习中最基本的、起支配作用的原则，是科学教育的核心。[①]

我国于20—21世纪之交开始的新一轮基础教育课程改革也是在国际科学教育改革的背景下进行的，"以科学探究为核心"的课程理念也被吸收到了我国的课程改革中。本轮基础教育课程改革的纲领性文件《基础教育课程改革纲要（试行）》指出：课程改革的目标之一是"改变课程实施过于强调接受学习、死记硬背、机械训练的现状，倡导学生主动参与、乐于探究、勤于动手"，教学过程要"引导学生质疑、调查、探究，在实践中学习"。各理科课程标准都把"科学探究"放在与"科学内容"同等重要的地位，两者并列作为课程内容，凸显了对科学探究的重视，能够有效培养学生的科学素养、实践能力与创新精神等素质。

探究教学的课程理念必须通过教师的教学才能得到落实，从而凸显优势、发挥价值。然而，由于探究教学的课程理念进入我国的时间还不长，我国的授受式教学传统还很浓厚，外界向教师所提供的支持还比较薄弱等，教师在适应探究教学的过程中还存在诸多的困难和障碍，从而影响了探究教学的效果，也阻碍着探究教学课程理念的落实。

（二）教师在探究教学的适应性方面存在诸多问题

本书以中学物理教师为例，对他们关于探究教学的适应性状况进行了大量的文献研究和实践调研，发现教师在探究教学的适应性方面还存在诸多问题。

1. 许多教师仍然习惯沿用传统的授受式教学

受我国传统教学观念的影响，许多教师习惯沿用授受式教学方式，而不太习惯开展对他们来说还比较陌生的探究教学。廖伯琴教授的课题组通过调查发现，教师们原来的

---

① ［美］国家研究理事会：《美国国家科学教育标准》，23页，戴守志等译，北京，科学技术文献出版社，1999。

授受式教学习惯难以改变，对探究教学缺少经验。[①] 原东生调查了河南省 52 所学校的中学物理探究教学的实施情况。调查结果发现，对于教材中规定的 35 个科学探究项目，有一半的项目没有实施探究教学，还是采用传统的授受式教学。[②] 丘名实对海南省 11 个少数民族与贫困县市的 189 名乡镇初中物理教师进行了问卷调查，发现 90% 的教师没有按课标要求对有关内容开展探究教学。[③] 笔者于 2011 年 7 月对贵州省黔东南苗族侗族自治州的 198 名中学物理教师进行了问卷调查。[④] 调查结果表明，对于教材中的探究教学内容，63.6% 的教师少部分采用探究教学方式，20.2% 的教师大部分采用探究教学方式，14.7% 的教师从未采用探究教学方式，还是采用传统的授受式教学，而全部采用探究教学方式的教师只有 1.5%。另外，从我国举行的一些优质课比赛来看，课例绝大部分是传统的授受课，而探究课很少，这也从一个侧面反映了教师习惯沿用传统的授受式教学。

2. 教师对探究教学内涵的认识比较模糊

教师正确认识探究教学的内涵是表现出适宜探究教学行为的前提，然而现实中很多教师对探究教学内涵的认识还比较模糊。丘名实在调查中发现，有 35% 的教师不能正确认识探究教学的内涵。[⑤] 王晶莹、张跃对 12 名中小学理科教师（包括小学科学、初中科学、初高中物理等学科的教师）进行了焦点团体访谈。结果表明，很多教师对探究教学的认识存在偏差和误区，如认为探究就是做实验，把科学探究的七要素当作探究教学的固定步骤。[⑥] 还有的教师认为，将原来的演示实验改为学生分组实验就是实施了探究教学。[⑦] 笔者的调查研究也表明，有约 30% 的教师认为探究教学就是让学生做实验，31.7% 的教师认为探究教学的目的是使学生掌握知识与技能。

3. 探究教学存在着"形似而神离"的现象

由于对探究教学内涵的认识存在着偏差，教师们往往注重探究教学的"形"（形式）而忽视了探究教学的"神"（本质）。探究教学的"神"就是要给学生充分的自主性，让学生经历科学探究的过程，从而培养他们的科学素养。张杰、朱炜通过调查发现，教师在探究教学中注重知识教学、指导过多[⑧]，很少采用真正意义上的探究教学方式。这在一些所谓"探究教学案例"或"探究教学设计案例"之类的书籍中也可以得到印证，因为它们所列举或设计的教学案例大部分实质上还是传统的以知识和技能为中心的授受式教学，只不过增加了教师提问的次数，增加了实验的机会，但还是教师主导着课堂，而很少给学生自主探究的时间和机会。

4. 教师关于探究教学的知识比较薄弱

拥有扎实的关于探究教学的知识是教师有效实施探究教学的基础和前提，然而教师

① 廖伯琴：《世纪之交中国基础教育物理课程改革》，391 页，北京，北京师范大学出版社，2010。

② 原东生：《初中物理科学探究教学现状与策略》，载《课程·教材·教法》，2008(5)。

③ 丘名实：《农村地区教师科学探究教学能力现状调查与分析》，载《继续教育研究》，2010(3)。

④ 调查数据详见本书的附录 C。

⑤ 丘名实：《农村地区教师科学探究教学能力现状调查与分析》，载《继续教育研究》，2010(3)。

⑥ 王晶莹、张跃：《中小学科学教师探究教学认识现状调查》，载《中国教师》，2010(15)。

⑦ 董素静：《中学理科实验探究教学新模型研究：基于部分理科师生调查的分析》，博士学位论文，西南大学，2010。

⑧ 张杰、朱炜：《物理科学探究教学的现状及思考》，载《中学物理教学参考》，2010(6)。

关于探究教学的知识还比较薄弱。王晶莹、张跃在调查中发现，教师比较缺乏探究教学的情境性知识和策略性知识。[①] 刘健智、肖晓兰对湖南省某县的 8 所农村初中学校的物理探究教学的现状进行了调查，发现教师比较缺乏关于探究教学的指导策略知识和教学设计知识。[②] 丘名实在调查中发现，许多教师对探究教学的实施存在模式化的认识，在创设问题情境、设计真实的学习任务方面比较薄弱。[③] 兰智高、周宏弟对湖北和山东部分中学的 156 名物理教师的探究教学进行了问卷调查。结果发现，91.2% 的物理教师认为在教学中开展探究教学较难，教师对探究教学的认识不足、教学理念落后、缺乏实施探究教学的策略知识是其中的重要因素。[④] 笔者在调查中也发现，对于科学探究及探究教学的有关知识，有 45.5% 的教师表示不太了解，27.3% 的教师表示很不了解。

综上所述，虽然探究教学理念在我国课程改革的政策层面上得到了高度重视，然而作为课程实施者的教师在探究教学的适应性方面还存在诸多的问题，严重影响着探究教学的效果，进而也影响和阻碍着探究教学课程理念的落实。因此，帮助教师解决对探究教学的适应性问题、促进教师对探究教学的适应是现实的迫切需要。

课程改革专家富兰 (M. Fullan) 曾说过：教师在教育变革中的适应与改变并不容易。[⑤] 同理，教师对探究教学适应性问题的解决也是一个复杂的过程，既需要科学、正确的理论指导，也需要有效的实践支持。然而已有的相关研究多集中于探究教学本身，从教师对探究教学适应的角度所进行的研究还非常缺乏。因此，为了解决教师对探究教学适应性的问题，促进教师对探究教学的适应，有必要对教师关于探究教学的适应性问题进行全面而深入的研究。

物理课程是基础教育阶段一门重要的理科课程，探究教学在物理课程中占有很重要的地位，物理教师应该适应探究教学的要求；但从现实的状况来看，物理教师在探究教学适应性方面存在的问题还比较突出，迫切需要对物理教师关于探究教学适应性问题进行深入的研究。另外，笔者曾经担任中学物理教师，对中学物理教师的工作情况比较熟悉，因此，本书选择了以中学物理教师为研究对象，对他们关于探究教学的适应性问题进行深入的研究和探讨。

二、研究设计

（一）研究目标

本书的研究目标主要有两个。

---

① 王晶莹、张跃：《中小学科学教师探究教学认识现状调查》，载《中国教师》，2010(15)。

② 刘健智、肖晓兰：《农村初中物理科学探究课堂教学行为的现状调查》，载《课程·教材·教法》，2010(6)。

③ 丘名实：《农村地区教师科学探究教学能力现状调查与分析》，载《继续教育研究》，2010(3)。

④ 兰智高、周宏弟：《中学物理探究性教学现状及其影响因素的调查》，载《黄冈师范学院学报》，2006(6)。

⑤ 靳玉乐、于泽元：《文化-个人视角下教师对新课程改革的适应性探讨》，载《西南大学学报(社会科学版)》，2009(2)。

其一，深入了解中学物理教师对探究教学适应性的真实现状，发现他们在探究教学适应性方面存在的问题。

其二，揭示、阐释中学物理教师对探究教学适应性的本质与规律，在此基础上设计、开发支持工具，为促进他们对探究教学的适应提供理论指导和工具支持。

（二）研究内容

为了达到以上的研究目标，本书拟对以下四个方面的内容进行深入探讨。

1. 关于"教师对探究教学适应性"概念内涵的揭示

"教师对探究教学适应性"是本书的核心概念，有必要对该概念的内涵进行深入的揭示。由于"教师适应性"是"教师对探究教学适应性"的上位概念，而"探究教学"是教师适应的对象，因此本书在对"教师适应性"和"探究教学"概念的内涵进行梳理、分析的基础上，界定"教师对探究教学适应性"概念。

2. 关于中学物理教师对探究教学适应性现状的探析

笔者长期深入中学物理探究教学一线，对于中学物理教师对探究教学的适应性现状进行深入研究，力求发现他们在探究教学适应性方面存在的问题，同时为构建中学物理教师对探究教学适应性理论框架和适应性评价指标体系提供实践基础。

3. 构建中学物理教师对探究教学适应性理论框架

为了揭示和阐释中学物理教师对探究教学适应性的本质规律，为增强他们对探究教学的适应性提供理论指导，本书拟构建中学物理教师对探究教学适应性的理论框架。该探究教学适应性理论框架对中学物理教师对探究教学适应性的本质规律进行全面、深入的揭示和阐释。

4. 构建中学物理教师对探究教学适应性评价指标体系

为了科学、准确地评价中学物理教师对探究教学的适应性状况，为增强他们对探究教学的适应性提供支持工具，本书拟构建中学物理教师对探究教学适应性评价指标体系。该评价指标体系在探究教学适应性现状和理论框架研究的基础上进行初步构建，并运用专家咨询法对它进行进一步修改和完善。

（三）研究方法

1. 文献法

在前期，通过广泛查阅"探究教学""教师适应性""教师对探究教学适应性"等方面的研究文献，了解国内外相关研究现状。在中、后期，无论是对"教师对探究教学适应性"概念内涵的揭示，还是构建教师对探究教学适应性理论框架和评价指标体系等，都离不开全面查阅、梳理与分析心理学、社会学、教育学等学科中的相关研究文献。已有的相关成果为本书的撰写提供了有益的启示和借鉴。

2. 课堂观察法和访谈法

笔者采用课堂观察和深度访谈等定性研究方法，长期深入中学物理探究教学一线，深入了解中学物理教师关于探究教学的认识、态度、教学行为和适应过程等方面的适应性现状，发现他们在探究教学适应性方面存在的问题。

3. 专家咨询法

采用专家咨询法（Delphi Method），征询专家对所构建的中学物理教师对探究教学适应性评价指标体系的意见和建议。然后根据专家的反馈意见，对初步构建的探究教学适应性评价指标体系进行修改和完善。另外，由于探究教学适应性评价指标体系是在探究教学适应性理论框架的基础上构建的，因此专家咨询也是对探究教学适应性理论框架的一个验证过程。

（四）研究意义

1. 理论意义

（1）丰富和发展探究教学理论

本书对"科学探究"和"探究教学"的内涵、"探究教学"的探究性等理论知识进行系统梳理和分析，在此基础上得出"探究教学"的内涵和探究性的定义，并构建了一种新的评价探究教学探究性的标准；辨析了探究教学与启发式教学、探究教学与实验教学之间的关系。以上这些研究成果都是对探究教学理论的丰富和发展。

（2）丰富和发展教师专业发展理论

已有的教师适应性研究侧重于研究教师对宏观的教育政策、教育制度和教育（或课程）改革等的适应性，还缺乏微观的深入学科教学的教师适应性研究。本书聚焦中学物理教师对探究教学这种具体教学方式的适应问题，对中学物理教师对探究教学适应性的本质规律进行全面、深入的阐释，使教师适应性研究深入学科教学层面，从而丰富和发展了教师专业发展理论。

2. 实践意义

（1）为改进中学物理教师的探究教学实践提供理论指导

教师作为探究教学的实施者，对探究教学适应性是决定探究教学效果的关键。本书所构建的中学物理教师对探究教学适应性理论框架，从适应性内容和适应过程两个方面，对中学物理教师对探究教学的适应性本质和规律进行全面、深入的揭示和阐释，为解决中学物理教师对探究教学的适应性问题、增强他们对探究教学的适应性提供了全面、有效的理论指导，从而有助于改进探究教学的实践，促进新课改理念的落实。

（2）帮助促进中学物理教师的专业发展

其一，本书对中学物理教师对探究教学的适应性现状进行了深入探析，根据所发现的适应性问题提出建议，这可以帮助中学物理教师增强对探究教学的适应性。其二，本书所构建的中学物理教师对探究教学适应性评价指标体系，可以全面、有效地评价中学物理教师对探究教学的适应性状况，为增强他们对探究教学的适应性提供指引和参考。

本章小结

本章主要对本书的研究背景、研究目标、研究内容、研究方法、研究意义进行了阐述与说明。

从应然的角度来看，科学探究是当前国际科学教育改革的核心理念，我国本轮基础教育课程改革也把探究教学作为重要的教学理念加以倡导与推广。然而，从实然的角度来看，教师作为探究教学的实施者，在探究教学的适应性方面还存在诸多的问题。因此，帮助教师解决探究教学的适应性问题、增强教师对探究教学的适应性是现实的迫切需要。在此背景下，本书确定了对"中学物理教师对探究教学的适应性"问题进行深入研究。

本书的研究目标是：深入了解中学物理教师对探究教学适应性的真实现状，揭示、阐释中学物理教师对探究教学适应性的本质规律，在此基础上设计、开发相应的支持工具。

为了实现以上研究目标，本书的研究内容主要包括如下方面：关于"教师对探究教学适应性"概念内涵的揭示，中学物理教师对探究教学适应性的现状探析，中学物理教师对探究教学适应性理论框架和适应性评价指标体系构建。

本书所运用的研究方法主要有文献法、课堂观察法和访谈法、专家咨询法。

本书在理论上可以丰富和发展探究教学理论和教师专业发展理论，在实践上为改进中学物理教师的探究教学实践提供理论指导和帮助，促进中学物理教师的专业发展。

第二章　相关研究现状述评

已有的相关研究主要包括"教师对探究教学适应性"研究的必要性和"教师对探究教学适应性"的相关研究，下面对这些内容进行述评。

一、"教师对探究教学适应性"研究的必要性

根据本书对"教师对探究教学适应性"内涵的界定，教师对探究教学的认识、态度、教学行为等都属于教师对探究教学的适应性范畴。研究者们认为，教师对探究教学的认识对探究教学效果有重要的影响，但实践中教师对探究教学的认识、态度及其教学行为存在许多问题，并且缺乏这方面的研究，这就凸显了开展"教师对探究教学适应性"研究的必要性。

（一）教师对探究教学的认识影响着探究教学的效果

教师对探究教学的认识直接影响着探究教学的实施效果。一些研究者深刻认识到了这一点，并提出了各自对此问题的观点，如"通过探究教学增强学生对科学的理解依赖于教师对探究教学的理解"[①]，教师对探究教学的认识对他们的探究教学实践以及学生探究能力的培养具有至关重要的影响[②]。这些观点表明，教师对探究教学的正确认识是教师有效实施探究教学的先决条件，启示我们在构建教师对探究教学的适应性理论框架时，应把教师对探究教学的认识适应作为其重要内容。

（二）教师对探究教学的认识、态度及其教学行为存在许多问题

研究者们对教师对探究教学的认识、态度及其教学行为方面存在的问题进行了归纳与分析。

存在的主要问题有：一是把科学探究等同于动手做，但忽视了学生动脑的活动；二是教师对探究教学存在模式化的认识，认为探究教学就是严格按照课标中提出的要素进行操作[③]；三是把探究教学理解为培养"小科学家"，认为探究教学是面向少数"尖子学生"的；四是过于注重对学生操作技能的训练，过于急切地想看到学生的探究学习结果，而相对忽视学生的探究过程和体验[④]；五是教师对探究教学（包括对它的教学法和课程内容

---

①　Cassie Quigley, Jeff C & Marshall etc., "Challenges to Inquiry Teaching and Suggestions for How to Meet Them," *Science Educator*, 2011(1), pp. 55-60.

②　王晶莹：《中美理科教师对科学探究及其教学的认识》，博士学位论文，华东师范大学，2009。

③　李华：《探究式科学教学的本质特征及问题探讨》，载《课程·教材·教法》，2003(4)。

④　吴子健：《探究学习与教师行为改善》，78~79页，上海，上海教育出版社，2007。

方面）的理解仍然存在许多错误①。

研究者们也对产生这些问题的原因进行了分析。原因有：教师对科学探究（教学）认识和理解的薄弱，如教师没有正确理解探究教学②；教师对科学探究的认识比较模糊，对科学探究的一般过程与方法以及有关的科学哲学观比较陈旧等③。

教师在开展探究教学时面临的挑战有：一是该怎样通过讲授和讨论来提高探究教学的效率；二是该怎样检测和评价探究教学的质量；三是怎样通过探究教学实现内容目标和探究目标的协调；四是怎样学会高效地管理探究课堂。④

教师在开展探究教学的过程中面临着如此众多的问题和挑战，为了帮助教师解决问题和应对挑战，我们需要对这些问题进行研究，以便为他们提供指导和帮助。然而，学界还比较缺乏这方面的深入研究。

（三）比较缺乏关于教师对探究教学认识、态度的深入研究

学界比较缺乏关于教师对探究教学的认识、态度的深入研究（虽有一些侧重于现象描述的现状调查研究）。例如，凯斯和肯尼迪认为"目前还缺乏关于教师在计划和实施探究教学时的信念、思想、行为、决策、反应的研究"⑤，王晶莹认为国际科学教育界对教师关于探究教学认识的研究才刚刚起步⑥。

一方面，教师对探究教学的认识和态度及其所采取的教学行为对探究教学的效果有重要影响；另一方面，教师在这些方面还面临诸多的问题和挑战，还非常缺乏这方面的深入研究。因此，我们非常有必要开展教师关于探究教学认识、态度和教学行为方面的深入研究。

我国的一些学者从现实情况出发，认为应该加强教师对探究教学适应性问题的研究。魏冰认为，我国教师关于探究教学重要性的信念同真实的教学实践之间存在相当大的差异，即教师虽然认同科学探究的价值，但在实践中感到自己的责任仍是传授科学知识和结论。⑦ 因此，应该开展教师对探究教学适应性的研究，努力缩小这种差距。杨向东认为，提高探究教学水平的关键在于提高教师的素质和改变教师的传统观念。⑧ 由于灌输式教学传统的长期影响，教师在适应探究教学的过程中需要克服的困难非常多。

国内的研究者们已经认识到了开展这方面研究的必要性。但跟国外相比，国内的探究教学实践和研究起步晚，因此开展"教师对探究教学适应性"研究更具有紧迫性和现实针对性。

---

① Cassie Quigley, Jeff C & Marshall etc., "Challenges to Inquiry Teaching and Suggestions for How to Meet Them," *Science Educator*, 2011(1), pp. 55-60.

② 丁邦平：《探究式科学教学：类型与特征》，载《教育研究》，2010(10)。

③ 周仕东：《科学哲学视野下的科学探究教学研究》，博士学位论文，东北师范大学，2008。

④ Cassie Quigley, Jeff C & Marshall etc., "Challenges to Inquiry Teaching and Suggestions for How to Meet Them," *Science Educator*, 2011(1), pp. 55-60.

⑤ Carolyn W Keys, Vieginia Kennedy, "Understanding Inquiry Science Teaching in Context: A Case Study of an Elementary Teacher," *Journal of Science Teacher Education*, 1999(4), pp. 315-333.

⑥ 王晶莹：《中美理科教师对科学探究及其教学的认识》，博士学位论文，华东师范大学，2009。

⑦ 魏冰：《科学素养教育的理念与实践：理科课程发展研究》，83页，广州，广东高等教育出版社，2006。

⑧ 杨向东：《教育中的"科学探究"：理论问题与实践策略》，载《全球教育展望》，2011（5）。

二、"教师对探究教学适应性"的相关研究

已有的关于"教师对探究教学适应性"的相关研究包括教师对探究教学的认识、态度的研究和教师的探究教学行为的研究两大类。

（一）关于教师对探究教学认识、态度的研究

已有的关于教师对探究教学认识、态度的研究主要是国外的实证研究，国内也有研究者开展了这方面的研究。这些实证研究大多是比较研究，如不同国别教师之间的比较、不同类型教师之间的比较，也有关于教师对探究教学的认识、态度的干预措施的研究。

幸子土佐用问卷调查、访谈和课堂观察的方法，对日本、美国两国中学科学教师关于探究教学的认识和态度开展了比较研究。她的研究结论是，尽管日本、美国两国中学科学教师对探究教学内涵的认识有差异，但两国的教师都非常赞同探究教学的理念。由于各种原因，在两国教师中都很少观察到完全的探究教学。研究资料显示：日本教师通常注重帮助学生构建对科学概念的理解，其课堂结构和活动组织得很好；美国教师通常缺乏有意义的科学内容（知识），但他们有良好的教学法知识。[1]

王晶莹运用问卷调查、焦点团体访谈和录像分析等方法对中美中小学科学教师关于探究教学的认识进行了比较研究。她的研究结论为：一是中国教师非常注重知识与技能的目标，而美国教师则将科学探究本身作为目标或内容，科学知识与技能只是作为探究的基础或工具。二是中国教师更注重教师的引导作用，而美国教师则注重学生在探究中的自主性。三是关于探究策略，中国教师倾向于讲授、演示和技能训练，而美国教师倾向于情境认知和开放探究。四是中国教师对科学探究（教学）的认识还存在许多关键性问题的迷思。她提出了开展以"做探究"和教学反思为主的实践活动来促进教师对探究教学认识的建议。[2]

崔熙相开展了促进教师对探究教学认识的干预措施的实证研究。他以14名小学科学教师为研究样本，采取的干预措施是对教师实施科学探究课程教学，综合运用了定性和定量研究的方法。他的研究结论是：教师经过科学探究这门课程的学习，关于探究教学的信念和实践知识发生了明显的变化，建构起了关于探究教学的非常积极的信念和实践知识，并且能把这些信念和知识应用于他们的探究教学实践中。为了成功地实施探究教学，他认为：教师必须具备关于探究教学的强烈信念、知识、技能；阻碍教师实施探究教学的因素有课时、个人努力、专家指导不足，以及缺乏同伴协助等。他强烈建议在开

---

[1] Sachiko Tosa, "Teaching Science as Inquiry in US and in Japan：A Cross-cultural Comparison of Science Teachers' Understanding of and Attitudes Toward Inquiry-based Teaching," EdD diss.，University of Massachusetts Lowell，2009.

[2] 王晶莹：《中美理科教师对科学探究及其教学的认识》，博士学位论文，华东师范大学，2009.

展探究教学时要加强教师与专家或同伴教师的协作。[①]

另外，国内还有一些关于教师对探究教学的认识、态度的现状调查研究，如本书导论部分所述的一些研究者的调查研究。这些研究揭示了教师对探究教学的认识还比较薄弱，这对了解我国教师对探究教学的认识现状具有一定的意义，但这些研究大多停留于对现象的描述上，缺乏深入的理论分析和研究，特别是缺乏关于如何促进教师对科学探究教学认识、态度转变的研究。

以上这些研究可以为本书提供有益的启示和借鉴。首先，关于不同国别的科学教师对探究教学认识的比较研究为本书提供了国际视野，启示笔者可以从我国教师对科学探究认识方面的不足和国外教师在这方面的优势中寻找问题解决的办法。其次，关于促进教师对探究教学适应性的建议（如王晶莹的以"做探究"和教学反思为主的教学活动的建议、崔熙相的对教师开设专门的科学探究课程、加强教师与专家或同伴教师的协作的建议）也可以为构建相应的适应性理论框架提供启示和借鉴。最后，在研究方法方面，定性和定量研究方法相结合、案例研究等研究方法为本书提供了指引和参考。

（二）关于教师的探究教学行为研究

关于教师探究教学行为的研究方面，有其教学效果和分类研究，另外还有相关的现状调查研究。

1. 关于教师探究教学行为的教学效果研究

在探究教学中，教师面临着一种两难的困境：一方面，教师要允许学生自主学习和探究；另一方面，教师又要把握好指导作用的发挥，以使学生的探究活动能取得预期的效果。为了研究教师在开展探究教学时提供给学生的指导对教学效果的影响，富尔塔克开展了实证研究。这项研究运用了混合研究、案例研究的方法，以4名初中科学教师为样本，采用的研究材料有课堂教学视频、教师访谈资料、学生学业水平测验。研究发现，这4名教师中，2名教师的学生有较大的收获，而另2名教师的学生的收获较小。其中的原因是，教师提供给学生的指导有非常大的差异。学生收获较大班级的教师指导的互动性更强，教师发挥了积极的指导作用，学生达到了教学目标；而收获较小班级的学生接受了较少的教师指导。[②]

这项研究带来的启示有：探究教学中恰当的教师指导对实现探究教学的目标具有非常重要的作用，探究教学并不是完全放手让学生去探究，教师要把握好教师指导和学生自主探究之间的平衡，这样才能取得较好的教学效果。这为本研究确定教师的探究教学行为适应内容提供了参考和启发。

2. 关于教师探究教学行为的分类研究

已有的探究教学行为分类研究主要以理科课程标准中关于科学探究六要素或七要素

① Sanghee Choi, "Elementary Teachers' Beliefs and Practical Knowledge about Teaching Science as Inquiry: the Effects of an Inquiry-based Elementary Science Course," EdD diss., University of Houston, 2007.

② Erin Marie Furtak, "The Dilemma of Guidance in Scientific Inquiry Teaching," PhD diss., Stanford University, 2006.

为框架，然后对每一要素的教学行为进行了细分。赵银丽根据生物课程标准中提出的科学探究的六要素，把探究教学分为提出问题、做出假设、制订计划、实施计划、得出结论、表达和交流 6 个阶段，对每个阶段应包括的教学行为进行了建构和分析，最后得到了包含 6 个阶段 21 项可操作的教学行为（表 2-1）。[1]

表 2-1　探究教学行为划分

探究教学阶段	教学行为
提出问题	①向学生提供背景材料； ②指导学生观察或阅读资料； ③指导学生表述问题； ④指导学生选择并确定问题。
做出假设	①指导学生分析问题； ②指导学生形成假设； ③引导学生提出预期结果。
制订计划	①帮助学生分组； ②指导学生设计实验方案； ③指导学生拟订探究计划。
实施计划	①明确小组任务； ②向小组提供相关工具； ③监控小组的研究过程； ④指导学生收集事实数据； ⑤了解小组探究活动进展情况。
得出结论	①结束小组探究活动； ②指导学生整理、分析记录； ③指导学生归纳结论。
表达和交流	①指导学生撰写研究报告； ②组织小组汇报交流活动； ③引导学生反思探究过程。

　　王宇航从教学行为的开放性和生成性维度对物理教师的探究教学行为进行了划分。教学行为的开放性根据探究教学过程中学生的自主性程度来划分。教学行为的生成性是指教学行为的灵活性和弹性，教学不是一成不变地完全按照教师的预设而展开的。

　　王宇航从开放性维度对教师探究教学行为进行了划分（表 2-2）。他按照科学探究的七要素，把科学探究教学过程分为 4 阶段（提出问题阶段、实验设计阶段、实验进行阶段、结果处理阶段）。在此基础上，构建了探究教学中物理教师教学行为特征的分类量表，并把量表中的开放性程度依次赋分，再把各项得分相加，得到了探究教学行为开放性的总得分。[2]

---

[1]　赵银丽：《探究教学中教师的教学行为分析与评价》，硕士学位论文，北京师范大学，2003。
[2]　王宇航：《探究教学中物理教师的教学行为研究》，硕士学位论文，北京师范大学，2006。

表 2-2 开放性维度的探究教学行为分类

探究教学过程	科学探究要素		教学行为					
			Ⅰ	Ⅱ	Ⅲ	Ⅳ	Ⅴ	Ⅵ
提出问题阶段	提出问题	交流与合作	教师直接出示问题。	教师出示相关情境问题。	教师指导学生进行活动，引出问题。	教师出示相关情境，指导学生从中发现问题。	教师指导学生进行活动，从中发现问题。	学生独立提出要研究的科学问题。
实验设计阶段	猜想与假设		教师出示要测量的物理量与需要的实验仪器。	教师出示可能要观测的物理量与实验器材，学生从中选择。	教师出示要观测的物理量，并与学生讨论以确定需要的实验器材。	教师指导学生确定要观测的物理量，并出示需要的实验器材。	教师指导学生确定要观测的物理量，并让学生讨论后确定需要的实验器材。	学生独立对问题进行猜想与假设，制订出实验计划并确定实验器材。
	制订计划与设计实验							
实验进行阶段	进行实验与收集证据		教师给学生演示实验或者出示已有的实验数据。	教师对实验方法和步骤做出详细指导，并给出合理的记录方法。	教师对实验方法和步骤做出一些指导，并给出合理的记录方法。	教师对实验方法和步骤做出详细指导，学生设计出合理的记录方法。	教师对实验方法和步骤做出一些指导，学生设计出合理的记录方法。	学生独立进行实验并收集证据。
结果处理阶段	分析与论证		教师直接出示结论。	教师从学生的实验数据中归纳结论。	教师指导学生从给出的数据中归纳结论。	教师指导学生从实验数据中归纳结论，但以教师行为为主。	教师指导学生从实验数据中归纳结论，但以学生行为为主。	学生独立分析与论证所得的实验结果。
	评估							

根据生成性维度，教师的探究教学行为分为三类：一是完全预设的教学行为；二是部分生成的教学行为；三是完全生成的教学行为(表 2-3)。[①]

表 2-3 生成性维度的探究教学行为分类

探究教学行为分类	教学行为
完全预设的教学行为	教师完全按照自己的预设展开教学，没有学生的参与；虽然有学生的参与，但学生的参与层次很低，没有高层次的思维活动；虽然学生提出相关问题和看法，但教师对学生的反应置之不理。
部分生成的教学行为	学生自主提出问题或看法，教师进行阐释或转换后能继续按照预设展开教学；教师让学生自己进行活动。
完全生成的教学行为	学生有"意外"发现，教师对此表示鼓励并指导学生进行思考和研究，从而挖掘出新的探究问题，并鼓励学生进行深入研究。

以上关于探究教学行为的分类研究对各探究教学行为的划分都比较细致，这对指导和评价教师的探究教学行为具有较强的操作性。王宇航基于探究教学七要素，从开放性

---

① 王宇航：《探究教学中物理教师的教学行为研究》，硕士学位论文，北京师范大学，2006。

维度的划分可以作为关于探究教学行为探究性的评价标准。这种分类方法对于本书要构建的关于探究教学的探究性评价标准有所启示，即应根据学生在各探究教学要素中的自主程度来确定其探究性等级。但其也存在一些不足：缺乏对交流要素的细化，探究教学要素还可以进一步精简和提炼。

3. 关于探究教学行为现状的调查研究

一些研究者开展了关于教师探究教学行为现状的调查研究（本书导论部分对此已做阐述）。这些研究揭示了教师的探究教学行为还存在诸多的误区，如教师仍然习惯于授受式教学、探究教学行为存在"形似神离"等现象。这些调查研究对我们了解我国教师的科学探究教学行为现状具有重要的意义，也说明了开展这方面研究的重要性和必要性。

总之，关于教师的探究教学行为研究，国外已有关于教学行为效果的定性研究，而国内主要是关于教师探究教学行为的分类研究和现状调查研究。探究教学行为的现状调查研究存在侧重于现象描述、缺乏深入理论分析等不足。一方面，已有的研究可以为本书提供启示和借鉴。例如：根据探究教学要素对探究教学行为进行分类的方法，可以为本书确定教师对探究教学行为的适应性内容，以及构建探究教学行为的探究性评价标准提供参考和借鉴；富尔塔克关于探究教学中教师指导效果的研究结论为确定探究教学行为适应的内容提供了启示。另一方面，已有的研究所存在的不足也为本书指出了要突破的方向。例如：已有的研究中还比较缺乏关于教学行为转变策略的研究；虽然对探究教学行为进行了分类，但对于细分以后具体应该包括哪些内容，还缺乏深入研究。本书拟构建的适应性理论框架将对这些内容进行深入研究，力求克服已有相关研究存在的不足。

本章小结

探究教学在实施和推广的过程中存在着各种各样的困难，其中教师对探究教学的适应性问题是重要影响因素。研究者们已经认识到了教师在有效开展探究教学中的重要地位和作用，呼吁加强教师对探究教学认识、态度及其教学行为等方面的研究。

一方面，教师关于探究教学的认识、态度及其教学行为对教学效果具有重要影响；另一方面，教师在这些方面还存在着诸多的问题，面临着诸多挑战，而且我国还非常缺乏这方面的深入研究。已有的相关研究集中于教师对探究教学的认识、态度及其教学行为本身，还缺乏关于教师对探究教学的认识、态度及其教学行为转变的研究；缺乏教师对探究教学的认识、态度及其教学行为的整合，而它们是一个系统的整体，都属于教师对探究教学的适应性范畴。因此，非常有必要开展关于教师对探究教学适应性的系统而深入的研究，全面揭示教师对探究教学适应性内容、过程及其机制和规律等。已有的相关研究可以为本书提供启示、参考和借鉴。

第三章 "教师对探究教学适应性"
相关概念的内涵

"教师对探究教学适应性"是本书的核心概念，它是分析教师对探究教学适应性现状和构建适应性理论框架的重要基础。由于"教师适应性"是"教师对探究教学适应性"的上位概念，而"探究教学"是教师适应的对象，因此本章在对"探究教学"和"教师适应性"内涵进行梳理、分析的基础上，对"教师对探究教学适应性"内涵进行界定。另外，由于探究教学是对真实的科学探究的模拟，因此"科学探究"是和"探究教学"密切相关的概念，本章也对其内涵进行梳理和分析。

一、"科学探究"与"探究教学"的内涵

（一）科学探究

1. 科学探究的定义

美国学者彼得森认为，科学探究是一种系统的调查研究活动，其目的在于发现并描述事物之间的关系，其特点是采用有秩序的和可重复的过程，简化调查研究对象的规模和形式，运用逻辑框架做解释和预测。科学探究的操作活动包括观察、提问、实验、比较、推理、概括、表达、运用等。[①]

该定义对科学探究的目的、特点和活动种类进行了阐述，认为科学探究的目的是发现并描述事物之间的关系，其特点是秩序性和可重复性，列举了8种科学探究活动。总体来说，该定义侧重"探究"的一般描述，而对"科学探究"的本质特征揭示得还不够充分。

在"科学探究"的定义中，对国际科学教育界影响最大的是美国国家研究理事会的界定：科学探究指的是科学家们用以研究自然界并基于此种研究获得的证据提出种种解释的多种不同途径。在科学探究过程中需要从事的活动有：对自然现象进行观察，在观察的基础上发现问题和提出假设；设计调研方案；查阅书刊及其他信息源，以便弄清楚所要研究问题的已知和未知；运用各种手段来搜集、分析和解读证据，根据证据提出答案、解释和预测；运用判断思维和逻辑思维；把研究结果公之于众。[②]

该定义对科学探究本质特征的描述和概括是比较深刻的，对科学探究活动的种类也进行了较全面的识别和概括。该定义指出科学探究的对象是自然界，科学探究的本质特征是在证据的基础上提出解释，探究的方法不是唯一的而是多种多样的。科学探究离不开观察、问题、证据、解释、思维、交流等各种活动。

---

① 张逢成：《探究式教学中的问题设计》，2页，徐州，中国矿业大学出版社，2011。
② ［美］国家研究理事会：《美国国家科学教育标准》，30页，戢守志等译，北京，科学技术文献出版社，1999。

奥夫斯坦和卢妮特认为，科学探究是科学家用批判的眼光审视和质疑周围的世界，发现和提出问题，设计研究方案和实施研究，从而构建关于自然界如何运转的理论体系的过程。[①] 科学探究的核心是科学知识的生成和论证。从事科学探究离不开科学家所掌握的科学知识、科学过程技能和对科学本质的理解。另外，科学家在科学探究中通常面对的是未知的和开放性的问题，往往没有现成的方法和证据可供参考，因此科学家需要运用他们的直觉、想象力和创造力等。科学探究活动是错综复杂和多变的，它既受到科学家所处时代的社会文化背景的影响，也受到科学家的个人经验、能力和人格特征等的影响。

奥夫斯坦和卢妮特关于科学探究的定义是从实施科学探究的主体——科学家的角度进行界定的，强调了科学探究对科学家的能力素质的要求，涉及了科学探究的过程、要素和目的，也指出了科学探究的复杂性。

我国学者周仕东在对科学哲学中的各种相关理论进行深入研究的基础上，给出了科学探究的定义：科学探究就是运用证据对科学及与科学有关的问题进行解释，并进行检验，从而得出结论的过程。[②] 科学探究的根本目的是探索和解释自然世界。

周仕东的定义是从科学探究的目的和要素角度进行界定的，他认为科学探究的根本目的是探索和解释自然世界，探讨了科学探究中的要素。该定义对科学探究的本质揭示得比较充分，对于帮助我们认识科学探究的内涵具有很好的借鉴意义。

2. 科学探究的要素

由于研究对象和问题的复杂性和多变性，科学探究的具体途径和手段也是不同的，因而科学探究不存在统一的模式。但科学探究存在一些共同的要素，从而表现了一些共性。

彼得森认为，科学探究大体上要经过这样一些阶段：确定认知对象→提出问题→提出假设→寻求证据→获得结论→检验结论。科学探究的要素有问题、假设、证据、结论。[③]

周仕东认为科学探究存在着问题、证据、解释、交流4个基本要素，其中前3个要素属于显性要素，交流属于隐性要素。[④] 问题是科学探究活动的起点，且贯穿于科学探究活动的始终；证据是形成科学结论的基石，获取证据的方法一般有观察、实验和查阅文献资料等；解释是以证据为基础的严密推理过程，推理方法有归纳和演绎、分析和综合等；交流是科学"属人"特性的重要体现，人们通过交流合作，形成对自然界认识的合力。

美国国家研究理事会以地质学家的科学探究案例为例，描述了科学探究的过程，如下：一是对自然现象进行观察；二是利用已有的知识背景提炼出问题；三是利用以前的研究，提出可能的假设；四是使用技术和数学方法收集证据；五是在证据的基础上对解释进行论证；六是考虑新的证据，对先前的解释进行完善；七是研究结论的应用。[⑤]

---

① 杨向东：《教育中的"科学探究"：理论问题与实践策略》，载《全球教育展望》，2011(5)。

② 周仕东：《科学哲学视野下的科学探究教学研究》，博士学位论文，东北师范大学，2008。

③ 张逢成：《探究式教学中的问题设计》，2页，徐州，中国矿业大学出版社，2011。

④ 周仕东：《科学哲学视野下的科学探究教学研究》，博士学位论文，东北师范大学，2008。

⑤ ［美］美国国家研究理事会科学、数学及技术教育中心，《国家科学教育标准》科学探究附属读物编委会：《科学探究与国家科学教育标准：教与学的指南》，2~4页，罗星凯等译，北京，科学普及出版社，2004。

从美国国家研究理事会关于科学探究过程的阐述中，可以提炼出他们关于科学探究要素的观点，这些要素分别为问题、假设、证据、结论。需要说明的是，"观察"不是科学探究的必备要素，因为对于一些科学领域来说，探究不一定始于观察，如理论物理领域的研究，但对于地质学、天文学来说，观察常常是一种必备的探究要素。

根据对科学探究本质属性的分析，科学探究要素应包含问题、假设、证据、结论和交流这 5 个要素。第一，问题是科学探究的核心要素。所有的科学探究活动都是围绕着问题进行的[①]，科学探究就是一个发现问题、分析问题和解决问题的过程。离开了问题，也就无所谓探究。第二，假设是科学探究的基本要素。根据现代科学哲学观，科学知识在本质上是一种已被证实或未被证伪的假设。[②] 科学探究就是先提出对问题的假设，然后对假设进行证实或证伪的过程。第三，证据是科学探究的必备要素。在科学探究的过程中，需要运用证据（包括观察资料、实验数据等）对假设进行验证，使假设得到证实或证伪；离开了证据，对假设的验证就无从进行。第四，结论是科学探究的关键要素。科学探究需要运用比较、归纳和演绎等逻辑推理方法对有关证据进行分析，然后得出关于所探究问题的相应结论。第五，交流也是科学探究的必备要素。在科学探究过程中，研究者之间需要进行交流与合作，以促进探究活动的顺利进行；更重要的是，研究者需要把科学探究的过程和结果公之于众，接受科学共同体的审视和检验[③]，这也反映了科学探究的交流属性。

综上所述，人们普遍认为科学探究是一项复杂的科学认识活动，一般没有固定的程序或模式，但科学探究具有一些共同的要素。本书认为，科学探究的要素应包含问题、假设、证据、结论和交流 5 个要素，它们是科学探究本质属性的集中体现。

（二）探究教学

1. 探究教学的定义

关于探究教学的定义，影响最大的是《美国国家科学教育标准》中的定义：科学探究（教学）指的是让学生们用以获取知识、领悟科学的思想观念以及领悟科学家们研究自然界所用的方法而进行的各种活动。[④]

此定义阐释了探究教学的目的是培养学生的科学知识、科学方法和思想观念，探究教学的表现形式是学生从事各种科学探究活动。

国内一些研究者也对探究教学的内涵进行了界定。

徐学福提出了"探究教学是对科学家的真实科学探究模拟"的观点。他认为"探究教学是指学生在教师指导下，为获得科学素养以类似科学探究的方式所开展的学习活动"。[⑤]

---

① 周仕东：《科学哲学视野下的科学探究教学研究》，博士学位论文，东北师范大学，2008。
② ［英］波普尔：《猜想与反驳：科学知识的增长》，365 页，傅季重、纪树立、周昌忠等译，上海，上海译文出版社，1986。
③ 张之沧：《科学哲学导论》，210 页，北京，人民出版社，2004。
④ ［美］国家研究理事会：《美国国家科学教育标准》，30 页，戢守志等译，北京，科学技术文献出版社，1999。
⑤ 徐学福：《模拟视角下的探究教学研究》，博士学位论文，西南师范大学，2003。

探究教学是对真实的科学探究的模拟,即让学生像科学家一样,经历观察、提出问题和假设、收集和获取证据、得出结论等的过程。探究教学与真实的科学探究在程序和方法上有相似的地方。但两者也有明显的差别,探究教学中学生所要探究的是人类已知的知识,只是对于学生来说是未知的,因此探究教学中的探究程序和方法应符合学生的认知规律和教学目标。

李森、于泽元认为,探究教学是指"在教师指导下学生运用探究的方法进行学习,主动获取知识、发展能力的实践活动"[1]。

柴西琴认为,"探究教学实质上是将科学领域的探究引入课堂,使学生通过类似科学家的探究过程理解科学概念和科学探究的本质,并培养科学探究能力的一种特殊的教学方法"。探究教学大体要经过以下 6 个步骤:提出科学的问题;根据已有的知识和经验,提出假设或猜想;收集证据;解释;评估;交流和推广。完全包括以上步骤的为完全探究,否则为部分探究。[2]

周仕东认为,"科学探究教学是指学生在教师的组织、引导下,针对有探究价值的问题,主动获取证据、进行解释、检验和交流,从而逐步理解科学的本质和价值,发展自身科学素养的一系列活动"[3]。

丁邦平认为,探究教学是指"教师在理解'科学探究'基本精神的基础上,在自由创设的、有结构的、能促进学生认知与情感发展的教学情境中,让学生自己动手、动脑,主动获取科学知识和发展探究能力的一种教学方式"[4]。

以上这些定义从不同视角对探究教学进行了界定,都有其合理性。徐学福的定义强调了探究教学对科学家的科学探究的模拟性;李森、于泽元的定义强调了探究教学中学生的主体地位;柴西琴的定义与徐学福的定义有些类似,也指出了探究教学的模拟性,并对探究教学的实施步骤进行了探讨;丁邦平的定义突出了探究教学中师生活动的特点,教师要创设探究教学的情境,而学生的探究活动要动手和动脑相结合,通过"做"科学来实现探究教学的目标。

在参考和借鉴以上各学者关于探究教学定义的基础上,这里给出本书关于探究教学概念的定义。

探究教学是指学生在教师的组织、引导下,针对科学性问题,主动提出猜想与假设、获取证据,进行分析与论证、表达与交流,从而提高自身科学素养的一种教学方式。

关于该定义的两点说明如下。

其一,因为科学探究是对假设进行证实或证伪的过程,所以探究教学应该包括"提出猜想与假设"这一探究活动。另外,提出的假设能使学生明确探究的方向,避免探究的盲目性和随意性。

其二,学生所要探究的问题应是"科学性"的问题。科学性问题是面向自然科学领域的,而不是人文或社会学等其他领域的问题。探究教学中的科学性问题一般分为两类:

---

① 李森、于泽元:《对探究教学几个理论问题的认识》,载《教育研究》,2002(2)。
② 柴西琴:《对探究教学的认识与思考》,载《课程·教材·教法》,2001(8)。
③ 周仕东:《科学哲学视野下的科学探究教学研究》,博士学位论文,东北师范大学,2008。
④ 丁邦平:《探究式科学教学:类型与特征》,载《教育研究》,2010(10)。

一类是关于"为什么"的因果关系问题，如"为什么轮船可以浮在水面上"等；另一类是关于"怎么样"的机制或规律性的问题，如"杠杆的平衡条件是怎样的"等。

2. 探究教学的"探究性"①

(1)何谓探究教学的"探究性"

理想的探究教学应该是学生像科学家一样完全自主地去探究科学问题，发现科学规律，得出科学结论等。但在探究教学实践中，由于各种主客观条件的限制（如学生能力的不足、课时和仪器设备的限制、教师的探究教学理念存在偏差等），探究教学与科学家所从事的真实科学探究之间总是存在着一定的差距。为了最大限度地发挥探究教学的价值和优势，探究教学应尽量接近真实的科学探究。

为了揭示探究教学相对于真实科学探究的近似程度，有必要提出探究教学的"探究性"这一概念。探究教学的"探究性"是指探究教学体现科学探究本质的属性，它反映了探究教学相对于真实科学探究的近似程度。探究教学对科学探究的本质体现得越充分，则越接近于真实的科学探究，其探究性越强；反之，则探究教学的探究性越弱。

由于科学探究要素是对科学探究本质属性的提炼和概括，因此探究教学的探究性由科学探究要素在探究教学中的体现程度决定。为了深刻揭示探究教学的探究性内涵，需要进一步明确科学探究要素的具体组成。

根据本书对科学探究要素的研究结论，科学探究要素由问题、假设、证据、结论和交流这5个要素组成。这5个科学探究要素在探究教学中的体现程度共同决定了探究教学的探究性。科学探究各要素在探究教学中体现得越全面和充分，则探究教学的探究性就越强。"全面"意味着科学探究各要素在探究教学中都得到体现，"充分"意味着学生能自主、开放地从事科学探究各要素所对应的探究活动。

对于探究教学探究性内涵的准确界定对探究教学的实践和理论研究都具有重要的意义和价值。它为探究教学的实践提供了方向性的指引——探究教学应努力增强其探究性，也为制定探究教学的探究性评价标准提供了理论基础和依据。

(2)探究教学探究性评价标准的构建

国外一些学者或研究机构已构建了几种有关探究教学的探究性评价标准。对已有的这些探究性评价标准的梳理与分析，可以为构建新的探究性评价标准带来启示。

美国国家研究理事会在《科学探究与国家科学教育标准：教与学的指南》中提出了一种关于探究教学探究性的评价标准。该评价标准以他们确定的科学探究五要素为评价维度，以学习者在探究活动中的自主程度为探究性等级的划分依据（表3-1）。②

---

① 谢绍平：《探究教学的"探究性"及其评价标准的构建研究》，载《教学研究》，2017(4)。

② ［美］美国国家研究理事会科学、数学及技术教育中心，《国家科学教育标准》科学探究附属读物编委会：《科学探究与国家科学教育标准：教与学的指南》，29页，罗星凯等译，北京，科学普及出版社，2004。收入本书时有改动。

表 3-1 美国国家研究理事会的探究教学探究性评价标准

评价维度	探究教学的探究性等级			
问题	学习者探究直接来自教师、学习材料或其他途径的问题。	学习者探究的问题来自教师、学习材料或其他途径,但问题不那么直接,需要有所改变或自己体会其含义。	学习者从所提供的问题中选择,据此提出新的问题。	学习者自己提出一个问题。
证据	数据和分析方法都给了学习者。	直接给出数据,学习者进行分析。	学习者在他人指导下收集某些数据。	学习者自己确定什么可作为证据并进行收集。
解释	证据已知。	已知使用证据形成解释的可能途径。	学习者在得到指导的情况下收集数据,形成解释。	学习者总结事实证据之后做出解释。
评价	—	给出可能的联系。	学习者被引导到科学知识的领域和来源。	学习者独立地考察其他事实来源、建立事实与已有解释的联系。
交流	交流的步骤和程序都被给出。	学习者阐述自己解释的过程得到了广泛的指导。	学习者阐述自己理解的过程得到了他人指导。	学习者用合理的、合乎逻辑的证据表达自己的理解。

该探究性评价标准对评价维度和等级的划分比较科学、合理,对探究性评价指标内涵的表述明确、具体。但该评价标准侧重于评价各科学探究要素的探究性,而难以评价探究教学探究性的总体状况。

美国学者海伦认为评价探究教学的探究性应把问题、方法与手段、答案这 3 个要素作为评价维度,将这 3 个要素的开放性程度作为探究性等级的划分依据(表 3-2)。[①]

表 3-2 海伦的探究教学探究性评价标准

探究性等级	问题	方法与手段	答案
0 级	给定	给定	给定
1 级	给定	给定	开放
2 级	给定	开放	开放
3 级	开放	开放	开放

海伦的探究性评价标准对评价维度的划分简捷、明了,便于在实践中推广与应用。但该评价标准对各评价维度只设定了"开放"和"给定"两种状态,而忽略了其中的一些中间状态,会对评价结果的精确性带来不利影响。

---

① 魏冰:《科学素养教育的理念与实践:理科课程发展研究》,97、98 页,广州,广东高等教育出版社,2006。

美国学者佩拉把探究教学过程划分为 6 个步骤，它们分别是提出问题、形成假设、制订计划、进行实验、收集数据和得出结论；学生在探究教学过程中的自主性被称为"自由度"。佩拉的评价标准把探究教学过程的 6 个步骤作为评价维度，把自由度作为探究性等级的划分依据(表 3-3)。[1]

表 3-3　佩拉的探究教学探究性评价标准

自由度	1 级	2 级	3 级	4 级	5 级
提出问题	教师	教师	教师	教师	学生
形成假设	教师	教师	教师	学生	学生
制订计划	教师	教师	学生	学生	学生
进行实验	学生	学生	学生	学生	学生
收集数据	学生	学生	学生	学生	学生
得出结论	教师	学生	学生	学生	学生

佩拉的评价标准中评价维度的涵盖面比较全，对探究性等级的划分比较细致。但该评价标准对探究活动实施者的划分过于刚性(探究活动的实施者只考虑了教师或学生，而忽略了"学生在教师的指导下实施探究活动"这种状况)，这也会影响到评价结果的精确性。

以上这些探究教学探究性评价标准在评价维度、探究性等级的划分以及指标内涵的表述等方面虽各有特色，但都遵循了一些共同的构建原则：评价维度应围绕科学探究的要素或关键步骤来确定，这样能使评价结果准确反映探究教学的探究性本质。探究性等级要以探究活动中学生的自主程度为依据。这些共同的构建原则为构建新的探究教学探究性评价标准提供了参考和借鉴。另外，已有的探究教学探究性评价标准都存在一些不足，从而影响了其使用效果，因此有必要构建更为科学、有效的探究教学探究性评价标准。

本书在对探究教学"探究性"内涵进行准确界定的基础上，借鉴已有的探究教学探究性评价标准的有益经验，努力克服其不足，尝试构建一种新的探究教学探究性评价标准。

探究教学探究性评价标准的构建主要包括探究性评价维度的确定和探究性等级的划分，下面分别进行阐述。

①探究教学探究性评价维度的确定。

由于问题、假设、证据、结论和交流这 5 个要素在探究教学中的体现程度决定了探究教学的探究性，因此应以这 5 个要素作为评价维度，这样可以有效保证探究性评价的正确方向。

A."问题"要素的评价维度。该评价维度用来评价问题要素所对应探究教学活动的探究性。问题要素所对应的探究教学活动是提出所要探究的问题，其探究性水平由提出问题过程中学生的自主程度决定。学生越能自主地提出问题，他们的积极性、主动性和创造性发挥得越充分，因而其探究性水平越高。根据学生在提出问题过程中自主程度的不

① 魏冰：《科学素养教育的理念与实践：理科课程发展研究》，97、98 页，广州，广东高等教育出版社，2006。

同，相应的探究教学活动可划分为3种典型情形：教师提出问题；学生在教师的指导下提出问题；学生自主地提出问题。它们的探究性水平由前到后依次提高。

B."假设"要素的评价维度。该评价维度用来评价假设要素所对应探究教学活动的探究性。假设要素所对应的探究活动是提出关于问题的假设，其探究性水平由提出假设过程中学生的自主程度决定。学生越能自主地提出假设，其探究性水平越高。根据学生自主程度的不同，假设要素所对应的探究教学活动也可划分为3种典型情形：教师给出假设；学生在教师的指导下提出假设；学生自主地提出假设。它们的探究性水平由前到后依次提高。

C."证据"要素的评价维度。该评价维度用来评价证据要素所对应探究教学活动的探究性。证据要素所对应的探究活动是获取证据（包括观察、实验等），其探究性水平由学生在获取证据过程中的自主程度决定。学生越能自主地提出假设，其探究性水平越高。根据学生自主程度的不同，证据要素所对应的探究教学活动也可划分为3种典型情形：教师提供证据；学生在教师的指导下获取证据；学生自主地获取证据。它们的探究性水平由前到后依次提高。

D."结论"要素的评价维度。该评价维度用来评价结论要素所对应探究教学活动的探究性。结论要素所对应的探究活动是由证据得出结论，其探究性水平由得出结论过程中学生的自主程度决定。学生越能自主地得出结论，其探究性水平越高。根据学生自主程度的不同，结论要素所对应的探究教学活动可划分为3种典型情形：教师给出结论；学生在教师的指导下得出结论；学生自主地得出结论。它们的探究性水平由前到后依次提高。

E."交流"要素的评价维度。该评价维度用来评价交流要素所对应探究教学活动的探究性。交流要素所对应的探究活动是探究教学过程中师生之间、学生之间的信息交流与反馈，其探究性水平由教师语言的启发性和学生之间交流的充分程度决定。教师语言的启发性越强，学生之间的交流越充分，则其探究性水平越高。

②探究教学探究性等级的划分。

为了精确地评价探究教学的探究性状况，有必要对探究性水平进行等级划分。

A. 各评价维度的"探究性"等级。根据学生在科学探究活动中自主程度的不同，本评价标准把各评价维度的探究性水平划分为5个等级。各探究性等级与所对应的探究教学活动特征如下。

1级：该探究性等级反映出探究教学活动的探究性很弱。教学中缺乏问题、假设、证据、结论和交流这些科学探究要素，因此科学探究的本质属性在教学中完全没有得到体现。这种程度的探究教学与真正意义上的探究教学相距甚远，实践中应努力加以避免。

2级：该探究性等级反映出探究教学活动的探究性较弱。科学探究活动基本上是由教师完成的，学生的自主性没有得到发挥，他们在教学过程中基本处于被动接受的地位。其具体特征有：教师直接提出问题，且缺乏问题情境的创设；教师直接给出假设，且缺乏对假设的根据进行解释；教师直接提供证据，且没有解释证据的获取方法；教师直接给出结论；教师提问的启发性很弱，学生之间的交流也很少。这种探究教学类似于传统的授受式教学。

3级：该探究性等级反映出探究教学活动的探究性一般。教学过程中教师注重对学生的启发和引导，学生的自主性有一定程度的发挥，但科学探究活动主要由教师完成。其具体特征有：教师在创设问题情境的基础上提出问题；教师给出假设，且对其根据进行了解释；教师提供证据，且对其获取方法进行了解释；教师引导学生得出结论；教师提问的启发性一般，学生之间的交流较少。这种探究教学仍带有授受式教学的印迹。

4级：该探究性等级反映出探究教学活动的探究性较强。教学过程中学生的自主性得到了较充分的发挥，科学探究活动主要由学生完成，教师只提供适当的指导和帮助。其具体特征有：在教师的指导下，学生提出问题，提出有根据的假设，确定证据的获取方法并获取证据，得出结论；教师提问的启发性较强，学生之间的交流较充分。这种探究教学才是真正意义上的探究教学。

5级：该探究性等级反映出探究教学活动的探究性很强。学生能完全自主地开展各种科学探究活动，几乎不需要教师提供指导和帮助，科学探究要素在探究教学中得到了全面、充分的体现。其具体特征有：学生自己提出问题和假设，确定证据的获取方法并获取证据，得出结论；教师提问的启发性很强，学生之间的交流很充分。这是一种理想化的探究教学，应是教师开展探究教学时的努力方向。

B. 探究教学的总探究性等级。探究教学的总探究性由各评价维度的探究性共同决定。由于各评价维度所对应的探究教学活动都具有同等重要的地位，因此各评价维度都具有相同的权重，由此可得出探究教学的总探究性等级和各评价维度的探究性等级之间的关系为：

$$探究教学的总探究性等级 = \frac{\sum 各评价维度的探究性等级}{5}。$$

运用以上公式，可以得出探究教学的总探究性等级，它反映了探究教学的探究性总体状况。

通过采用以上构建方法与策略，本书构建出了探究教学探究性评价标准（表3-4）。

表 3-4　本书构建的探究教学探究性评价标准

评价维度	探究教学的探究性等级				
	1级（很弱）	2级（较弱）	3级（中等）	4级（较强）	5级（很强）
问题	缺乏问题要素。	在没有创设情境的前提下，教师直接提出问题。	在创设情境的基础上，教师提出问题。	学生在教师的指导下提出问题。	学生自己提出问题。
假设	缺乏假设要素。	假设由教师直接给出，且缺乏对其根据的解释。	教师给出假设，并对其根据进行了解释。	学生在教师的指导下提出有根据的假设。	学生自己提出有根据的假设。
证据	缺乏证据要素。	教师直接提供证据（如演示实验），且没有给学生解释证据的获取方法。	教师解释证据的获取方法，并提供证据。	学生在教师的指导下确定证据的获取方法，学生在教师指导下获取证据。	学生自己确定证据的获取和分析方法，并自己获取证据。
结论	缺乏结论要素。	教师直接得出结论。	教师引导学生得出结论。	学生在教师的指导下得出结论。	学生自己得出结论。
交流	缺乏交流要素。	教师提问的启发性很弱，学生之间的交流很少。	教师的提问启发性一般，学生之间的交流比较少。	教师的提问比较有启发性，学生之间的交流比较充分。	教师的提问很有启发性，学生之间的交流很充分。

试用的结果表明(详见本书第四章的有关内容),本探究教学探究性评价标准能客观、准确地评价探究教学的探究性状况,评价结果具有很强的针对性和指导性。因此,本探究教学探究性评价标准可作为增强探究教学探究性的有效支持工具。

3. 探究教学与实验教学、启发式教学[①]

实践中由于不少教师对探究教学的内涵认识模糊,容易把探究教学与实验教学、启发式教学相混淆,从而影响到探究教学的有效开展,因此有必要对它们的关系进行辨析。

(1)探究教学与实验教学

探究教学的宗旨是让学生经历和体验真实的科学研究过程(如提出问题、提出猜想与假设、设计实验方案等),从而培养他们的科学素养。实验教学的本质特征是学生的动手操作,它既可用于验证学生已知的科学规律,也可用于探索学生未知的科学规律,还可以用于训练学生的实验操作技能等。因此,探究教学与实验教学有着明显的区别。

当然,探究教学与实验教学也有密切的联系。探究教学中经常要通过实验手段来收集证据,这也是一线教师把两者混淆的一个现实原因。但探究教学中获取证据的方式除了采用实验手段外,还可以采取观察、查阅资料等其他手段,实验只是获取证据的其中一种手段;探究教学中除了有收集证据的活动以外,还有提出问题和假设、分析与论证、交流与合作等其他的探究教学活动。因此,虽然探究教学与实验教学有非常密切的联系,但它们的区别也是显而易见的,不应将两者混淆。

(2)探究教学与启发式教学

实践中有些教师对探究教学采取一种泛化的理解,认为我国传统的启发式教学也是探究教学。其实探究教学与启发式教学虽有密切的联系,但两者的区别也是明显的。下面我们对两者的关系进行辨析。

启发式教学是一种教学指导思想。这种教学思想始于我国古代伟大的思想家和教育家孔子提出的"不愤不启,不悱不发",其核心思想就是要尽量突出学生在教学过程中的主体地位,让学生自己去思考和解决疑难问题,教师则在关键的时候给予学生恰当的指导和点拨,从而促进学生的知识掌握和能力发展。[②]

探究教学与启发式教学有一些相似之处,如两者都注重发挥学生的主体地位和教师的引导作用,都注重学生思维能力的训练和培养。启发式教学中的"愤"和"悱"是学生在思考过程中出现的两种认知矛盾状态,需要在教师的指导下通过学生的积极思考予以解决。探究教学也需要学生高级思维活动的参与。受知识储备和能力的限制,学生在探究过程中会遇到各种困难和障碍,也需要及时得到教师的指导和帮助。

但是,探究教学与启发式教学的区别也是明显的:第一,启发式教学是一种教学指导思想,它可以渗透在教学的各个环节和要素中,而不是一种单独的教学模式或方式;而探究教学是一种具体的教学方式,它有确定的组成要素和相对固定的教学步骤,这是两者最本质的区别。第二,探究教学主要应用于自然科学课程的教学中,其根本目的是更好地培养学生的科学素养;而启发式教学在人文社科类课程和自然科学课程的教学中都可得到应用,其根本目的是发挥学生的积极性和主动性,启发学生的思维。

① 谢绍平:《浅析探究式教学与实验教学、启发式教学的关系》,载《教学研究》,2019(2)。
② 南京师范大学《教育学》编写组:《教育学》,443页,北京,人民教育出版社,1984。

二、"教师对探究教学适应性"的内涵

本部分在对"教师适应性"的内涵进行梳理、分析的基础上，对"教师对探究教学适应性"的内涵进行界定。

（一）"教师适应性"的内涵

"教师适应性"概念的提出与人们日益认识到教师在教育教学改革中的关键作用有关。在教育教学改革（特别是课程改革）的背景下，教师作为教育教学改革的直接执行者，对教育教学改革的适应性将极大地影响甚至决定着教育教学改革的结果。在此背景下，一些学者对教师适应性概念的内涵进行了界定。

陈时见等认为："教师的适应性，作为一个特定的概念，其内涵可以理解为是实施教育主体的教师，根据未来社会对人才素质的要求和教育改革发展的趋向，适时主动地调整教学模式、培养目标和教育教学方式等，以适应外部条件和客观需要所达到的程度。"[1]

该定义是从教师适应性的适应性内容和适应过程的要素两个方面进行界定的。适应过程要素包括适应的主体、外在环境和教师改变。适应的主体是教师，教师根据外在环境的要求对自身的素质进行调整与改变，以达到与环境的和谐和平衡。外在环境是"未来社会对人才素质的要求和教育改革发展的趋向"，它对教师的素质提出了新的要求。教师改变包括教师对"教学模式、培养目标和教育教学方式"的调整和改变。该定义把教师适应性的内容限定为教师的外显教学行为（教学模式、教育教学方式等），但对教师内在的认识、态度等心理方面的适应性内容缺乏关注。

靳玉乐、尹弘飚认为：教师适应性指教师在课程变革中因应外界的变革要求，对自身的心理状态和行为实践做出调整，从而在自我与环境之间保持平衡的心理—行为特征。[2] 他们所构建的教师适应性理论架构包括适应主体、适应的外在环境和适应的中心环节三部分（图 3-1）。适应的主体是教师，教师处在教育变革的环境中，外在的教育变革环境对教师的知识、技能等素质提出了一定的要求。适应的外在环境是课程变革，这种课程变革可以是局部的调整，也可以是整个课程系统的全方位变革，它对教师适应的内容和方向提出了要求。适应的中心环节是教师改变，包括教师的心理改变与行为改变，是达到适应目标的关键。心理适应包括信念、情绪、动机和态度等的调整和改变，行为适应指教师对课程变革从抵制到支持的变化。

靳玉乐、尹弘飚对教师适应性的定义也是从适应性内容和适应过程的要素这两个方面进行界定的。教师适应性的内容包括心理适应和行为适应两个方面，教师适应过程的要素包括教师、倡导课程变革的外在环境和教师改变。这种关于教师适应性的界定比较全面、准确。

根据以上对教师适应性概念内涵的梳理和分析，可得出教师适应性的本质属性包括适应性内容和适应过程两方面，其中教师适应过程的要素包括适应主体（教师）、外在环

① 陈时见：《学校教育变革与教师适应性研究》，129 页，北京，商务印书馆，2006。
② 靳玉乐、尹弘飚：《课程改革中教师的适应性探讨》，载《全球教育展望》，2008(9)。

境和教师改变。这些关于教师适应性本质属性的研究结论为揭示"教师对探究教学适应性"的内涵提供了基础和启示。

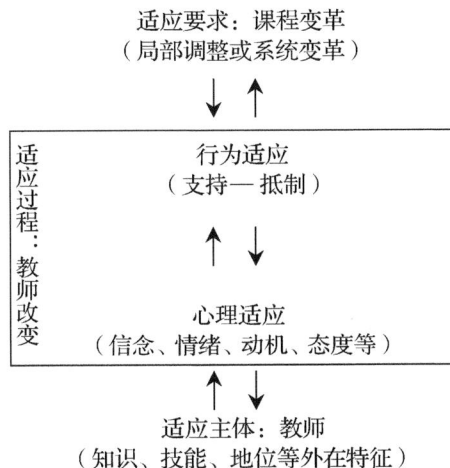

图 3-1　课程改革中教师适应的理论架构

（二）"教师对探究教学适应性"的内涵

1. 界定"教师对探究教学适应性"内涵的方法

由于教师适应性是教师对探究教学适应性的上位概念，因此以上所总结的教师适应性的本质属性也适用于教师对探究教学适应性，即教师对探究教学适应性的本质属性也包括适应性内容和适应过程两个方面。

（1）教师对探究教学的适应性内容

本书借鉴了靳玉乐、尹弘飚关于教师适应性内容的划分方法，把教师对探究教学的适应性内容也划分为心理适应和行为适应两个维度。心理适应包括对探究教学的认识和态度、能力的适应。行为适应即对探究教学的教学行为适应。由于对教学行为的分解一般根据教学过程来进行[①]，而教学过程可以分为教学（前）准备、教学（中）实施与教学（后）评价 3 个阶段[②]，又因教学准备阶段的主要教学行为是教学设计，因此，教师的教学行为可分为教学设计行为、教学实施行为与教学评价行为。

（2）教师对探究教学的适应过程

根据以上对教师适应过程要素的研究结论，教师对探究教学适应过程的要素包括适应主体、倡导探究教学的教育环境、教师改变。教师是适应的主体，教师为了应对探究教学所提出的要求和挑战，需要对自身关于探究教学的认识、态度和教学行为进行相应的调整和改变；倡导探究教学的教育环境是教师适应的外部环境，对教师的认识、态度和教学行为提出了新的要求；教师改变是实现适应的手段，教师通过对自身关于探究教学的认识、态度和教学行为等进行相应的调整和改变，最终实现与倡导探究教学的教育环境之间的平衡与和谐。

---

① 魏宏聚：《教师教学行为研究的几个维度与评析》，载《河南大学学报（社会科学版）》，2009（5）。

② 施良方、崔允漷：《教学理论：课堂教学的原理、策略与研究》，13 页，上海，华东师范大学出版社，1999。

2. 本书关于"教师对探究教学适应性"内涵的界定

在对"教师对探究教学适应性"内涵进行分析、阐释的基础上，可以界定该概念的内涵。

教师对探究教学适应性属于教师适应性的范畴，指在课程改革倡导探究教学的教育环境下，教师为应对探究教学提出的新要求和挑战，对自身关于探究教学的认识、态度、能力和教学行为(教学设计、教学实施、教学评价等)进行调整、改变或提高，最终实现与倡导探究教学的教育环境平衡的过程中所表现出的特征。

该定义从教师对探究教学的适应性内容和适应过程两个方面揭示了教师对探究教学适应性的内涵。

对该定义需要说明以下两点。

其一，由于态度中已包含信念和情感(绪)的成分，因此，信念和情感(绪)的适应可以归并为态度的适应。与动机相比，影响教师适应探究教学的更重要的因素是对它的态度(只要对探究教学形成了正确的态度，一般就会有较高的动机)，本书不再把动机单独列为一项适应性内容。

其二，关于探究教学的适应性内容应包含认识上的适应。因为教师对探究教学的认识是他们有效开展探究教学实践的基础，所以关于探究教学适应性的内容除了态度的适应之外，还包括关于探究教学认识的适应。这些认识主要是教师关于探究教学的理念和观点，它们受教师关于探究教学及相关领域知识的影响。

本章小结

本章对国内外已有的关于科学探究与探究教学内涵的观点进行了全面、系统的梳理与分析。在此基础上，本书界定了探究教学的内涵，构建了一种新的探究教学探究性的评价标准，并对探究教学与实验教学、探究教学与启发式教学的关系进行了辨析。

在对教师适应性内涵进行梳理、分析的基础上，总结出了教师适应性的本质属性包括适应性内容和适应过程两个方面。适应性内容包括心理和行为适应，适应过程的要素包括适应主体、外在环境和教师改变。由于教师适应性是教师对探究教学适应性的上位概念，因此教师对探究教学适应性的本质属性也应该包括适应性内容和适应过程两个方面，其中适应性内容包括认识、态度、能力和教学行为的适应，适应过程的要素包括适应主体(教师)、倡导探究教学的教育环境、教师改变。在此基础上，界定了教师对探究教学适应性的内涵。

本章关于教师对探究教学适应性及相关概念的研究为后续关于中学物理教师对探究教学适应性的现状研究与适应性理论框架的构建提供了理论基础。

第四章　中学物理教师对探究教学适应性现状探析
——以北京市的5位中学物理教师为例

为了深入了解中学物理教师对探究教学适应性的真实现状，发现存在的问题，有必要对此进行深入的研究。另外，现状研究也将为构建中学物理教师对探究教学适应性理论框架和评价指标体系提供实践基础。

由于定性研究方法强调在自然情境下搜集原始资料、研究者与研究对象直接接触与互动，它在深入了解人的内心世界及外在行为方面具有独特的优势。[1] 教师对探究教学的适应性涉及教师对探究教学的认识、态度等内心世界与外在的教学行为等。因此，定性研究方法非常适合于深入了解教师对探究教学适应性的真实现状，发现他们在探究教学适应性方面存在的问题。

笔者主要采用课堂观察和访谈等定性研究方法，对中学物理教师对探究教学的适应性现状进行了深入探析。

一、样本的选取以及研究资料的搜集与分析方法

（一）样本的选取

所选取的研究样本为5位中学物理教师，他们分别来自北京市3所办学水平不同的学校。为了保证样本的代表性，在选取样本的时候尽量考虑教龄、性别以及所在学校层次的均衡性，但由于影响样本选取的因素（如教师自身的意愿及学校领导的支持等）很多，因此无法保证样本的绝对均衡性。研究样本的基本情况见表4-1。

表4-1　研究样本基本情况

序号	样本	性别	教龄/年	职称	学历	担任职务	学校办学条件
1	A 教师	男	1	无职称	本科	无	一般
2	B 教师	男	5	中教二级	本科	无	很好
3	C 教师	女	8	中教一级	本科	无	一般
4	D 教师	男	12	中教一级	本科	教研组组长	很好
5	E 教师	男	18	中教一级	本科	无	较好

---

[1]　陈向明：《质的研究方法与社会科学研究》，12页，北京，教育科学出版社，2000。

（二）研究资料的搜集与分析方法

1. 资料的搜集方法

（1）访谈法

访谈法主要用以深入了解中学物理教师对探究教学的认识、态度和适应过程的真实状况。笔者采用了半结构式访谈的方式，即基本按照事先设计的提纲进行访谈（访谈提纲详见附录 A），但在访谈过程中根据实际情况灵活调整访谈的问题或提问的顺序。[1] 笔者对所有的访谈内容都进行了录音[2]，并进行了文字转录工作，共得到约八万字的访谈文本资料。访谈时间是从 2013 年 1 月到 5 月，其间分多次进行。

（2）课堂观察法

课堂观察法通过直接观察教师在探究课堂上的表现来获取有关的信息，用以深入了解中学物理教师关于探究教学的行为适应和能力适应的真实状况。课堂观察的时间总共持续了一个学期（从 2013 年 3 月至 6 月），在此期间笔者共听了三十多节中学物理探究课。课堂观察的记录方法主要采用录音、观察笔记等；在征得授课教师同意的前提下，对部分探究课堂进行了录像。笔者对课堂录音进行了文字转录，结合观察笔记，得到了十多万字的文本材料。考虑到篇幅等因素的限制，本书仅对有代表性的 10 节探究课进行深入分析和评价。

2. 资料的分析方法

根据第三章关于教师对探究教学适应性概念内涵的界定，教师对探究教学适应性的本质属性包括对探究教学的适应性内容和适应过程两个方面，因此对教师关于探究教学适应性现状的调查与分析将从适应性内容和适应过程两个方面来进行。

（1）关于教师对探究教学适应性内容的调查与分析

教师对探究教学的适应性内容包括认识、态度、能力和教学行为适应 4 个方面。由于能力适应隐含在教学行为适应之中，因此从教师关于探究教学的认识、态度、教学行为适应现状 3 个方面来调查与分析。在认识适应方面，由于教师对探究教学内涵的认识、对科学素养的认识对其探究教学行为具有重要影响，因此认识适应方面主要分析教师对探究教学内涵和科学素养的认识；在态度适应方面，主要分析教师对探究教学价值和意义的认知、开展探究教学的行为倾向；在教学行为适应方面，分析教师的探究教学设计、实施和评价的情况。

（2）关于教师对探究教学适应过程的调查与分析

教师在适应探究教学的过程中会遇到诸多的困难和障碍，为了解决这些困难、排除这些障碍，需要在外界的支持和帮助下，通过自我发展，最终达到适应探究教学的要求。因此，关于教师对探究教学的适应过程现状的调查与分析将从以下 3 个方面来进行：一是教师在开展探究教学过程中遇到的困难和障碍；二是外界的支持和帮助；三是自我发展。

关于教师对探究教学适应性现状研究的资料分析框架如图 4-1 所示。分析的方式是先呈现样本的有关访谈和探究课堂实录文本，然后对其进行分析和评价。

---

① 文军、蒋逸民：《质性研究概论》，13 页，北京，北京大学出版社，2010。

② 录音征得了访谈对象的同意，给资料的分析带来了很大的方便。

```
                                                      ┌ 对探究教学内涵的认识
                              ┌ 对探究教学的认识 ┤
                              │                    └ 对科学素养的认识
              ┌ 关于探究教学的 ┤                    ┌ 认识探究教学的价值和意义
              │   适应性内容   │ 对探究教学的态度 ┤
              │               │                    └ 开展探究教学的行为倾向
              │               │                    ┌ 教学设计
教师对探究教学 ┤               └ 探究教学行为 ┤ 教学实施
  的适应性     │                              └ 教学评价
              │               ┌ 开展探究教学过程中遇到的困难和障碍
              └ 关于探究教学的 ┤ 外界的支持和帮助
                  适应过程     └ 自我发展
```

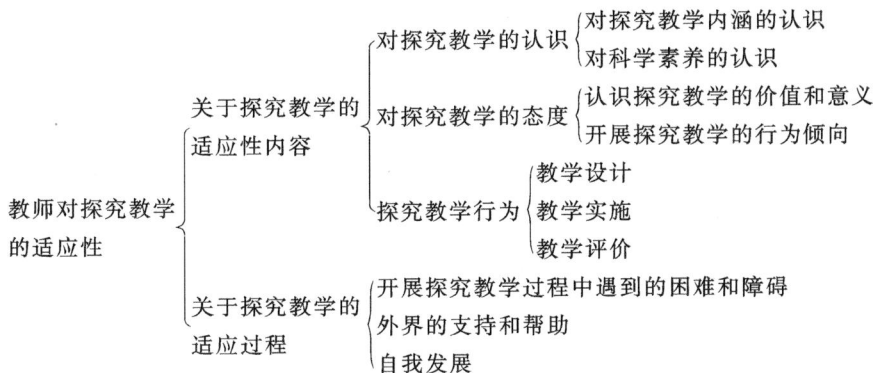

图 4-1　资料的分析框架

二、A 教师对探究教学的适应性现状与分析

A 教师是一位年轻的男教师，1 年教龄。从教育部直属某师范大学物理学专业本科毕业，担任初二物理教学工作，属于典型的新手教师。A 教师所在学校办学条件一般，全校共有 2 间物理实验室，为 16 个班的物理实验教学提供支持。

下面对 A 教师关于探究教学的适应性现状进行阐述与分析。

（一）关于探究教学的适应性内容

1. 对探究教学的认识

（1）对探究教学内涵的认识

①探究教学的核心内涵。

关于探究教学的核心内涵，A 教师认为：

"中学生的科学探究，主要是探讨物理变量之间的关系，只要学生说出有关系、有相关性就可以了，不要求探讨具体是什么关系。对于初中学生来说，他们的知识储备、能力有限，教师没办法要求他们进行精确、定量的探究。"

分析与评价：

A 教师对探究教学内涵的认识比较狭隘，认为探究教学主要是探讨变量之间的关系，且对探究层次的认识比较浅，认为只要学生知道各变量具有相关性就可以了。初中物理教学中确实有很多关于变量之间关系的探究，也有很多其他类型的探究，如平面镜成像规律的探究等。关于变量之间关系的探究有很多涉及定量探究，如欧姆定律的探究、阿基米德原理的探究等。另外，A 教师还缺乏关于探究教学中师生角色、地位的认识。

②探究教学与授受式教学的关系。

关于探究教学与授受式教学的关系，A 教师认为：

"学生的参与度不一样，科学探究涉及学生的思考、实验操作、与同伴的交流合作，因此相较授受式教学，探究教学中学生的参与度高。另外，师生之间的交流形式不一样。传统课堂中，教师的讲授基本是单向的；而探究课堂上信息的交流是双向的。"

分析与评价：

A 教师认为探究教学与授受式教学的区别是学生参与度和师生之间的交流形式不同。

探究教学与授受式教学的最本质区别是两者的师生地位和学生获取知识的方式不同。显然，他对探究教学与授受式教学的区别的认识还停留于表象，而对两者本质区别的认识还存在不足。

③探究教学与实验教学的关系。

关于探究教学与实验教学的关系，A 教师认为：

"由于初中学生以形象思维为主，没有足够的抽象思维，所以我觉得搞探究的话，应尽量让他们观察现象，有条件、有机会的话，一定要让他们动手操作，哪怕在操作的过程当中会碰到一些他们解释不了的现象。总之，我认为探究离不开学生的动手操作。"

分析与评价：

在科学探究中，实验只是收集证据的一种方式，而不是唯一的方式。虽然在物理学科中，实验是收集证据的常用方式，但探究离不开实验的观点有些绝对化。让学生多参与、多动手操作确实有助于加深他们的感性认识，但在探究中实验的本质是收集证据的手段，而不仅仅是为了加深学生的感性认识。因此，A 教师对探究教学与实验教学关系的认识还存在一些偏差。

④探究教学与启发式教学的关系。

关于探究教学与启发式教学的关系，A 教师认为：

"启发是老师在给他们做一些心理上的暗示，这对于学生来讲有难度。另外，他们不愿意接受这种暗示性太强的东西，他们会觉得你的启发没有用。而探究教学，老师只呈现现象或问题，在其他的方面则不过多地诱导，让学生自己来解释问题，即探究教学把学习的主动权更多地下放给学生，让学生自主发表意见并动手操作。"

分析与评价：

第一，A 教师把启发归为一种心理暗示有一定的合理性，但启发不仅仅是暗示，启发还需要考虑学生的知识基础和认知特点等，以此确定相应的启发策略，因此启发不能仅仅局限于暗示，它具有更丰富的内涵。第二，A 教师认为探究教学与启发式教学的区别是学生的主体性不同，探究教学中学生的主体性更强。对于两者的联系，A 教师没有提及。其实启发可以用于探究教学中，两者不是截然分开或对立的。

(2)对科学素养的认识

科学探究提供了掌握科学素养的动态途径和科学方法论[1]，因此，教师对科学素养的认识对于其探究教学的有效开展具有重要的影响。A 教师对科学素养的认识如下：

"我觉得对于初中学生来说，谈科学素养要求太高了。对科学的兴趣、科学知识方面的一些了解，以及对信息的一些鉴别力，我觉得是他们应该具备的一些科学素养。"

分析与评价：

第一，科学素养是全体学生应该达到，并且能够达到的目标，而不是高不可攀的目标。A 教师对科学素养的定位比较高，说明他对科学素养的认识还存在一定的偏差。第二，A 教师对科学素养内涵的理解主要集中在科学知识与科学态度方面，而对科学方法、科学本质、科学与实际生活的联系则不太关注。总体来说，A 教师对科学素养的理解还存在偏差。

---

① 王晶莹：《中美理科教师对科学探究及其教学的认识》，博士学位论文，华东师范大学，2009。

2. 对探究教学的态度

(1)对探究教学价值和意义的认知

关于探究教学的价值和意义，A教师认为：

"第一，现在这个时代，学生获取知识的途径很多，不一定要靠教师的讲授才知道，可能之前他就知道了。但探究学习可以让他们亲自去验证和感受，通过这种方式所获取的知识或经验在他们头脑中的印象是最深刻的，他们这辈子都不会遗忘。第二，探究教学的另一个价值就是对学生学习兴趣的培养有好处，最起码可以使学生觉得，这门学科还不是太枯燥。"

分析与评价：

A教师认为探究教学的价值表现在两个方面：其一，它可以让学生亲身体验知识的获取过程，从而使知识的掌握更牢固；其二，它可以提高学生的学习兴趣。A教师对探究教学的价值持肯定的态度。

(2)实施探究教学的行为倾向

对于实施探究教学的行为倾向，A教师谈道：

"我觉得物理教学应该先帮助学生建立物理情境，而探究的方式对帮助他们建立物理情境非常重要，所以平时还是尽量用实验探究的方式来进行教学。像教材中的实验探究项目，我尽量让学生进行分组探究，如已上过的13个探究项目，6个采取的是分组探究的方式，7个采取演示的方式，在演示过程中也尽量多让学生参与。"

分析与评价：

A教师比较重视物理情境的创建，认为探究教学是创建物理情境的重要方式，所以平时很乐意开展探究教学。但其把探究教学的功能仅仅限于建立物理情境则过于狭隘，探究教学更重要的功能是培养学生的科学素养。

3. 探究教学行为

(1)教学设计

关于探究教学的设计，A教师认为：

"第一，在备课中我要考虑学校现有的仪器能不能满足探究教学的需要；第二，要考虑学生的情况，要站在学生的角度去思考，如他们会不会操作实验仪器。在上课之前，我经常把一些学生叫到办公室来，观察他们能不能按照我的要求去操作，只有他们会了，我才放心地去上课。另外，就是对课堂上可能会出现的各种情况尽量做好预想，考虑好应对的办法。"

分析与评价：

A教师对探究课的教学设计侧重于实验仪器的准备及学生对实验仪器的操作技能方面，另外也包括对课堂上可能出现情况的预设。但对于学生知识、能力基础的分析，以及教学目标和探究教学策略的制订、对学生的指导策略等，在访谈中他没有提及。A教师把探究教学设计的重点放在了实验操作上，这显然过于偏颇和狭隘。

(2)教学实施

分组探究能最大限度地发挥学生的自主性，探究教学最好采取分组探究的形式；探究课堂实例真实反映了探究教学实施的现状。因此，这里主要对学生分组探究和探究课堂实例进行分析。

①学生分组探究概况。

A 教师所在学校办学条件一般，物理实验室只有 2 间，要承担 16 个班的物理实验教学任务，并且仪器设备数量不足，这是开展学生分组探究的一个限制因素。虽然 A 教师开展分组探究的积极性较高，但受实验仪器条件的限制，他在探究教学中开展分组探究的频率一般。课程标准中要求的学生分组探究项目只有约一半能做到。

为了深入了解 A 教师的探究教学情况，这里节选该教师任教的两节典型探究课实例进行分析。

②探究课堂实例与分析。

探究课堂实例(一)："探究影响浮力大小的因素"

演示实验 1：教师把铁块挂在弹簧测力计上，让学生读弹簧测力计的示数。学生读出弹簧测力计的示数为 0.8 N。

教师把铁块浸没在水中，学生读出弹簧测力计的示数为 0.7 N。

师：弹簧测力计的示数变化了多少？（简单计算类问题。）

生：变化了 0.1 N。

师：这 0.1 就是水托着它的这个力。（"托着它的这个力"应该直接说"浮力"；"0.1"没有说单位。）

师：以上的这个 0.1 是它说了算，还是它说了算？（教师所提的问题不明确，太宽泛。"说了算"是典型的生活化语言，用于教学中不严谨；代词"它"的指代对象不明确。）

生：它说了算。

生：它们说了算。

师：水，我们该怎样形容它，除了透明之外？（教师所提的问题偏离了教学主题——研究影响浮力大小的因素。"形容"一词不准确，应为"描述"。）

生：流动。

师：物理上要研究一个物体，需要一些物理量，如密度、体积、质量、深度。

师：刚才有哪些物理量？（复述类问题。）

生：密度($\rho_水$)、体积($V_水$)、质量($m_水$)、深度($h_水$)。

师：刚才谁看出来了，对于铁块有哪些物理量？（问题太宽泛，偏离了教学主题。）

生：$\rho_铁$、$V_铁$、$m_铁$、$h_铁$。（$h_铁$ 明显是一个错误的物理量，但教师没有给予纠正。）

师：对于铁块来说，它的质量、密度、体积三者之间有一个定量关系，比如知道密度、体积，就可以知道它的质量。所以这 3 个量我们只取其中 2 个量就可以了。

师：如何判定铁块的这些因素决定它？（教师直接提出假设。"它"其实是指"浮力"，属于代词滥用问题。）

师：如果这些量中某一个量发生变化，导致浮力大小发生变化，这个量就是一个影响浮力大小的因素。

生：要保证其他量不变。

师：对，要保证其他量不变。

师：我们先看（液体）密度，让液体的密度发生变化。（教师没有交代研究的目的，目的其实是研究液体密度与浮力的关系。）

师：我们把物体分别浸没在水和硫酸铜溶液中，看它所受的浮力是否发生变化，如果发生了变化，则说明液体密度是影响浮力大小的一个因素。（教师直接告诉学生实验方案，没有说明实验设计的原理。）

演示实验 2： 教师先把铁块挂在弹簧测力计上，然后把铁块浸没在硫酸铜溶液中，让学生观察此时弹簧测力计示数。学生读出弹簧测力计的示数为 0.6 N。

师：铁块在硫酸铜溶液中受的浮力多大？（简单计算类问题。）

生：0.2 N。

师：这说明铁块在硫酸铜溶液中的浮力发生了变化，由水中的 0.1 N 变为了 0.2 N。由水变为硫酸铜溶液，密度发生了变化，（导致浮力发生了变化，）这（密度）是一个影响因素。（教师直接给出了结论。"这"其实是指"密度"，属于代词滥用问题。）

师：我们再看水的体积这个因素。

教师拿出了两个装有不同体积的水的容器，把铁块浸没在体积小的水中，弹簧测力计的示数是 0.7 N。（教师没有说明实验目的和实验方案，直接进行实验操作。）

师：这时铁块所受浮力多大？（简单计算类问题。）

生：0.1 N。

师：这说明浮力与液体体积无关。（教师直接给出结论。）

演示实验 3： 教师把铁块浸没在水中，然后改变铁块浸没在水中的深度，叫学生观察弹簧测力计示数是否有变化。（教师没有说明实验目的和实验方案，直接进行实验。）

师：弹簧测力计的示数有变化吗？

生：没有变化。

师：这说明物体浸没在水中的深度与浮力无关。（教师直接给出结论。没有强调物体全部浸没在水中这个条件。）

师：我们再来看铁块的物理量。我们之前说过，要改变其中某个量的时候，其他量得保持不变。比如我们改变它的密度，必须保持它的体积不变。

教师出示体积、形状相同的铁块和铝块。

师：把它变成它，密度变了，体积没变。（"它"这个代词指代不明确。）

演示实验 4： 教师把铝块挂在弹簧测力计下，让学生读出弹簧测力计的示数，学生读出示数为 0.3 N。（教师没有说明实验目的和实验方案。）

教师把铝块浸没在水中，让学生读出此时弹簧测力计的示数。学生读出示数为 0.2 N。

师：弹簧测力计的示数差（浮力）是多少？（简单计算类问题。）

生：0.1 N。

师：物体密度变了，金属块所受的浮力怎样？

生：没变。

生：为什么是这样呢？（教师没有回应学生的这个问题，也没有总结该实验的结论——浮力大小与物体密度无关。）

师：下面我们看物体体积这个量。

演示实验 5： 教师分别出示体积相同的铁块和铝块。教师把铁块挂在弹簧测力计下，让学生读出示数。学生读出示数为 3.2 N。（教师没有说明实验目的和实验方案，直接进行实验。）

教师把铁块浸入水中，让学生读出弹簧测力计的示数。学生读出示数为 2.8 N。

师：示数差（浮力）为多少呢？（简单计算类问题。）

生：0.4 N。

师：现在铁块体积是先前的几倍？（简单计算类问题。）

生：4倍。

演示实验6：教师把铝块挂在弹簧测力计下，让学生读出示数。学生读出示数为1.2 N。

教师把铝块浸没在水中，让学生读出弹簧测力计的示数。学生读出示数为0.8 N。

师：这时示数差（浮力）是多少？（简单计算类问题。）

生：0.4 N。

师：这说明物体体积变了以后，它所受的浮力也变了。还要注意，每次我都把物体浸没在水中了，所以这个体积是物体浸没在水中的体积，即物体浸没在水中的体积影响浮力的大小。（教师分析和得出结论。分析过程不严谨，应该针对每一个物体，即铁块或铝块进行分析。）

分析与评价：

A. 课堂的探究性。

运用第三章构建的探究教学的探究性评价标准，对本节探究课的探究性状况进行分析与评价，其结果见表4-2。

表 4-2　A 教师探究课堂实例（一）的探究性状况

评价维度	学生在探究活动中的自主程度	探究性等级
问题	教师所提的问题不明确，太宽泛。	2级（较弱）
假设	假设由教师直接给出，且所提的假设偏离了研究问题。	2级（较弱）
证据	教师设计实验方案，教师进行演示实验，缺乏学生分组实验。	2级（较弱）
结论	教师直接给出结论。	2级（较弱）
交流	教师提问的启发性很弱，学生之间的交流很少。	2级（较弱）

运用本书提出的总探究性计算公式，本节探究课的总探究性等级为：

$$总探究性等级=\frac{2+2+2+2+2}{5}=2（级）。$$

由以上结果可知，本节探究课的总探究性较弱，基本属于传统的授受式教学。学生的主体性没有得到发挥，他们参与探究学习的程度很低。本节探究课在探究性方面存在的问题有：问题由教师直接提出，且所提的问题太宽泛、不明确。假设由教师直接给出，且所提的假设偏离了要研究的问题。实验方案由教师直接设计（如研究浮力与液体密度关系的实验方案设计），甚至教师没有交代实验方案就直接进行实验操作（在研究浮力与液体深度、物体体积关系时）；实验操作由教师进行，学生缺乏动手的机会。实验结论由教师直接给出。

B. 教师的教学行为。

本节探究课中教师的教学行为包括提出问题和假设、进行演示实验和给出结论等，这些行为基本是以教师为中心的，教师的主导作用很强。

A 教师在教学行为方面存在的问题有：第一，教师的语言基本功比较薄弱。例如，代词用得过多过滥(如"如何判定铁块的这些因素决定它""把它变成它"等),指代的对象不明确,降低了语言的易懂性;生活化语言问题(如"这个 0.1 是它说了算,还是它说了算");用词不准确问题(如"水,我们该怎样形容它"等)。第二,教学过程中有一些失误,影响了探究教学的效果。教师列举的影响浮力大小的因素太多,而且他既没有说明列举这些因素的根据和理由,也没有对它们先进行分析和精简;没有交代研究目的和实验方案就直接进行实验操作(如在研究浮力与液体体积、深度关系时);在研究浮力大小与物体密度关系时,实验结束后没有进行实验总结,导致该探究过程不完整。

C. 学生的学习行为。

学生的学习行为主要是听教师的讲解,观察教师的演示实验、读弹簧测力计的示数、回答教师的简单问题(主要是一些简单计算类问题)等。由于探究的主要环节都是由教师完成的,学生的主体性和参与探究的程度很低,没有经历积极、主动的探究过程;学生对教师的讲解和指导(即使是错误的指导)基本采取了接受的态度,偶尔有个别学生对教师的讲解质疑(如对浮力大小与物体密度无关结论的质疑),但没能得到教师的解答。这些都不利于对学生探究能力的培养。

探究课堂实例(二):"探究浮力与排开液体所受重力的关系"

师:前面我们已经知道物体所受浮力与它排开的水的重力是相等的,今天我们要通过实验来验证这两者是否相等。(教师直接提出假设。)

师:物体所受的浮力我们用 $F_浮$ 表示,它浸在水中时排开水的重力用 $G_排$ 表示,要测出这两个数的话,这个(指着 $F_浮$)还比较好弄。("这两个""这个"之类的代词用得太频繁。"好弄"是典型的生活化语言。)

师:测 $F_浮$ 需要读出几个数来?

生:两个。

师:对,入水前测一次,入水后再测一次,我们分别用 F_1 和 F_2 表示这两个示数,这两个数之差就是浮力。("入水"属于典型的生活化语言,欠严谨和准确。)

师:为了能收集物体排开的水,我们要用到溢水杯,把溢水杯溢出的水用小桶接住。

师:溢出的水的重力怎么测,需要测几次?

生:两次。

师:第一次测什么?

生:空桶重力。

师:第二次呢?

生:桶和水的重力。

师:对,这两次示数之差就是排出水的重力 $G_排$。

师:今天我给你们提供的实验器材有圆柱形物体、铁块、木块、铝块,我们分别验证它们所受的浮力与排开水的重力的关系。

师:哪一组同学上来测圆柱形物体?(对研究目的的阐述有误,目的其实是验证圆柱形物体的浮力与排开的水的重力是否相等,而不是测圆柱形物体的重力或浮力。)

演示实验:有两名学生举手,教师让他们上讲台进行实验。实验方案示意图如图 4-2 所示。

学生把圆柱形物体挂在弹簧测力计下,测出圆柱形物体的重力 F_1 为 1.3 N;测出小

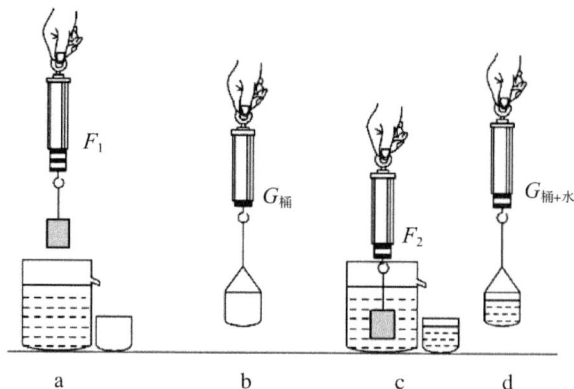

图 4-2 探究浮力与排开液体重力的关系

桶的重力 $G_桶$ 为 0.3 N。教师把这些数值记录在黑板上已设计好的表格中。

学生把圆柱形物体浸没在溢水杯中，水从溢水杯的出水口溢出，流入小桶中。学生读出此时弹簧测力计的示数 F_2 为 0.3 N。

教师提示学生可以把弹簧测力计放下，不必一直用手提着。于是学生把弹簧测力计搁在溢水杯杯口上，圆柱形物体从弹簧测力计的挂钩上脱落掉入了溢水杯底，学生用手指从溢水杯中拿出圆柱形物体。（教师对学生做出了错误的实验操作指导，即让学生把弹簧测力计放在溢水杯杯口。）

学生重做实验，还是把弹簧测力计搁在溢水杯杯口边缘（错误的实验操作）。

教师要求学生测桶和圆柱形物体排开水的总重 $G_{桶+水}$。学生测得其数值为 1.3 N。教师把该数值记在黑板上表格的相应位置。（实验操作步骤由教师直接给出，学生的主体性发挥不充分，只是训练了简单的操作技能。）

教师指出 F_1、F_2 之差就是浮力。根据公式，教师算出了圆柱形物体所受的浮力是 1.0 N，它排开的水的重力也是 1.0 N。（教师计算浮力和排开水的重力，学生的主体性没有得到发挥。）

另两名学生上讲台进行实验。

学生用弹簧测力计测木块的重力，测得木块重力 F_1 为 0.3 N。关于小桶重力 $G_桶$，她们借用了前组同学的数据。教师把相关数据写在黑板上表格的相应位置。（直接借用其他人的数据，不利于培养学生的实践、质疑等科学精神；其他人的数据有可能有误，但教师默认了学生的这种行为。）

一名学生把木块浸入溢水杯的水中，看到木块没有全部浸没，用弹簧测力计把木块往下按，弹簧测力计前端也浸入了水中。另一名学生用手指按着木块往下按。教师指出学生的操作不对。（对于学生的错误操作，教师没有及时纠正，而是等学生的错误操作进行完以后，只是简单地说学生的操作不对，但并没有解释原因。）

教师进行操作示范。把木块挂在弹簧测力计上，木块慢慢浸入溢水杯的水中，弹簧测力计的示数逐渐减少直至为零。（这个实验设计有误，木块在水中是漂浮的，测它的浮力直接用二力平衡条件就可以，没必要用差值法，用差值法容易带来误差。）

学生测桶和木块排开的水的总重力 $G_{桶+水}$，测得其数值为 0.6 N。教师把该示数记在表格相应位置上。

师：木块所受的浮力是多少呢？（简单计算类问题。）

　　生：0.3 N。

　　师：那木块排开水的重力呢？（简单计算类问题。）

　　生：0.3 N。

　　教师把这些数据填在表格的相应位置上。

　　教师叫另两名学生上讲台进行实验。

　　学生把铁块挂在弹簧测力计上，测得铁块的重力 F_1 为 3.3 N。他们也借用第一组同学测得的小桶重力（借用其他小组的数据不利于学生实践、质疑等科学精神的培养。）

　　学生把铁块很快地浸入水中。铁块全部浸没后，学生没有注意保持它的位置不动，铁块在溢水杯中不时上下左右晃动，从而引起了水面的晃动。学生读出此时弹簧测力计的示数为 3.0 N。教师把这两个数值写在黑板上表格的相应位置上。（学生快速把物体浸入水中，可能会把水溅出去，从而给排开水的重力的测量带来误差。铁块在水中晃动时引起了水面的晃动，也会给排开水的重力的测量带来误差。但教师对学生的这种错误操作没有纠正。）

　　教师让学生测小桶和铁块排开的水的总重力 $G_{桶+水}$。学生测得其数值为 0.8 N。教师叫其他学生再读数，其他学生也认为示数是 0.8 N。教师把该示数（0.8 N）写在了黑板上的表格中。教师算得铁块排开水的重力为 0.5 N，并填在了相应表格中。（教师直接告诉学生实验的操作步骤，不利于发挥学生的主体性。铁块排开水的重力 0.5 N 这个数值的误差太大，教师没有进行分析。）

　　教师让学生检查铁块重力 F_1 的示数是否有问题，让他们重新测一次。学生重新测了一次，测得 F_1 的数值还是 3.3 N。

　　接下来教师又叫另两名学生上讲台进行实验。

　　学生把铝块挂在弹簧测力计下，测得铝块重力 F_1 为 1.1 N。

　　学生把铝块快速浸入溢水杯的水中，铝块触碰到了溢水杯杯壁。学生读出弹簧测力计的示数 F_2 为 0.8 N。然后把弹簧测力计搁在溢水杯杯口上，测力计前端有一部分浸入水中。教师提醒他们把测力计放入水中不行。学生把小桶中的水往溢水杯中倒回去一些，然后把小桶放回溢水杯的溢出口下方，直至溢水杯中的水不再溢出。（把弹簧测力计搁在溢水杯杯口上是一个明显错误的操作，会给排开水的测量带来很大的误差；铝块碰到溢水杯杯壁也会带来误差。教师对这些错误操作没有进行纠正。）

　　学生称出小桶和铝块排开水的总重力 $G_{桶+水}$ 为 0.9 N。教师让讲台下另一名学生读数，该生读出的数值为 0.8 N。教师认为应在 0.8 N 和 0.9 N 之间，最后取 0.85 N。教师算出铝块所受的浮力是 0.3 N，它排开水的重力为 0.55 N。教师把这些数据都记录在黑板上的表格中。（铝块排开水的重力 0.55 N 这个数值的误差太大，正常数值应该为 0.3 N，对于这个误差教师没有进行分析。由教师计算浮力大小，这不利于培养学生的能力。）

　　师：由我们测得的数据可以看出，圆柱形物体和木块所受的浮力与排开水的重力是相等的，铁块和铝块所受的浮力与它们排开水的重力近似相等。因此，物体所受的浮力与它排开液体的重力相等。这个结论就叫阿基米德定律。（教师直接给出结论。）

　　分析与评价：

　　A. 课堂的探究性。

　　本节探究课的探究性状况见表 4-3。

表 4-3 A 教师探究课堂实例(二)的探究性状况

评价维度	学生在探究活动中的自主程度	探究性等级
问题	教师事先已告诉学生答案，缺乏"问题"要素。	1 级(很弱)
假设	假设由教师直接给出。	2 级(较弱)
证据	教师设计实验方案，少部分学生进行了实验操作，缺乏学生分组实验。	3 级(中等)
结论	教师直接给出结论。	2 级(较弱)
交流	教师提问的启发性很弱，学生之间的交流很少。	2 级(较弱)

本节探究课的总探究性等级 $= \dfrac{1+2+3+2+2}{5} = 2$(级)，即本节探究课的总探究性较弱。

本节探究课存在的主要问题有：第一，缺乏问题要素。由于课前教师已经给出了"物体所受浮力与它排开的水的重力是相等的"结论，本节课的探究实验变成了验证性实验，大大削弱了教学探究性。第二，学生在探究活动中的自主性发挥得很弱。假设由教师提出，实验方案的设计由教师完成，实验结论也由教师直接给出。虽然在实验环节中，采取了部分学生轮流上台操作、教师在旁边指导的方式，这部分学生的实验操作技能得到了一定的训练，但绝大部分学生在整节课中基本处于旁观者的角色，学生参与探究学习的程度很低。

B. 教师的教学行为。

教师的教学行为包括提出假设，设计实验方案，指导学生的实验操作，记录、计算与分析实验数据，总结实验结论，等等，这些行为基本是以教师为中心的。

A 教师的教学行为存在的主要不足有：第一，教师的教学语言欠精练和准确，表现为生活化语言过多(如"好弄""入水")、代词用得过于频繁("这两个""这个"等)。第二，对于学生实验的指导存在失误和缺陷。例如，给学生提示了错误的操作(让学生把弹簧测力计放在溢水杯杯口)；对于学生的错误操作没有进行纠正或纠正不及时(如学生把物体浸入水中时没有注意保持物体在水中的位置稳定，用弹簧测力计甚至手去按物体)；对于学生在测量中出现的明显误差，没有分析其原因或误差分析有误(如对铁块排开水的重力误差的分析)等。

C. 学生的学习行为。

本节探究课，学生的学习行为主要是听教师的讲解、回答教师的提问、观察讲台上学生的实验操作以及进行简单的计算，少部分学生上讲台进行了实验操作。

探究教学过程是以教师为中心的，学生参与探究的程度很低。虽然少部分学生参与了实验操作的过程，但由于实验方案、操作步骤都由教师设计和规定，学生主要训练了操作技能，而其他的探究能力没有得到培养。另外，在实验过程中，讲台上学生的一些不良或者错误的操作行为由于没有得到教师的纠正，对其他学生产生了不好的示范作用，如上讲台操作的后两组学生都模仿了第二组学生，没有测空桶重力。

(3)教学评价

关于探究教学的评价，A 教师认为：

"我们现在的评价方式还是局限于考试，评价方式比较单一，只限于纸笔测验。而对于纸笔测验中的探究题，学生如果偷懒，他会去背一些操作步骤来应付考试。即使他没有做过探究，也能把题做好。这就说明纸笔测验并不能真正地体现出对探究能力的考查。总之，我认为我们的教学评价体系还不太适应探究教学的要求。"

"对于我自己来说，我让学生写小论文，即对于开展过的探究项目，叫他们总结一下探究过程中，有哪些做得好的地方，还有哪些有待改进的地方。一般是上完一个单元以后叫他们写。通过这种方式，我可以比较详细地了解他们在探究学习中的收获和存在的问题。"

分析与评价：

A 教师认为教学评价方式局限于纸笔测验，不能真正体现出对学生探究能力的考查，教学评价体系不太适应探究教学的要求。他自己通过让学生写小论文了解学生的探究学习效果。写小论文的方式对于了解学生的探究学习效果有一定的作用，但这种方式过于发散，只能对学生的探究学习有大致的了解，而不能全面、深入地了解学生的探究能力。另外，像探究报告、实验操作等评价方式还没有运用于探究学习的评价中。

（二）关于探究教学的适应过程

1. 适应探究教学过程中遇到的困难和障碍

对于在适应探究教学过程中遇到的困难和障碍，A 教师谈道：

"我觉得'科学探究'不仅对学生是一个陌生的东西，我也是参加工作以后才逐渐接触科学探究的，因此探究教学对我来说困难是挺大的。"

"首先，我认为大学物理和中学物理的脱节现象很严重，对此我感到很困惑。初中这一块非常明显。比如对于压强这个概念，大学物理中是对压力做微分，到中学物理中就变成了压力的作用效果，对此我特别不理解。其次，对于中学的实验器材，我还不太熟悉和了解。大学物理的实验器材跟初中的完全不一样，我要熟悉仪器的性能和操作规范，保证它的可靠性，这是很难的。再次，我习惯于站在我的视角去看待探究。我现在尽量强迫自己站在学生的立场，但经常是在不自觉的情况下忘记这一点。最后，探究过程中学生会想到很多的因素、很多的变量，而对这些变量的处理，如哪些变量适合来探究，哪些变量需要排除，并给学生解释清楚，这对我来说是一个挑战。另外，由于自己没什么经验，我现在比较担心的是，学生在课堂上会提出一些让我毫无准备的问题。我在备课的过程中根本就没有想到这些问题，有些也回答不出来，这对我来说是比较大的挑战。"

分析与评价：

A 教师认为他在开展探究教学的过程中遇到的困难和障碍比较多，主要包括以下 5 个方面：一是还不能很好地完成从大学物理到中学物理的过渡，即习惯于从大学物理的视角看待中学物理中的概念和规律；二是在实验技能方面，还不太熟悉中学物理中的实验器材；三是习惯于站在他自己的视角看待探究，虽然想尽力改变；四是对探究教学中变量的处理存在困难；五是课堂上学生会提出许多超出他预想的问题，他在解决这些问题方面存在困难。

A 教师在开展探究教学的过程中遇到的这些困难和障碍可以归结如下：其一，以上第一类和第三类问题属于职业身份的转变问题，即 A 教师作为入职仅一年的新手教师，还没有完全实现从学生身份到教师身份的转变，对学科知识、自我概念的认识等还保留着学生身份的认知特点。其二，以上第二、第四、第五类问题涉及教师的经验，以及在科学及探究教学方面的知识积累。A 教师由于经验还比较缺乏，在相关领域的知识积累不足，所以这些方面的问题也比较突出。正如他自己所说的："我觉得'科学探究'不仅对学生是一个陌生的东西，我也是参加工作以后才逐渐接触科学探究的，因此探究教学对我来说困难是挺大的"。

2．外界的支持和帮助

对于在适应探究教学过程中所获得的外界支持和帮助，A教师谈道：

"学区教研活动的大部分内容是所谓的教材分析，如对某一章、某一节，你需要用几个课时对重点、难点等进行处理。科学探究这块在教研活动中所占的比重很小。有时有的老师可能会分享一些他在探究方面的经验，每次出现这类活动时，我都会特别留意。有时会有一些公开课，但是感觉这些公开课事先已经演练过了，离平时的教学较远。偶尔也会有专家的理论讲座。学校的教研活动是每周一次，包括分年级的和全校物理学科的。分年级的主要是集体备课，全校的主要是教材分析。关于探究的内容比较少。"

"这一年来，教研员和其他老师经常听我的课，他们的意见和建议对我改进自己的教学很有帮助。和我同头的C老师特别重视实验探究这块，从她那里我真的学到了不少东西。另外，一个老先生，退休的特级教师，经常来我们学校听课。他非常严厉，对我的课提出了很多批评和建议。因为我自己毕竟没有什么教学经验，而他的经验非常丰富，因此对他的那些批评和建议，我都能认真地对待。"

分析与评价：

对于A教师来说，促进教师专业成长的外界支持和帮助主要是学区和学校的教研活动。学区的教研活动主要是教材分析，或者是一些公开课教研活动，偶尔有专家的理论讲座；学校的教研活动主要是听课和集体备课。A教师认为从被听课中所获得的帮助很大，也从上同一学科课程且同一年级的同事身上学到了很多，良好的教学督导也发挥了积极的作用。

教研活动以教材分析为主，说明教研活动的指导思想以知识与技能为导向，而关于科学探究方面的教研活动很少。考虑到教师在探究教学方面存在的困难和遇到的障碍，学区和学校应加强探究教学方面的教研活动。另外，同伴互助、专家引领的方式很好，但需要进一步加强。对于A教师来说，同伴互助局限于跟他上同一学科课程且同一年级的一个同事，对他帮助大的专家也只有一位经常来他们学校听课的退休特级教师，这就限制了他获取帮助的范围。

3．自我发展

（1）教师的自我学习

对于在适应探究教学过程中的自我学习，A教师认为：

"大学学习时老师提到过科学探究，但对于探究的理论知识基本没有什么印象了。关于探究教学的理论书籍，很少去读，因为觉得这些理论书籍太过泛化，不够具体，对自己的帮助也不是特别大。"

"我经常看探究教学的实践案例，主要是听课，有区内的，还有国外视频课。区内的是公开课。这些公开课，感觉事先已经演练过了，跟平时的常态课还是有差别的。我经常听国外的视频公开课，或者去大学听老师上课，想学习他们的上课风格和技巧之类的东西。我也想去其他中学听一听同行的课，但是中学一般不让外校老师去听，所以感到很遗憾。"

分析与评价：

第一，A教师对探究教学的理论知识学得很少，对探究教学理论知识的价值也不太认同，认为对他的教学帮助不大。第二，他比较重视探究教学的实践案例的学习，主要是通过看教学视频和现场听课的方式来学习。他认为国内的教学视频案例和公开课不太真实，离平时的教学较远。他时常听国外的视频公开课，更希望能到其他学校听同行的课。但受各种客观条件的限制，这种听课的机会很少。

根据教师专业发展理论，教师的知识一般包括本体性知识、条件性知识和实践性知识。① 本体性知识指教师所具有的特定学科的知识，条件性知识是指相应的教育学、心理学知识，实践性知识是教师教学经验的积累。教师的知识结构应是这三类知识的和谐统一。对实践案例的学习有助于教师实践性知识的获得，但实践性知识的巩固和掌握也需要理论的指导。② A教师对探究教学知识的学习存在重实践、轻理论的倾向。

（2）教师的变化

对于在适应探究教学过程中的自我变化，A教师认为：

"原来我对探究教学的认识还停留在名词概念的抽象层面上。当我真正开展探究教学以后，才知道需要让它的效果真的落实到学生身上。我发现自己对探究教学的认识还存在许多不足。我原来以为先做一个预案，然后上课按照我的这个预案走就可以了。后来通过上课，我发现不是这样的。我需要通过各种途径了解学生给我的反馈，不断调整我的教学。"

"另外，我自己的实验操作行为也有一些变化。原来我在实验操作的时候，认为按照自己的习惯操作就可以了，不太注意严谨性和规范性。但在实践中我发现，我上课时候的一个不经意的错误操作习惯，他们会模仿。我纠正的时候，学生会说，老师先前也是那么做的，弄得我特别尴尬。所以，我现在不时提醒自己要把控自己，要严谨，要求自己的行为符合教师职业的特点。"

分析与评价：

A教师对探究教学的认识和教学行为的变化包括两个方面：其一，对于探究教学内涵的认识发生了积极的变化。原来对探究教学的认识仅仅停留在抽象的名词概念上，通过探究教学实践，对它的认识变得更为具体和深入。其二，实验操作行为变得更为严谨和规范。原来对实验操作行为不太注重严谨性和规范性，由此对学生的实验操作行为习惯产生了不良的影响，后来逐渐有意识地严格要求自己的实验操作行为。

A教师谈到的关于探究教学的认识和教学行为的变化属于表层的变化，主要原因在于A教师还处于入职的调整与适应期。另外，从A教师的叙述中可以看出，教学实践和反思对促进教师专业成长的重要作用。在教学实践中，他发现原来想当然的一些教学观念行不通，通过反思，正在努力纠正自己的一些错误的观念、改进自己的教学实践。

（三）小结

A教师作为一位教龄才一年的新手教师，工作热情很高，但由于自身知识和经验的欠缺，他在探究教学的适应性内容和适应过程方面还存在一些不足。

---

① 申继亮：《新世纪教师角色重塑：教师发展之本》，37页，北京，北京师范大学出版社，2006。
② 申继亮：《新世纪教师角色重塑：教师发展之本》，54页，北京，北京师范大学出版社，2006。

探究教学的适应性内容方面：第一，A教师对探究教学内涵的认识比较狭隘，他认为探究教学主要是讨论变量之间的定性关系。对于科学素养的定位过高，认为初中学生难以掌握科学素养，对科学素养内涵的认识也不够全面，这说明他对科学素养及其与探究教学关系的认识有待提高。第二，A教师对探究教学持积极、肯定的态度，认同探究教学的价值和意义，也乐于开展探究教学。第三，在探究教学的教学行为方面，A教师的教学设计侧重实验仪器的准备和操作方面，对其他方面的设计不够重视。在教学实施方面，虽然开展探究教学的积极性很高，但受学校硬件条件的限制，学生分组探究的频率不高。从探究课堂来分析，两节探究课的探究性都较弱，基本上是以教师为中心。教师的专业素质还存在一些缺陷，如语言基本功比较弱，教学过程中有失误等。学生没有经历积极、主动的探究过程。在教学评价方面，他认为纸笔测验的方式不能体现出对学生探究能力的评价。他自己有时采取让学生写小论文的方式评价学生的探究能力，但这种方式使用的机会很少，也难以准确评价学生的探究能力。

探究教学的适应过程方面：首先，A教师的探究技能还比较欠缺，习惯于从大学物理的视角看待中学物理的知识，较少从学生的角度看待和分析探究策略。这主要是由于他自身的知识和经验比较欠缺。其次，外界支持和帮助主要是学区和学校的教研活动，另外还有来自同伴和督导的力量。学区的教研活动主要是教材分析和公开课，学校的教研活动主要是听课和集体备课。这些教研活动的指导思想是以知识和技能为导向的，专门针对探究教学方面的教研活动很少。最后，在自我发展方面，A教师的学习积极性很高，比较重视探究教学实践案例方面的学习，但关于探究教学的理论知识学得很少。在外界的支持、帮助和自我努力下，A教师对探究教学的认识和教学行为有了积极的变化，对探究教学内涵的认识更具体和深入，更注重实验操作的严谨性和规范性。

三、B教师对探究教学的适应性现状与分析

B教师是一位年轻干练的男教师，5年教龄，中教二级职称，教育部直属某师范大学物理学专业本科毕业，从教以来他一直担任中学物理学科的教学工作。B教师所在学校为北京某重点初中学校。全校共有4间物理实验室，为24个班级的物理实验教学提供支持。

（一）关于探究教学的适应性内容

1. 对探究教学的认识

（1）对探究教学内涵的认识

①探究教学的核心内涵。

关于探究教学的核心内涵，B教师认为：

"探究教学中学生应该是真正自主的，老师不要去限制他们的想法。比如老师可以设计很多的问题，去引导他们，给他们一些材料，或者不直接给他们这些仪器和材料，而让他们自己去找。给他们一个问题，让他们结合自己的认识，去体验、去猜想。对于怎么去做，需要用到哪些仪器，包括实验方案的设计、误差分析等，都应该给学生充分的自主性。"

分析与评价：

B教师认为探究教学最重要的特征是学生的自主性，涉及的科学探究要素有问题、假

设、证据。在这些科学探究要素中，学生应该自己去体验和实施，教师不要过多地限制学生的想法和行为。

B 教师对于探究教学中学生的主体地位的认识很准确，但对于科学探究要素的认识还不太全面，只提到了问题、假设和证据 3 个要素，而对于结论和交流这两个科学探究要素的认识则存在不足。

②探究教学与授受式教学的关系。

关于探究教学与授受式教学的关系，B 教师认为：

"探究教学与传统授受式教学的区别挺大的。探究教学中学生是自主的，学生设计实验，学生分析数据。老师只是作为一个引导者、一个同伴，或者说是一个参与者，更多体现学生的自主性。另外，课堂（教学）形式不太一样。探究教学一般是实验课，学生是以小组形式进行分组探究。而授受式教学是教师的单向传授，教师讲，学生听。"

分析与评价：

B 教师认为探究教学与授受式教学的最显著区别是，两者学生的自主性不同，探究教学中学生的自主性很强。另外一个区别是两者的课堂教学形式不一样，探究教学一般是实验课，而授受式教学一般是单纯的教师讲授。

B 教师对于探究教学与授受式教学关系的认识比较准确，能从学生的主体地位和课堂教学形式两个方面认识两者的区别。但对于两种教学方式的认识有一些偏差：探究教学不一定要做实验，而授受式教学中也可以有实验。

③探究教学与实验教学的关系。

关于探究教学与实验教学的关系，B 教师认为：

"探究必须以实验为载体，离开了实验，探究就成了无源之水和无本之木了，探究也就无法开展。实验是一个载体，探究只是一个过程，通过实验完成探究的过程。"

分析与评价：

B 教师认为探究离不开实验，探究必须以实验为载体。B 教师关于探究教学与实验教学关系的认识总体来说比较偏颇。实验只是探究过程中获取证据的一种方式，除了实验以外，探究还有其他获取证据的方式。B 教师对于探究教学与实验教学关系的认识还停留于表面，没能从本质上认识两者的区别。

④探究教学与启发式教学的关系。

关于探究教学与启发式教学的关系，B 教师认为：

"探究教学中学生的自主性更强一些，启发式教学中老师的主导性更强一些。两者也是可以相互融合的，相互之间不是非此即彼的。探究教学离不开启发式教学；在启发式教学的过程中，也可能有一些实验探究活动。"

分析与评价：

B 教师对于探究教学与启发式教学两者关系的认识比较准确，既能认识到两者的区别，也能认识到两者是可以相互融合的。

(2)对科学素养的认识

关于科学素养，B 教师是这样认为的：

"总体来说，我觉得自己对科学素养还说不太好，因为平时主要精力放在课堂教学上。我认为，学生的科学素养主要是对科学方法的理解和掌握，以及用科学方法解决问题的能力。另外还包括思维上的严谨性、在分析问题上的缜密程度。"

分析与评价：

B 教师对科学素养有一定程度的认识和了解，但还不够全面。他自己也认识到了这一点。B 教师对科学素养内涵的认识主要体现在科学方法、科学态度及用科学方法解决实际问题三个方面，但还缺乏关于科学素养内涵的科学知识和科学本质等方面的内容。

2. 对探究教学的态度

（1）对探究教学价值和意义的认知

关于探究教学的价值和意义，B 教师认为：

"探究教学的价值很高，意义很大。因为学生通过经历探究过程，模仿或重现当时科学家的研究过程，很好地理解了知识的来龙去脉。另外，探究教学更重要的价值是对学生能力的培养。学生在探究的过程中要用到一些科学研究方法，如控制变量法、对比法等，而这些方法可以迁移到其他领域用于解决不同的问题。"

分析与评价：

B 教师认为探究教学的价值很高，意义很大。它可以让学生很好地理解和掌握知识，很好地培养学生的能力（包括用科学方法解决问题的能力）。B 教师对探究教学的价值和意义持积极的态度。

（2）实施探究教学的行为倾向

关于实施探究教学的行为倾向，B 教师谈道：

"我自身是很喜欢探究教学的，因为探究教学可以让学生真正地动手、观察、思考和分析、总结，真正地对知识有深刻的认识和理解。如果课时允许的话，我是特别愿意开展探究教学的。凡是能做的探究实验和探究活动我都愿意去做。我自己是非常愿意开展探究教学的，我自己也愿意开发一些小探究实验。"

分析与评价：

B 教师很喜欢探究教学，也愿意积极开展探究教学，因此他开展探究教学的行为倾向性是很强的。B 教师对探究教学已经建立了良好、积极的态度，这为他开展探究教学做好了心理上的准备。

3. 探究教学行为

（1）教学设计

关于探究教学的设计，B 教师认为：

"关于探究课的教学设计，我把重点放在了实验方案的设计和对学生的有效提问上。同时，考虑研究方法怎么去落实，如控制变量法、等效代替法、转换法等。另外，我还要做好对学生情况的分析。例如对学生实验能力的分析，对学生在探究过程中可能会出现的问题做好预案。"

分析与评价：

关于探究课的教学设计，B 教师把重点放在了以下 3 个方面：实验方案的设计和对学生的有效提问；研究方法的落实；学生情况的分析。

有效提问、研究方法的落实和学生情况的分析是探究教学设计的重要内容。把实验方案的设计作为教学设计的重点，体现出了以教师为中心的指导思想。因为从探究教学的宗旨来说，探究教学的各个环节（包括实验方案的设计）应尽量由学生去实施，教师应作为引导者和帮助者，但不能代替学生的探究。因此，B 教师关于探究教学设计的认识总体来说比较准确和深刻，但还存在一些不足。

（2）教学实施

①分组探究概况。

关于学生的分组探究情况，B教师谈道：

"学生分组探究的情况还是挺多的。对于重要的、必做的分组探究实验，在课时和实验室允许的情况下，我都会去做。我们所有的老师基本上是这种情况。初中很多探究课，如关于平面镜成像的、物态变化的等，基本上能做的我们都做。"

分析与评价：

B教师所在学校的实验室及仪器设备等条件很好，开展分组探究的氛围也很浓厚。他的分组探究教学开展得很频繁，教材中的分组探究项目一般都能开展。

②探究课堂实例与分析。

探究课堂实例（一）："探究影响滑动摩擦力大小的因素"

师：下面我们探究影响滑动摩擦力大小的因素，你们猜滑动摩擦力大小与哪些因素有关呢？（教师提出问题。）

生：与接触面的粗糙程度有关。（学生提出假设。）

师：为什么与接触面的粗糙程度有关呢？说说你的依据。（教师追问学生提出假设的依据，培养学生的证据意识和科学思维能力。）

生：小车在木板上和棉布上滑动，难易程度不一样。

生：与重力有关。例如手压着物体在桌面上往前推时，压得越用力，越不容易推动。（学生提出假设。）

师：你压物体时，压力增大，但你手的重力是没有变化的，所以影响滑动摩擦力的力应该是压力，而不是重力。（教师对学生提出的假设进行分析和指导。）

师：还有没有别的观点呢？

生：（滑动摩擦力与）接触面积的大小有关。（学生提出假设，教师没有追问学生提出假设的依据。）

师：还有没有别的（猜想）？（教师鼓励学生提出假设，给学生思考的机会。）

师：如果没有了，我们就认为滑动摩擦力只跟这3个因素有关。

教师把学生提出的假设以思维导图的形式画在黑板上。

师：如果我们研究滑动摩擦力与压力的关系，我们只改变压力，它是自变量，控制变量是哪几个呢？应该是让接触面的粗糙程度一样、接触面积大小一样。（教师设计关于"研究滑动摩擦力与压力关系"的实验总体方案，采取了自问自答的方式。）

教师介绍要用到的实验器材，有木块、钩码、棉布、毛巾和木板。

师：如果我想改变压力，控制粗糙程度和接触面积大小，我应该如何控制变量？

师：如何控制面积大小？物体用同一个面，咱们都让物体大的一面朝下。（关于控制变量的方法，教师自问自答。）

师：如何控制粗糙程度？

生：用同一物体。

师：都让同一木块与同一木板接触，这样粗糙程度就不变了。

师：那如何改变压力呢？

生：加钩码。

师：对，把不同的钩码压在木块上，木块对接触面的压力就不同了。

师：那如何测量因变量——摩擦力呢？

生：用弹簧测力计测。

师：但弹簧测力计测的是什么力？

生：拉力。

师：可是你要测的是摩擦力呀。

生：木块静止时，它处于二力平衡状态，所以摩擦力等于拉力。

师：但我要测的是滑动摩擦力，所以静止肯定是不行的。

生：让木块做匀速直线运动。

师：为什么呢？

生：物体做匀速直线运动时也是二力平衡的。

师：只是匀速直线运动还不行，我再补充一个条件，必须是水平方向的匀速直线运动，这时拉力和滑动摩擦力才是一对平衡力。

师：那怎么样才能知道做的是匀速直线运动呢？当弹簧测力计的示数稳定了，这时弹簧测力计和木块做的就是匀速直线运动。

（以上是教师启发、指导学生设计实验具体方案的过程，主要包括关于控制变量法的操作程序、滑动摩擦力的测量方法以及实验的一些注意事项。）

师：研究滑动摩擦力与接触面粗糙程度的关系，要改变什么？控制谁？（教师指导学生设计关于"研究滑动摩擦力与接触面粗糙程度"的实验方案。）

生：改变粗糙程度，控制压力和接触面积。接触面分别用毛巾、棉布、木板，让木块的同一个面与它们接触。（学生在教师的指导下设计实验方案。）

师：很好。那研究滑动摩擦力与接触面面积大小的关系，怎么操作？（教师指导学生设计关于"研究滑动摩擦力与接触面面积大小"的实验方案。）

生：改变木块的放置方法，让压力和接触面的粗糙程度不变。（学生在教师的指导下设计实验方案。）

师：对，木块竖直放时与木板的接触面面积小，横着放时接触面面积大。测两次就行了。

教师要求学生根据示范自行设计关于"研究滑动摩擦力与接触面粗糙程度、面积大小"的数据表格。

学分分组实验：学生2人一组，进行分组实验。学生分组实验的时间只有5分钟。

学生实验过程中存在的问题：记录压力时只记录钩码的压力，而遗漏了木块的压力。读弹簧测力计示数时读数慢或不准确。用弹簧测力计拉木块时拉力方向不是水平的。学生实验的时间不够，大部分实验组只研究了一个因素，一些组研究了两个因素，极少的组完整地研究了三个因素。教师对学生的指导存在照顾不周的情况，学生的一些实验操作问题不能得到教师的指导。

分析与评价：

A.课堂的探究性。

本节探究课的探究性状况见表4-4。

表 4-4　B 教师探究课堂实例(一)的探究性状况

评价维度	学生在探究活动中的自主程度	探究性等级
问题	教师在没有创设情境的基础上直接提出问题。	2 级(较弱)
假设	学生提出了假设,但有些假设缺乏根据或根据不充分。	3 级(中等)
证据	教师首先设计实验方案进行示范,然后指导学生自己设计实验方案;学生进行分组实验。	4 级(较强)
结论	缺乏结论要素。	1 级(很弱)
交流	教师提问的启发性一般(自问自答多),学生之间的交流较充分。	3 级(中等)

本节探究课的总探究性等级 $= \dfrac{2+3+4+1+3}{5} = 2.6 \approx 3$(级),即本节探究性为中等。其具体情况如下:学生在探究活动中的自主性有一定程度的发挥,但不够充分。问题由教师直接提出;学生虽然提出了假设,但一些假设缺乏根据(如关于接触面面积大小的假设);实验方案的设计是教师先进行示范以后,启发、指导学生自己设计;由于时间关系,没有归纳实验结论。在交流要素中,由于采用了分组实验的方式,学生之间的交流比较充分,但教师语言的启发性一般,影响了学生对问题的深入思考。

B. 教师的教学行为。

本节探究课,教师的教学行为包括提出问题、引导学生提出假设及对学生的假设进行分析、设计实验方案及指导学生设计实验方案、组织学生分组实验及对学生实验进行指导。

在指导学生设计具体实验方案时,B 教师启发式教学用得比较好。通过逐步提问,启发学生运用控制变量法进行实验方案的设计。

但 B 教师的教学行为也存在一些不足之处:首先,教学语言中有自问自答的情况,影响了学生的自主思考,不利于学生主体性的发挥。其次,对于学生的一些假设,没有追问这些假设(如关于滑动摩擦力与接触面面积大小有关的假设)的依据,不利于培养学生的证据意识和思维能力。最后,教师所提的关于控制变量法的自变量、控制变量、因变量等术语对于初中学生来说过于专业,许多学生难以理解。

C. 学生的学习行为。

学生的学习行为主要包括提出假设、在教师的指导下设计实验方案、分组实验以获取数据以及听教师的讲解和看示范等。

从探究教学的角度来看,学生的学习行为还存在以下不足之处:首先,学生的主体地位有待进一步增强,如在实验方案设计中尽量给学生思考的机会,而不应过早直接告诉他们方案。其次,学生分组实验中存在的一些问题不能得到教师的指导或纠正。最后,课堂时间分配不合理,教师在新课引入、概念讲解环节所花时间过多,导致学生实验的时间(只有 5 分钟时间)不够,很多学生没有完成实验任务。

探究课堂实例(二):"探究压力作用效果的影响因素"

师:你们认为影响压力作用效果的因素有哪些呢?(教师直接提出问题。)

生:压力大小。(学生提出假设。)

师:还有呢?

生：受力面积的大小。（学生提出假设。）

师：还有别的吗？

生：没了。

师：那我们该怎样研究压力作用效果与这两个因素的关系呢？（教师对研究方法进行指导。）

生：做实验。

师：做什么样的实验呢？

生：控制变量法的实验。

师：很好，如果我要研究（压力作用效果与）压力大小（的关系），应该控制哪个因素不变呢？（教师启发学生理解实验方法，即控制变量法。）

生：控制受力面积不变。

师：改变哪个因素？（教师启发学生理解实验方法，即控制变量法。）

生：改变压力。

师：还有一个因素就是受力面积。那么如何研究受力面积对压力作用效果的影响呢？控制哪个因素？（教师启发学生理解实验方法，即控制变量法。）

生：压力。

师：改变哪个因素？（教师启发学生理解实验方法，即控制变量法。）

生：受力面积。

师：下面我们来研究（压力作用效果）与受力面积的关系。我们在3根粗细不同的绳子下分别挂上相同的钩码，把它们挂在同一块橡皮泥上，看它们的作用效果怎样。（教师介绍所设计的实验方案。）

演示实验1：教师把粗细不同的3根绳子挂在同一块圆柱形橡皮泥上，各绳子下挂相同的钩码。

师：这3根绳子对橡皮泥的压力是一样的，但它们的受力面积是不一样的。我们稍等一会儿，看看压力的作用效果怎样。

教师拿着该实验装置在教室里来回走动，以便让学生观察实验现象。

师：这3根绳子的作用效果一样吗？

生：不一样。

师：怎么不一样呢？

生：细绳子陷得最深，粗绳子陷得最浅。

师：细绳子陷得最深，说明它的作用效果最明显，而细绳子的受力面积最小。因此这个现象说明了，在压力相同的时候，受力面积越小，压力的作用效果越明显。（教师分析得出结论。）

师：下面我们来研究（压力作用效果）与压力的关系，我们在3根粗细相同的绳子下分别挂上1个、2个、3个钩码，看它们的作用效果怎样。（教师介绍所设计的实验方案。）

演示实验2：教师在同样粗细的3根绳子上分别挂上1个、2个、3个钩码，然后把它们挂在橡皮泥上。

师：它们的压力作用效果怎样？

生：挂3个钩码的绳子的压力作用效果最明显，挂1个钩码的绳子的压力作用效果最不明显。

师：这3根绳子的什么一样呢？

生：受力面积一样。

师：什么不一样呢？

生：压力不一样。

师：挂3个（钩码）的绳子的压力是最大的，它的作用效果最明显。因此这个实验说明了，在受力面积一定时，压力越大，压力作用效果越明显。（教师分析得出结论。）

师：综合以上的实验结果，我们就可以得到这样的结论：在压力一定时，受力面积越小，压力作用效果越明显；当受力面积一定时，压力越大，压力作用效果越明显。（教师得出实验结论。）

分析与评价：

A. 课堂的探究性。

本节探究课的探究性状况见表4-5。

表4-5　B教师探究课堂实例（二）的探究性状况

评价维度	学生在探究活动中的自主程度	探究性等级
问题	教师直接提出问题。	2级（较弱）
假设	学生提出假设，但缺乏根据。	3级（中等）
证据	教师介绍所设计的实验方案；教师进行演示实验，缺乏学生分组实验。	2级（较弱）
结论	教师分析后得出结论。	2级（较弱）
交流	教师提问的启发性较强，学生之间的交流一般。	3级（中等）

本节探究课的总探究性等级 $= \dfrac{2+3+2+2+3}{5} = 2.4 \approx 2$（级），即本节探究课的总探究性较弱。其具体情况如下：学生在探究活动中的自主性较弱。问题由教师直接提出，且在提出问题之前没有创设情境。假设由学生提出，但所提出的这些假设缺乏根据。实验方案虽由教师设计，但比较注重启发学生对实验方法（特别是控制变量法）的理解；实验采取的是演示实验的方式。实验结论由教师分析得出。教师提问的启发性较强，比较注重引导学生思考；由于没有采取分组实验的方式，学生之间的交流一般。

B. 教师的教学行为。

本节探究课中教师的教学行为主要包括提出问题、设计和介绍实验方案、进行演示实验、得出实验结论等。这些行为体现出了教师较强的主导作用。

B教师比较注重对学生的启发和引导（特别是在实验方案的设计、实验结论的分析和总结过程中），这有利于培养学生的思维能力。但从探究教学的角度来看，由于教师的主导作用太强，学生的主体性没有得到充分发挥。实验方案由教师设计，实验操作由教师完成，实验结论由教师分析得出，学生在探究的关键环节中的参与程度较低，影响了探究教学目标的实现。

C. 学生的学习行为。

学生的学习行为主要包括提出假设、观察演示实验、回答教师关于实验方法和实验现象的提问。除了在提出假设环节学生的自主性得到了较好的发挥以外，其他探究环节都是由教师主导的。学生虽然提出了假设，但并没有对所提假设的根据进行说明，这不利于培养学生的科学精神。《义务教育物理课程标准（2011 年版）》(旧版，《义务教育物理课程标准（2022 年版）》已于 2022 年印发并实施)提出："让学生经历与科学工作者相似的探究过程，主动获取物理知识，领悟科学探究方法，体验科学探究的乐趣。"[①]学生的行为与课程标准中关于探究教学目标的要求还有一定的差距。

（3）教学评价

关于探究教学的评价，B 教师认为：

"目前教育部门对学生探究能力的评价主要采取考试的方式。考试所考的都是学生已经知道答案或结论的题目，而真正的探究能力应该体现在对未知问题的分析和解决能力上，所以目前的教学评价体系还不能完全体现出对学生探究能力的评价。另外，教学评价体系对学生在文字描述方面的要求过严、过细，这对于初学物理的初中学生来说，会挫伤他们的学习积极性。"

"在我自己的探究教学中，我比较注重评价学生对实验方案的设计能力，以及对实验结论的分析和总结能力。另外还有学生对实验操作细节的理解能力，如平面镜为什么要垂直放，或者为什么在实验时要把窗帘拉上。"

分析与评价：

B 教师对探究教学评价体系的认识总体来说比较准确。他谈到的教学评价的方式比较单一、探究题不能真实反映学生探究能力等问题是客观存在的。这些问题还有待从宏观的政策、制度方面进行改革。但他认为现行考试对学生文字表述方面的要求过严、过细，这一观点有失妥当。准确的文字表述要求是培养学生严谨科学态度的良好措施。B 教师自身对学生探究能力的评价比较注重实验方面的相关能力，但对于提出问题和假设能力的评价则不太重视。

（二）关于探究教学的适应过程

1. 适应探究教学过程中遇到的困难和障碍

对于在适应探究教学过程中遇到的困难和障碍，B 教师谈道：

"首先，在开展探究教学时，如果学生按照我的实验方案去做，会比较快地引到我的方案上去，而在学生对探究过程的体验和探究能力的训练方面还存在一定的不足。其次，在有效提问上，在指导学生提出猜想与实验方案的设计上，还存在一定的困难，如怎样让学生提出有效的探究问题，然后引导学生自主探究，这些方面的能力我还需要进行加强。另外，关于时间的把握方面我也有待改进。我感觉探究课的时间都比较紧张，所以有时完不成教学任务。"

分析与评价：

B 教师在开展探究教学过程中遇到的困难和障碍表现在以下几个方面：首先，教师的主导作用过强，使得学生在探究过程中的体验和探究能力的训练方面存在不足；其次，在指导学生进行自主探究方面还有待加强；最后，对于探究课的时间把握能力还有待提高。

B 教师作为一位从新手向熟手过渡的教师，已经具有一定的教学经验和能力，但由于

---

① 中华人民共和国教育部：《义务教育物理课程标准（2011 年版）》，8 页，北京，北京师范大学出版社，2012。

探究教学本身的复杂性以及他自身素质方面的欠缺，他在开展探究教学的过程中还存在一些困难。

2. 外界的支持和帮助

对于在适应探究教学过程中所获得的外界支持和帮助，B教师谈道：

"为了提高自己的探究教学水平，外界的支持和帮助肯定是需要的。我觉得最有效的方式是校际交流，不同学校之间的交流很重要。我们自己学校，尤其是教研组里，老师之间的交流很频繁。这些活动对自己的提高很有帮助。校际的交流主要是区里的公开课和讲座。讲座的主讲人有一线老师、教研员和外请专家。讲座内容主要是教材分析。关于探究方面，大家会就某个阶段的那些实验，讨论怎么做效果会好一些，怎么提问效果会好一些。但一般没有让老师去动手探究这种情况。"

分析与评价：

B教师在开展探究教学的过程中能得到外界的支持和帮助，对于这些支持和帮助的效果也很认可。但这些支持还存在一些待改进之处。第一，讲座的内容比较单一，主要是教材分析，而对于探究课的教材分析又集中在实验方面。教材确实是教学内容的重要载体，但教学不能过于受教材的束缚，因此教学研讨的内容不应只限于对教材的分析，课程标准、学生的特征等也是教学分析的重要内容；探究课的教研讨论也不应只侧重于实验方面，探究的其他环节，如提出问题与假设、结论的分析与总结、交流等也应是讨论的重要内容。第二，教师培训中还缺乏让教师亲自动手探究的活动，这不利于教师探究教学能力的提高。

3. 自我发展

(1)教师的自我学习

关于在适应探究教学过程中的自我学习，B教师谈道：

"关于探究教学方面的学习主要是对一些实践案例的学习，包括区里的公开课和讲座等教研活动。我参加过北京物理学会举办的关于实验探究的研讨班。它所讨论的关于探究实验的内容比较多，会从实验的各个方面去讨论，包括科学性和操作细节等。主讲人是一些有名的退休老师。这个研讨班的效果很好，自己也很受启发。"

"关于探究教学理论方面的知识自己很欠缺。其实我也很想静下心来看看这方面的书，以让自己在理论上有一些提升，这些理论知识可以作为我教学行为的指导。但是由于工作太忙，看得很少。"

分析与评价：

B教师关于探究教学知识方面的学习，主要集中在实践经验和案例方面。他认为自己在探究教学的理论知识方面比较欠缺，也很希望能在这方面有所提升，但由于工作太忙，他对这方面的理论书籍看得很少。

B教师关于探究教学知识的学习也存在重实践、轻理论的问题，他自己也认识到了这个问题，希望能在理论方面得到一定程度的提升。虽然工作忙是导致这种现状的一个客观原因，但对于理论学习的重视程度不够也是其中的一个重要原因。

(2)教师的变化

对于在适应探究教学过程中的自我变化，B教师谈道：

"关于自己对探究教学在新课改前后的变化，我体会得不多。因为我工作的时候，新课改已经实施几年了。从入职以来，自己在探究教学方面有一些变化，首先是对探究课堂的管理能力有所增强。参加工作第一年的时候，自己在探究课堂的把控上比较弱，课堂秩序容易失控，学生会去做一些与课堂教学无关的事情。现在这种情况基本不会有了。此外，教学的关注点也有变化，从关注课堂管理到关注探究教学本身，包括实验的设计方案、学生在探究过程中的分析和猜想等，关注的会越来越细。"

分析与评价：

作为一位在实施新课改以后参加工作的教师，B教师没有经历过课改前的教学工作，因此他在开展探究教学的过程中受传统观念的束缚较少，这是他在适应探究教学方面的有利条件。但由于B教师正处于从新手向熟手过渡的阶段，他在开展探究教学方面还有许多待改进和提高的地方。他通过努力调整和改变自己，促进自己对探究教学逐步适应。B教师自从教以来的转变主要体现在两个方面：其一，对探究课堂的管理能力有所增强；其二，对探究教学的关注点越来越细，从关注探究课堂的管理到关注探究教学本身。

（三）小结

B教师作为一位已有5年教龄的教师，正处于从新手向熟手过渡的阶段，他的工作积极性很强，已经具有一定的教学经验。B教师对探究教学的适应性现状概述如下。

探究教学的适应性内容方面：首先，在对探究教学内涵的认识方面，该教师对探究过程中学生的主体地位的把握很准确，但对于探究教学要素的认识还不太全面，对于探究与实验的关系的认识也存在偏差。对科学素养有一定程度的认识和了解，但不够全面。其次，他非常认可探究教学的价值和意义，也愿意积极开展探究教学。最后，在探究教学的教学行为方面，他对探究教学设计的认识总体来说比较准确，但还存在一些不足。在教学实施方面，学生分组探究的频率很高，教材中的分组探究项目一般能得到落实。从探究课堂来分析，课堂的探究性较弱，学生的主体性有一定程度的发挥，但还很不够，教师的主导作用较强。在教学评价方面，他认为教学评价体系不能完全体现出对学生探究能力的评价，他自身比较注重对学生实验能力的评价，但对于其他探究能力的评价则不太重视。

探究教学的适应过程方面：首先，该教师在开展探究教学的过程中遇到的困难和障碍包括教师的主导作用过强，指导学生进行自主探究、探究课的时间把握等能力有所欠缺。其次，关于外界的支持和帮助，他认为最有效的支持方式是校际的教研交流活动，但教研活动中缺乏让教师动手探究的活动，讲座的内容较单一，而且比较缺乏关于探究教学的讲座。最后，在自我发展方面，他的自我学习主要集中在探究教学实践经验和案例方面，而对于理论方面的学习则比较欠缺。在外部支持和自身努力下，随着探究教学实践经验的积累，他的探究教学能力会不断增强。

四、C教师对探究教学的适应性现状与分析

C教师是一位和蔼睿智的女教师，已经有8年的教龄，中教一级职称，某地方高校物理学专业本科毕业，从教以来一直担任中学物理教学工作。C教师与A教师在同一所学校工作。

（一）关于探究教学的适应性内容

1. 对探究教学的认识

（1）对探究教学内涵的认识

①探究教学的核心内涵。

关于探究教学的核心内涵，C教师认为：

"我觉得探究教学最核心的东西就是'真'，学生得有真问题，做的是真探究，而不是弄虚作假的。"

"探究教学中，教师起引导作用，学生应该为主体。我首先展现情境，根据这个情境提出问题，让他们进行合理的猜想，有依据的猜想。然后对这些猜想进行分类，设计实验方案和实验操作。对于简单的实验，让学生自己动手设计实验和操作；对于复杂的实验，我就带着他们一起设计和操作。最后对实验结论进行评价。"

分析与评价：

C教师对探究教学内涵的理解可归纳为3个方面：首先，她认为探究教学最核心的价值是"真"，培养学生求真的科学精神。其次，探究教学以学生为主体，教师起引导的作用。最后，探究教学环节有创设情境、提出问题、进行猜想、设计实验方案和实验操作、实验结论分析与评价，这些环节中尽量以学生为主体，教师进行适当的指导。

C教师对探究教学概念内涵的理解比较全面和准确，对于探究教学中的师生角色、探究要素、探究过程都有比较正确的认识和理解。

②探究教学与授受式教学的关系。

关于探究教学与授受式教学的关系，C教师认为：

"授受式教学是重结论的，而探究式教学重过程。重结论也好，就是结论得出后让学生进行强化练习。现在是重过程，即怎么生成结论的，所以就重视结论的应用，而不是强化练习。"

分析与评价：

C教师认为探究教学与授受式教学的区别是，探究教学重过程，而授受式教学重结论。C教师关于探究教学与授受式教学区别的认识还存在着偏差。其实探究教学不仅重过程，也重结果。另外，两者在教学目标、教学行为、师生角色等诸多方面都存在着显著的区别，但该教师对于这些方面区别的认识还存在欠缺。

③探究教学与实验教学的关系。

"我觉得探究（教学）离不开实验。但是在实验过程当中，老师是如何操作的，可以分成两种不同情况：一种是老师做，学生看，老师占主导，这不是探究实验；另外一种是老师引导，让学生来做，不管以什么方式，学生参与也行，学生真正动手操作也行，但都是以学生为主体，我觉得这样的实验是比较理想的探究实验。"

分析与评价：

C教师认为探究教学离不开实验，并认为理想的探究实验是以学生为主体的，教师起引导的作用。该教师对于探究实验中师生角色的认识是比较准确的，但认为探究教学都离不开实验则过于绝对，因为实验只是收集证据的手段，对于探究教学来说，实验不是必需的。C教师对于探究教学与实验教学关系的认识还存在偏差。

④探究教学与启发式教学的关系。

关于探究教学与启发式教学的关系，C教师认为：

"在我看来，这两者就是一回事，都是以学生为主体，就是我要站在学生的立场上，怎么让他们明白所学的东西。我的想法就是让他们获得真东西，而不会特意想我的这步是启发还是探究，我并不纠结于这两个名称。"

分析与评价：

C教师认为探究教学与启发式教学没有什么区别，两者都是以学生为主体的。如前文所述，探究教学与启发式教学虽有联系，但两者的区别是巨大的。这表明C教师对探究教学与启发式教学关系的认识还存在偏差。

（2）对科学素养的认识

关于科学素养，C教师是这样认为的：

"对于学生来说，能达到具有科学素养的程度，已经很优秀了。我觉得科学素养这个目标挺高的。对于初中学生来说，他们在做实验的过程当中会用控制变量法，这就具备了基本的科学素养。对于以后不接触物理，又不搞科学研究的人来讲，具备控制变量的意识，我觉得就够了，不用追求太高的目标。还有就是，学生能理解事物都有两面性，如摩擦力是好还是不好，压强大是好还是不好，能辩证地去看问题，这也是一种科学素养。"

分析与评价：

C教师认为科学素养是很高的目标，只有少数优秀学生才能达到这个目标。对于初中学生来说，基本的科学素养包含两大方面：一是掌握控制变量法；二是认识事物的两面性。其实，科学素养面向的是全体学生而不是少数优秀的学生，因此，C教师对科学素养定位的认识还存在偏差。把科学素养的内涵仅仅理解为控制变量法和认识事物的两面性也过于狭隘。总之，C教师对科学素养的认识还比较偏狭，这将给她的探究教学实践带来不利的影响。

2. 对探究教学的态度

（1）对探究教学价值和意义的认知

对探究教学的价值和意义，C教师认为：

"探究教学对培养学生的科学观、价值观是非常有正面意义的：能让学生少受罪，让他们在轻松愉快的学习气氛中学得好，提高他们的学习积极性和兴趣。所以我觉得探究教学是非常有必要开展的，它是挺重要的。"

分析与评价：

C教师认为探究教学对培养学生的科学观和价值观具有重要的意义，也能提高学生的学习积极性和兴趣。总之，C教师对探究教学的价值和意义持积极和肯定的态度。

（2）实施探究教学的行为倾向

关于实施探究教学的行为倾向，C教师谈道：

"新课程改革后，实验器材等硬件条件得到了改善，更重要的是老师开展探究教学的意识也大大增强了。就拿今天的这节课来讲，以前我是把浮力、阿基米德定律都放在一节课里讲，我直接告诉学生浮力跟什么因素有关，因为那时候实验条件有限，我自己不会做，所以很少让学生去探究。现在我会想尽办法，从各个角度，能做实验的全做实验。我觉得这是老师观念、意识上的一个很大的转变。我愿意花时间搞探究教学，因为既然我教的是科学，我就得让它像科学。我觉得探究是不能少的，绝对不能少，少了，我就觉得不要去教书了。"

分析与评价：

C 教师认为新课改实施后，教师开展探究教学的意识比以前大大增强了，她自己会尽力开展探究教学，让学生去探究。这表明 C 教师开展探究教学的行为倾向比较强，为探究教学的开展提供了良好的心理准备。

3. 探究教学行为

（1）教学设计

关于探究教学的设计，C 教师认为：

"我的想法就是让他们学懂。我就是本着这个原则去设计教学的。我的出发点就是我怎么做好实验，让学生顺理成章、自然而然地得出结论，而且特别容易记住。比如这节课，因为是探究浮力与哪些因素有关，所以我先在班上做调查，让学生猜浮力与哪些因素有关，然后我来收集他们的猜想，根据他们的猜想，来设计探究方案。"

分析与评价：

C 教师的教学设计比较关注学生的学习效果和学习兴趣。教学策略方面比较注意实验的设计，通过实验自然地得出结论。另外，她比较注重学生分析，会根据学生的情况设计教学。

但 C 教师在教学设计方面也存在一些不足：在实验设计中注重"我怎么做好实验"，而不是关注"如何指导学生做好实验"，即在学生的指导方面有所欠缺。另外，教学目标的表述方面也存在一些缺陷——教学目标的行为动词多是"知道"，没有体现出教学目标的层次性。

（2）教学实施

①学生分组探究概况。

关于学生的分组探究情况，C 教师谈道：

"我们全校就两间物理实验室，所以有时就排不开，有些实验器材也比较缺乏，对于课标中要求的分组实验探究项目，有些只能采取演示实验的方式，不过演示实验也尽量让学生参与。比如这学期的八个分组探究项目，有四个采取分组探究，四个采取演示实验的方式。"

分析与评价：

C 教师所在学校的实验室数量较少，仪器设备也不够充裕。受实验室和实验仪器的限制，学生进行分组探究的频率不高。课标中要求的学生分组探究项目只有一半能实现，其他的都是采取教师演示的方式。

②探究课堂实例与分析。

探究课堂实例（一）："探究影响浮力大小的因素"

师：上节课我留了作业，让你们猜想浮力与哪些因素有关。你们想到的影响浮力大小的因素有：物体的质量、物体的体积、物体的密度、物体的形状、液体的密度、物体在液体中的深度和物体浸入液体中的体积。（学生提出假设。）

师：由于物体的质量、密度、体积都是关于物体本身的物理量，它们是"一家人"，所以我把它们归为一类。如果你要研究浮力与这些因素的关系，你必须用什么方法？

生：控制变量法。

师：如果研究浮力与物体密度的关系，该怎么控制变量？

生：控制体积不变。

师：控制体积时，物体的体积一样，密度不同就造成了物体质量不同，所以密度与质量这两个量要放在一起。

师：下面我们研究浮力与物体密度的关系。我们用体积相等的铁块和铝块研究这个问题。（教师设计实验方案。）

师：怎样测出它们所受的浮力呢？先在空气中测它们的重力，然后把它们浸没在水中，记下此时拉力是多大，然后把前后两个读数相减，这个差值就是浮力。（教师设计实验方案。）

演示实验1：教师把铝块挂在弹簧测力计上，叫3个学生上讲台读弹簧测力计的示数。学生读出弹簧测力计的示数为1.12 N。教师把挂在弹簧测力计上的铝块浸没在水中，学生读出弹簧测力计的示数是0.70 N。

师：铝块所受的浮力是多少？（简单的计算类问题。）

生：0.42 N。

演示实验2：教师把铁块挂在弹簧测力计上，学生读出弹簧测力计的示数为3.30 N。教师把挂在弹簧测力计上的铁块浸入水中，学生读出弹簧测力计的示数为2.88 N。

师：铁块受到的浮力等于多少？（简单的计算类问题。）

生：0.42 N。

师：体积相等的铝块和铁块都浸没在水中，它们受到的浮力是相等的，但是两者的密度和质量都不一样，这就说明物体的密度和质量不会影响到浮力。（教师在分析的基础上给出结论。）

师：下面我们看物体形状是否会影响浮力的大小。我们也要控制变量，要研究浮力与物体形状的关系，就得让其他量都一样。液体的密度得一样，我们都用水；物体的重力、密度、体积我们都得注意保持一样，就用质量相同、形状不同的两个铝块。（教师设计实验方案。）

演示实验3：教师拿出2个质量相同、体积相同，但形状不同的铝块。让前排学生拿在手上感受一下2个铝块的重力，学生说差不多。

师：先前测得的铝块所受的浮力是多少？（记忆性问题。）

生：0.42 N。

教师把和演示实验1质量相同、形状不同的铝块挂在弹簧测力计上，让它浸没在水中，让学生观察弹簧测力计示数。

师：弹簧测力计的示数还是0.70 N，说明（它所受）浮力还是0.42 N。这说明形状不影响物体受到的浮力，因此浮力与形状无关。（教师在分析的基础上给出结论。）

师：我们再研究物体所受浮力与液体密度的关系。为了让实验简单点儿，我还拿这个铝块来做实验。刚才这个铝块在水中受到的浮力是多少呢？（记忆性问题。）

生：0.42 N。

师：下面我把铝块浸没在硫酸铜溶液中，看它所受的浮力。（教师设计实验方案。）

教师先把铝块挂在弹簧测力计上，然后把铝块浸没在硫酸铜溶液中。让3个学生上讲台读弹簧测力计的示数，学生读出示数为0.54 N。

师：浮力是多少呢？（简单的计算类问题。）

生：0.58 N。

师：这说明铝块在水中和硫酸铜溶液中受到的浮力是不一样的。我们知道硫酸铜溶液的密度比水的密度大，因此我们可以得出结论：液体的密度越大，它（浸没在液体中的物体）受到的浮力就越大。（教师在分析的基础上得出结论。）

师：最后我们来探究浮力与物体在液体中的深度、物体浸入液体体积的关系。我还用这个铝块来做实验。我把铝块浸入水中，改变它在水中的深度，看弹簧测力计的示数是否有变化。如果深度增加时，弹簧测力计的示数在减小，则说明它所受的浮力在增大；如果弹簧测力计的示数不变，则说明物体所受的浮力也不变。因此从弹簧测力计示数的变化就可以知道浮力是否与深度有关。（教师设计实验方案。）

演示实验4：教师把铝块挂在弹簧测力计上，然后把铝块逐渐浸入水中，直至完全浸没后让它保持在同一深度。

师：现在弹簧测力计的示数是多少？（读数类问题。）

生：0.8 N。

师：现在我让铝块深度增加，注意观察示数是否有变化？

生：没有变化。

师：这说明物体在液体中的深度并不影响它所受浮力的大小，即物体所受的浮力与它在液体中的深度无关。（教师在分析的基础上给出结论。）

师：浮力发生变化是在什么时候呢？

生：物体没有完全浸没在水中时。

教师再次把挂在弹簧测力计上的物体缓慢浸入水中，边演示边讲解。

师：对，你们注意观察，随着物体浸入水中的体积在逐渐增大，弹簧测力计的示数逐渐减小，说明浮力逐渐增大，即浮力与物体浸入液体的体积有关，浸入液体的体积越大，受到的浮力越大。（教师在分析的基础上给出结论。）

师：最开始我们列出了那么多影响浮力大小的因素。我用了5个小实验进行研究，最后找到浮力跟这2个因素有关，大家也都认可了。这是我们一起做实验得出来的，而不是我凭空臆想出来的。我们就可以得到这样的结论：物体浸在液体中的体积越大，液体的密度越大，浮力就越大。（教师总结结论。）

分析与评价：

A. 课堂的探究性。

本节探究课的探究性状况见表4-6。

表4-6　C教师探究课堂实例(一)的探究性状况

评价维度	学生在探究过程中的自主程度	探究性等级
问题	在创设情境的基础上，教师直接提出问题。	2级(较弱)
假设	学生提出假设，但缺乏根据。	3级(中等)
证据	教师设计实验方案，教师进行演示实验，缺乏学生分组实验。	2级(较弱)
结论	教师在分析的基础上得出结论。	2级(较弱)
交流	教师的语言有一定的启发性，学生之间的交流较少。	2级(较弱)

本节探究课的总探究性等级 $=\dfrac{2+3+2+2+2}{5}=2.2\approx 2$(级)，即本节探究课的总探究性较弱，授受式教学的气氛很浓。在探究教学过程中教师的主导地位很强，学生的自主性没有得到较好的发挥。学生参与探究的程度低，基本是旁观者和接受者的角色。

B. 教师的教学行为。

本节探究课，教师的教学行为主要包括提出问题、对学生的假设进行分析、设计实验方案、进行演示实验、分析并给出结论等。

从传统授受课的角度来看，C 教师的教学行为表现良好，如讲解比较详细、准确，演示实验的设计合理、实验效果明显，注重在实验的基础上得出结论。但从探究教学的视角来分析，C 教师的行为还存在一些不足：其一，教师的教学行为大多是以教师为中心的，对学生的启发和引导很少。信息基本是由教师向学生进行单向传输。其二，教师提出的主要是一些简单、层次较低的问题(如仪器读数类问题、记忆性问题和简单的计算类问题等)，能促使学生深层思考的问题很少，不利于培养学生的高级思维能力。

C. 学生的学习行为。

学生的学习行为主要包括提出假设、观察教师的演示实验、听取教师关于实验方案设计和实验结论的分析和讲解、读弹簧测力计的示数、回答教师的一些简单问题等。因此学生的自主性很弱，基本处于被动接受的地位。虽然学生参与了一些有限的活动(如上讲台读数等)，但总体来说，学生参与探究活动的程度很低。另外，学生提出的假设没有依据，不利于培养学生的证据意识和思维能力。

探究课堂实例(二)："探究杠杆的平衡条件"

师：学习了杠杆的五要素(动力、阻力、支点、动力臂、阻力臂)以后，我们想知道杠杆在什么条件下能够平衡。下面我们就来研究杠杆在什么条件下平衡。(教师直接提出问题。)

师：我先介绍一下关于杠杆平衡的概念。以前我们在学习直线运动时，讲过平衡状态的概念，你们还记得吗?

生：记得。

师：那么什么是平衡状态呢?

生：物体保持静止或者匀速直线运动状态。

师：对。对于杠杆来说，杠杆静止或者匀速转动就是杠杆的平衡。

师：因为让杠杆匀速转动既不好操作，又不好判断，所以我们在研究杠杆平衡的时候，选静止状态作为杠杆的平衡状态。

教师介绍要用到的实验器材——杠杆尺、支架和钩码。

教师介绍实验的操作步骤：

第一步，调节杠杆尺两端的平衡螺母，使杠杆水平静止。解释让杠杆水平的原因是此时力臂与杠杆尺重合，可以直接从杠杆尺上的刻度读出力臂的数值。

第二步，在杠杆两端挂钩码，使杠杆重新水平静止。强调两端要挂数量不同的钩码。读出杠杆平衡时动力、动力臂和阻力、阻力臂的数值，填入教材的表格中。

第三步，改变钩码的数量和位置，使杠杆重新平衡，读出此时动力、动力臂和阻力、阻力臂的数值，填入表格中。要求学生至少读出 3 组数据。

教师强调实验的注意事项：一是钩码重力即对杠杆施加的动力或阻力。二是强调力和力臂的单位，力的单位用牛顿，力臂的单位用米。算钩码的重力时 g 取 10 N/kg。

学生分组实验：学生每 4 人一组，进行分组实验。

学生分组实验过程中存在的问题：一是教师大部分时间站在讲台上，对学生的巡视指导少；教师设计的表格缺少"结论"一栏。二是学生在实验过程中存在一些问题。实验过程中调平衡螺母；在杠杆一侧几处同时挂钩码；每组学生人数过多，一些学生参与实验的机会少。

教师挑选了几组学生的数据，把它们展示在大屏幕上（略）。

师：通过这些数据，你们认为动力 F_1、动力臂 l_1、阻力 F_2、阻力臂 l_2 之间存在什么关系？

生：$F_1 l_1 = F_2 l_2$。（学生得出结论。）

师生一起计算以上表格中 $F_1 l_1$、$F_2 l_2$ 的数值，把结果填入后面的空栏内（略）。

师：实验结果表明，动力乘以动力臂等于阻力乘以阻力臂，这就是杠杆的平衡条件。（教师给出结论。）

一组学生在杠杆一侧挂钩码，另一侧挂铅笔盒，此时杠杆处于平衡状态。

师：同学们，请看这组学生的杠杆，这时杠杆平衡，我们可以利用杠杆的平衡条件求出铅笔盒的重力。（教师灵活运用课堂上生成的资源，培养学生的知识运用和迁移能力。）

分析与评价：

A. 课堂的探究性。

本节探究课的探究性状况见表 4-7。

表 4-7　C 教师探究课堂实例（二）的探究性状况

评价维度	学生在探究过程中的自主程度	探究性等级
问题	教师在没有创设情境的基础上直接提出问题。	2 级（较弱）
假设	缺乏假设要素。	1 级（很弱）
证据	教师设计实验方案，学生进行分组实验。	3 级（中等）
结论	学生在教师的启发下得出结论。	4 级（较强）
交流	教师语言的启发性一般，学生之间的交流很充分。	3 级（中等）

本节探究课的总探究性等级 $= \dfrac{2+1+3+4+3}{5} = 2.6 \approx 3$（级），即本节探究课的总探究性为中等。其具体情况为：学生在探究过程中的自主性有一定发挥，但还不充分。问题由教师直接提出，没有注意创设情境；缺乏假设的要素，直接让学生按照教师的实验方案进行操作；实验方案由教师直接设计；在交流要素中，由于采用了分组实验的方式，学生之间的交流很充分，但教师语言的启发性较弱，主要是一些指令性的表述（如实验操作步骤的表述）。

B. 教师的教学行为。

本节探究课教师的教学行为主要包括提出问题、设计和介绍实验方案、组织学生分组实验、给学生提供指导、分析并得出实验结论等。

本节探究课的教学流程清晰，逻辑性强，教师对学生实验操作步骤的指示详细、明确。C教师善于抓住课堂生成的资源，培养学生的知识运用和迁移能力。但从探究教学的角度来说，C教师的行为还存在一些不足：教师的主导作用过强，对学生的启发引导较少（如实验方案由教师直接设计）。学生分组实验时教师的巡视较少，无法及时发现学生的问题并为他们提供指导。

C. 学生的学习行为。

学生在探究教学过程中的自主性得到了一定程度的发挥，主要体现在学生分组实验环节，由学生操作仪器、收集实验数据。但在其他环节中学生的自主性较弱，学生基本处于被动接受的地位，如实验操作步骤由教师直接告诉学生，学生只是按照这些步骤按图索骥。他们并不一定理解这些操作的缘由，教师对此也没有进行启发和引导。学生在实验过程中还存在一些问题或不足，如操作过程中调节杠杆尺的平衡螺母、在杠杆一侧几处同时挂钩码等。另外，由于每组学生的人数过多，一些学生参与实验操作的机会少。

（3）教学评价

关于探究教学的评价，C教师认为：

"现在的教学评价方式非常单一，就是纸笔考试，而这种考试几乎体现不出对学生探究能力的考查。考试考查的主要是学生对所学知识的记忆和理解，学生的科学探究能力、科学态度与科学精神在考试中体现不出来。虽然我在课堂中通过观察学生的反应，能够感受到学生的这些素质，但这些素质并不能计入他们的成绩里。虽然教育管理部门经常说要注重学生的素质等，但最后起作用的是考试成绩。这对于我们的整个探究教学实际上是特别不利的。以前就有学生说：'老师，你做这么多实验干什么呀，你干脆告诉我结论，让我们做题吧。'我觉得现在整个大环境对真正开展探究教学还是一个阻碍。"

分析与评价：

C教师认为现在的教学评价体系对探究教学起着阻碍作用，原因在于评价的方式单一，就是纸笔测验。它不能反映学生的探究能力。她自己在对学生的探究学习评价中缺乏自主权。

（二）关于探究教学的适应过程

1. 适应探究教学过程中遇到的困难和障碍

对于在适应探究教学过程中遇到的困难和障碍，C教师谈道：

"我的主要困惑就是怎样设计好的实验方案，使它的效果好，让学生容易接受。比如关于证明物体在空气中受浮力的实验，我设计了两种实验方案，第一种方案用杠杆，第二种方案用天平，但都失败了。我分析其中的原因是气球太小或者天平不够精确。我认为用更大的气球或更精确的天平能解决这个问题，但是还没有实际验证。"

"另外，我不太会用现代化的实验仪器，这是我觉得自愧不如的地方。比如数字化实验设备，虽然我们学校也配备了，但我一点都不会用，也从来没用过。这一块是我对探究实验心虚的地方，我不会用这些好的实验手段。"

分析与评价：

C教师所谈到的在探究教学中遇到的困难和障碍主要集中在她自己的实验设计和操作技能方面。教师的实验设计和操作技能在探究教学中固然重要，但由于探究教学是以学生为主体的，因此怎样突出学生的主体地位，培养他们的探究能力也是教师需要关注的内容。另外，C教师所举的实验设计问题，其实是她没有掌握实验原理造成的，说明她在理论知识的掌握及运用上还存在一定的缺陷。

2. 外界的支持和帮助

对于在适应探究教学过程中所获得的外界支持和帮助，C教师谈道：

"我们区的教研活动搞得很好，开展得比较频繁，而且质量很高。区里教研活动的内容主要是教材分析。一线教师或教研员主讲，把每一节课的重点、难点以及实验等都分析得非常详细，并会提供具体的教学建议。这对我改进自己的教学很有启发。"

"教研活动中还有专家讲座，但次数不多。实际上对于我个人来讲，我不太喜欢专家讲座，不是说专家讲得不好，而是专家讲的那些理论比较宏大，在我的教学中用不上，所以我还是喜欢一线老师的讲座。"

"具有丰富实践经验的专家教师的意见对我的启发特别大。例如，一个退休的特级教师，他经常来我们学校听课，给老师们提意见，每次都特别严厉，我们心里很受触动。他认为物理教学要注重创设情境，既可以通过实验，也可以通过图片或视频等创设情境，以调动学生的学习积极性。这些是他给我的最大启发。"

分析与评价：

C教师所在学区的教研活动开展得比较多。她对这些教研活动的价值和意义持肯定的态度，认为这些教研活动对改进她的教学的帮助很大，尤其欣赏教材分析和专家教师听课的教研方式。但对于专家的理论讲座，她则不太认同，认为这些理论对改进自己教学的意义不大。

虽然C教师从这些教研活动中得到了支持和帮助，但她自身还存在着重实践、轻理论的倾向，如不太认同专家的理论讲座。这将不利于她的专业能力的发展，也会影响到她对探究教学的适应。

3. 自我发展

（1）教师的自我学习

对于在适应探究教学过程中的自我学习，C教师谈道：

"我的学习只来自听课和教研活动。校内、区内的听课都有，学习人家在教学包括探究教学方面的成功经验。教研活动主要是区里的教材分析，就是针对教学中的具体问题，研讨怎么样去处理和解决。我平时的工作太忙了，没有时间静心看书学习。网上有培训，但不多。之前有一个继续教育的培训，是关于心理学和师德等教育理论方面的培训，而没有专门针对科学探究的培训。"

分析与评价：

C教师在自我学习方面，主要是通过听公开课和参加教研活动来进行，教研活动主要是教材分析，专门针对科学探究方面的培训则几乎没有。网上的培训也非常缺乏。

C教师自我学习的内容主要侧重于教学实践经验方面，而关于教育教学理论（包括探究教学理论）方面的内容则很少。不重视理论学习既与教师平时工作繁忙有关，也与教师培训不重视理论学习有关。为了促进教师对探究教学的适应，除了实践案例的学习外，理论知识也应是重要的学习内容。

（2）教师的变化

对于在适应探究教学过程中的自我变化，C教师谈道：

"刚走上工作岗位的时候，我对教材、教法等都不熟悉，所以第一年时，我对实验探究这块，基本能忽略就忽略。但是<u>由于我们区的教研氛围特别好，还有老师们之间交流的这种氛围也特别好，所以我逐渐认识到探究的重要性</u>。"

"另外，<u>我第一年工作的时候，有个学生的一句话刺激了我</u>，也是我逐渐重视探究教学的一个诱因吧。当时我上课的时候，我每说一句话，他就在下面接茬，说'你说的跟真的似的'，意思好像是我在骗他。<u>学生的这句话促使我老想一个问题</u>——为什么当初我觉得物理那么枯燥呢？我就觉得这些东西是老师告诉我的，我一点都没觉得这里面有什么科学的美感。老师告诉我这样，那我就接受吧。所以我希望他们不再重复我那时候的经历，能领略到物理真是有趣的，理解结论是怎么来的，让学生觉得这是真的，所以我现在才这么重视探究教学。"

分析与评价：

C 教师刚参加工作的时候，由于其自身经验缺乏、认识不足等，无暇顾及探究教学，但后来变得非常重视探究教学。促使她发生这种转变的原因来自两个方面：一是她所在学区和学校的良好学习和教研氛围，二是自身的教学实践和反思。学生的那句话只是促使她反思的一个诱因，关键在于她善于反思，决心通过加强探究教学来改变学生被动接受知识的局面，提高学生的学习积极性，增强他们对科学本质的理解。

从 C 教师的自我发展过程来看，外在因素(教研氛围、同事交流)和自我因素(教学反思、教学实践)都是促使她逐渐重视探究教学的因素。这说明在为教师提供支持和帮助的过程中，这两方面的因素都要考虑。

（三）小结

C 教师作为一位有 8 年教龄的熟手教师，她的工作积极性强，已经具有较丰富的教学经验。C 教师对探究教学的适应性现状概述如下。

探究教学的适应性内容方面：首先，C 教师对探究教学内涵的理解比较全面和准确，对于探究教学中的师生角色、探究要素有比较深刻的认识和理解，但对探究教学与启发式教学、探究教学与实验教学的关系的认识还存在一定的偏差。对科学素养的定位、内涵的认识存在偏差。其次，她认可探究教学的价值和意义，也愿意积极开展探究教学。最后，教学设计中比较关注学生的学习兴趣，注重对实验的设计，但比较忽视对学生的指导。在教学实施方面，探究课堂的探究性较弱，教师的主导作用过强，影响了学生主体性的发挥。在教学评价方面，她认为教学评价方式太单一(主要是纸笔测验)，不能体现出对探究能力的考查，而她自己在评价中也缺乏自主权。

探究教学的适应过程方面：首先，C 教师在开展探究教学时遇到的主要困难和障碍是实验设计能力和操作技能还比较欠缺。其次，所在学区的教研活动开展得比较好，她比较认可教材分析和专家教师听课的教研方式，但对于理论讲座则不太认同。最后，在自我发展方面，她自我学习的内容侧重于教学实践经验方面，而关于教育教学理论(包括探究教学理论)方面的学习则很少。良好的教研氛围以及对探究教学的实践和反思促使她越来越重视探究教学。

五、D 教师对探究教学的适应性现状与分析

D 教师是一位自信沉稳的男教师，有 12 年教龄，中教一级职称，教育部直属某师范大

学物理学专业本科毕业，从教以来一直担任初中物理学科的教学工作，同时还兼任该校初中物理学科教研组组长。D教师所在学校为北京市重点初中，学校的实验室条件很好。

（一）关于探究教学的适应性内容

1. 对探究教学的认识

（1）对探究教学内涵的认识

①探究教学的核心内涵。

关于探究教学的核心内涵，D教师认为：

"探究教学包括多个要素，有提出问题、假设猜想、设计实验、进行实验、分析论证、交流与合作等，基本按照课标中所说的去做。当然，实际教学中的探究，受课时、学生能力的限制，不可能做到面面俱到，而是重点选几个要素进行探究。这节课可能贯彻这几个要素，下节课可能重点训练其他几个要素。"

"探究教学离不开教师的指导，当然这个指导，是根据学生的情况因势利导。我接受启发式探究的理念，即不是那种全面放手的探究。我们还得注重现实性的问题。我做探究的事情，但要让学生在考试中成绩不能落后。要是落后了，谁听你的探究啊？"

分析与评价：

D教师关于科学探究要素的认识比较准确，但对探究教学中师生角色的认识还存在一定的偏差。该教师强调的多是教师的主导作用，并接受启发式探究的理念。他认为这是为了在探究教学与学生成绩之间取得一种平衡。但启发式探究强调教师的主导作用，学生的主体性发挥不够，因此不利于发挥探究教学的优势。

②探究教学与授受式教学的关系。

关于探究教学与授受式教学的关系，D教师认为：

"两者建构的主体不一样。授受式教学建构的主体是教师，教师是有教案的，他没有生成，教师一直引导着学生按照他的思路走下去。学生是单方面的接受者，教师讲，学生听。这也很好，效率比较高，但是它不重视对方法的选择。而探究教学重视学生的自我建构，即学生经历探究的过程，自己去发现知识。这是两者在教学方式上的最大区别。"

分析与评价：

D教师认为探究教学与授受式教学的最大区别是"两者建构的主体不一样"，探究教学建构的主体是学生，而授受式教学建构的主体是教师。这里"建构"的意思指的是课堂教学中的师生角色，即探究教学是以学生为中心的，而授受式教学是以教师为中心的。

D教师关于探究教学与授受式教学的区别的认识比较准确，强调了两者的知识获取过程和师生角色的不同。但他认为授受式教学只有预设、没有生成的观点则不太妥当，其实授受式教学同样注意学生的生成资源。

③探究教学与实验教学的关系。

关于探究教学与实验教学的关系，D教师认为：

"对于物理学科来说，探究教学中往往含有实验的成分，实验在探究教学中占有很大的比例。但是探究教学不仅仅是做实验，还蕴含着学习者主动探索未知的意识和对问题寻根究底的思考。"

分析与评价：

D教师对探究教学与实验教学关系的认识比较准确和全面，既能认识到两者的联系——探究教学中往往含有实验的成分，也能认识到两者的区别——探究教学还蕴含着学习者主动探索未知的意识和对问题寻根究底的思考。这反映了 D 教师对探究教学本质有着较为准确、深刻的认识，为他开展探究教学奠定了较好的基础。D 教师是 5 位样本教师中唯一能比较准确和全面认识探究教学与实验教学关系的教师。

④探究教学与启发式教学的关系。

关于探究教学与启发式教学的关系，D 教师认为：

"探究教学按照它的根本的方式，应该是学生去生成，完全地由学生生成；而启发式教学，是在老师带领下的学生生成。在启发式教学中，老师所起的引导作用要大一些，老师是导师。探究教学，老师是组织者，组织和引导不一样，引导是老师在带领着学生走，老师是主体。"

分析与评价：

D 教师认为探究教学与启发式教学两者的区别是，在探究教学中学生是主体，而在启发式教学中教师是主导。D 教师是从师生角色方面去认识两者的区别的，这种认识比较准确，但对于两者联系的认识还不够。

(2)对科学素养的认识

关于科学素养，D 教师是这样认为的：

"科学素养是多方面的。第一，科学精神是重要的科学素养。它包括求真的精神，不造假，做的是什么就是什么；科学精神还应该包括勇于献身、专注、肯钻研。科学史上的成就不是靠胡说八道就能做出的。第二，还应该有科学的思维方法。思维是科学素养的重要方面，思维应该是符合逻辑的。第三，实验的操作技能、实验过程当中的方法，也是重要的科学素养。"

分析与评价：

D 教师认为科学素养的内容包括科学精神(求真和钻研等)、科学思维方法、实验技能和方法，但还没有认识到科学知识、科学本质以及运用科学解决实际问题等方面的科学素养内容。总之，该教师对科学素养内容的认识有一定的正确性，但还不够全面。

2. 对探究教学的态度

(1)对探究教学价值和意义的认知

关于探究教学的价值和意义，D 教师认为：

"探究教学有非常好的地方，它重视学生的思维过程、知识的建构过程。探究教学是和建构主义一起的。探究教学不是把知识直接告诉学生。探究教学对学生创新意识的培养，包括他们以后如何去完成一个项目，如何去思考，都有很好的培养作用。"

分析与评价：

D 教师认为探究教学很好，因为它重视对学生思维能力的培养，能让学生自主建构知识，也有利于学生创新精神的培养。总之，D 教师肯定探究教学的价值和意义。

(2)实施探究教学的行为倾向

关于实施探究教学的行为倾向，D 教师谈道：

"我非常认可探究教学，我也一直很重视探究教学。不是新课改提出探究教学以后，我才去搞探究教学的。只不过新课改提出以后，我们更自觉地去做这件事情了。我很乐意进行探究教学。像教材中的分组探究项目，我们一般都在实验室上，基本能保证让学生进行分组探究。"

分析与评价：

D 教师非常认可探究教学的理念，也很重视探究教学，并很乐意进行探究教学。学生分组探究的频率也比较高，课程标准中要求的学生分组探究项目都能开展。D 教师开展探究教学的行为倾向很强，这为他实施探究教学提供了良好的心理准备。

3. 探究教学行为

（1）教学设计

关于探究教学的设计，D 教师认为：

"对于探究课的教学设计，我把重点放在两个方面：第一，考虑学生的具体情况，即<u>学情分析</u>。教学目标的（设定）得考虑学生的情况，根据学生的不同情况，我的教学目标<u>要有所侧重</u>。比如今天我上课的两个班，学情不一样，所以他们探究的程度也是不一样的。"

"第二，<u>知识目标、能力目标、情感目标是相互联系的，它们不是相互独立的</u>。例如，今天这节课，我在处理学生探究过程中出现的仪器问题的时候，对学生就有情感方面的培养，如克服困难的决心和勇气的培养。情感态度的培养是潜移默化的，渗透在教学的各个环节。"

分析与评价：

D 教师把探究课教学设计的重点放在了教学目标制订方面。他在制订教学目标时，注意根据学生的情况进行相应的调整，注重三维目标之间的相互联系和渗透。

D 教师的探究教学设计存在的主要问题是没有体现出探究教学的特征，如探究教学与传统授受式教学中的学生分析的异同、探究教学三维目标制订的独特之处等都没有得到体现。因此，该教师的探究教学设计还有待于进一步完善。

（2）教学实施

①学生分组探究概况。

D 教师所在学校为北京市重点初中学校。学校的实验室和仪器设备配备非常充足，教师们开展探究教学的积极性较高，他的分组探究教学开展得比较频繁，这非常有利于发挥探究教学优势。

②探究课堂实例与分析。

探究课堂实例（一）："探究影响滑动摩擦力大小的因素"

师：<u>滑动摩擦力与哪些因素有关系呢</u>？（教师提出问题。）

生：<u>与接触面的粗糙程度有关</u>。（学生进行假设。）

师：<u>你为什么觉得与接触面的粗糙程度有关系呢</u>？（教师追问学生假设的依据，培养学生的证据意识、科学思维能力。）

生：因为斜面上物体滑下时，接触面越粗糙，它滑得越慢。

师：<u>还有别的吗</u>？（教师鼓励学生假设，给学生充分思考的机会。）

生：<u>我觉得跟压力有关</u>。（学生进行假设。）

师：<u>你为什么觉得跟压力有关</u>？（教师追问学生假设的依据，培养学生的证据意识、科学思维能力。）

生：因为压力越大的话，它走得就越慢。

师：能举个具体的例子吗？

生：开车时，车越重，越耗油。

生：开大卡车时，装满重物的车比空车更难开动。

师：我发现你有点偏题。开车时不是滑动摩擦，而是滚动摩擦。（对学生的假设进行分析与指导。）

师：那还有什么例子呢？

生：推箱子。

师：推箱子时，如果用力从上面往下压着推，则推起来更费劲了。这说明什么力变大了？

生：压力变大了。

师：压力变大，什么力变大了？

生：摩擦力。

师：说明压力和摩擦力是有关系的。

师：还有别的吗？（教师鼓励学生提出假设，给学生充分思考的机会。）

生：把手放在桌面上，不使劲往前推，和使劲按着往前推，费劲的程度是不一样的。

师：非常好。昨天上课时，你们都体会过摩擦力，轻轻地按和使劲按着手往前推，受到的阻力是不一样的。

师：除了这个，还有别的吗？（教师鼓励学生提出假设，给学生充分思考的机会。）

生：重力。

生：接触面的大小。

师：你能不能举个例子？（追问学生假设的依据，培养学生的证据意识、科学思维能力。）

生：骑车，用圆形的轮子不用方形的轮子。

师：第一，这是滚动摩擦；第二，面积，在这里还不好说。你能不能举个别的例子？（教师对学生的假设进行指导。）

生：滑块，接触面越小，摩擦力越小。

师：你测过吗？

生：测过。

师：很好，生活中我们好像是有这么一种感觉。

师：还有别的吗？一定把生活中的关于摩擦的例子多想想。以后遇到问题就不会犯迷糊了。（教师鼓励学生假设，给学生充分思考的机会。）

生：跟材料有关。铁、橡胶、木块等受到的摩擦力都是不一样的。

生：不就是接触面的粗糙程度吗？

师：没关系，我们待会儿归类。

师：还有别的吗？（教师鼓励学生提出假设，给学生充分思考的机会。）

生：没有了。

师：没有的话，我们来一起讨论。通过预习大家知道，（滑动摩擦力）与这几个（因素）没关系，但有这样的迷糊事，我们得解决。不能照抄照搬课本。真的有模糊的事，我们得想想。（教师培养学生的质疑精神、探索精神。）

师：首先说重力。我们在生活中，推轻的东西和推重的东西确实感到不一样。重力不一样。但是在这里，你觉得是什么不一样？

生：压力。

师：（把黑板刷压在黑板上推它。）你说我在这里推它，和我压着它在桌面上推它，重力变了吗？

生：没变。

师：与重力有关系吗？

生：没有。

师：所以重力只是表面上的。平时我们经常是在水平方向上推东西。在水平方向，重力的方向和压力的方向是相反的，重力和压力在水平方向是一样的，你说用哪一个更好些？压力不光是水平方向。所以说，重力在这里我们就不再留它了。（语言表达有失误，欠准确。"在水平方向，重力的方向和压力的方向是相反的"应为"物体在水平面上，重力方向和压力方向相同"。"重力和压力在水平方向是一样的"应为"物体在水平面时，重力和压力大小是相等的"。"压力不光是水平方向"应为"物体不在水平面上时，重力和压力大小不相等"。）

师：我们接着看材料。

生：材料就是粗糙程度。

师：材料和粗糙程度是一样的：同种材料，粗糙程度是一样的；不同材料，粗糙程度不一样。所以从粗糙程度去探究要好一些，用粗糙程度可能比用材料更全面一点。

师：所以这几个因素，我们去掉了"重力"和"材料"，只剩下3个因素了：粗糙程度、压力、接触面积。

师：我们要研究摩擦力与这3个量的关系，那么在实验方法上应该怎么做？（教师对实验方法进行指导。）

生：对比实验。

师：如果要研究摩擦力与粗糙程度的关系，你要对比，就得改变什么？

生：改变粗糙程度，看摩擦力是否一样。

师：但是你在对比的时候，必须保证什么一定？

生：保证压力和面积是一样的。

师：这就叫控制变量。控制了变量以后再对比。

演示实验：教师介绍实验装置，它们由弹簧测力计、木板、能抽动的木板、滑块组成。

教师演示测滑块所受摩擦力的方法。教师缓慢地水平向右拉木板，弹簧测力计出现了示数，有些学生对此感到惊讶。

师：谁明白了其中的原理？

生：拉木板的时候，物体的接触面有一个向左的摩擦力。

师：谁受的摩擦力向左？

生：向右。

师：为什么是滑动的？木块是静止的呀？

生：底下那个是动的。

师：摩擦力要的是相对滑动。

师：木板是向右运动的，则木块相对于木板是向左（运动）的。（弹簧测力计）显示的是拉木块的力，而不是我拉（木板）的力。看来同学们还不太明白。

师：谁明白了？

生：拉木板的时候，就像人坐电梯。拉木板的时候，木块受到的摩擦力是向右的，木块就拉动了弹簧测力计。（虽然学生的解释是错误的，但教师给了学生表达观点的机会，这有助于暴露他们认识上的不足，从而为教师的指导提供方向。）

师：越说越复杂了，我来给你们讲吧。一定要根据我们学过的知识解决问题，不是在那里海阔天空地去想。

师：（边演示边讲解）我向右拉木板，木板和木块之间会发生相对滑动，木板受到的摩擦力肯定是向左的，但我们的研究对象不是木板，我们的研究对象是哪一个啊？

生：木块。

师：木块相对于地面是静止的，但相对于接触它的木板来说，它朝哪里滑？

生：向左。

师：它相对于木板向左滑，那它会不会受到一个向右的摩擦力？

生：会受到。

师：这个物体虽然保持静止，但却受到了一个摩擦力，且这个摩擦力是滑动摩擦力。那说明这个物体受到的力是一对平衡力，还有一个是什么力？

生：拉力。

师：谁给它的（拉力）？

生：弹簧测力计上的绳子。

师：弹簧测力计的示数显示了这个拉力的大小，由于摩擦力与拉力是二力平衡，所以弹簧测力计的示数就显示出了摩擦力的大小。

师：下面我开始实验了，我缓慢地拉木板，大家仔细看。（教师没有交代研究目的和实验方案，直接进行实验操作。）

教师匀速、缓慢地向右拉木板，弹簧测力计出现了示数。教师叫学生读弹簧测力计示数。

师：弹簧测力计示数是多少呢？

生：0.4 N。

师：我们让接触面的粗糙程度不变，压力不变。我们把木块翻过来，这时接触面积变了。我们再去拉。（教师设计实验方案。）

教师把木块翻转过来，再次匀速缓慢地拉木板。

师：弹簧测力计示数是多少呢？

生：0.4 N。

师：摩擦力变化了吗？

生：没有变。

师：这说明摩擦力与面积是无关的。所以面积这个因素我们就不再考虑了。（教师得出结论。）

师：研究摩擦力与接触面粗糙程度怎么办？控制哪个因素？（教师对学生进行实验方案的指导。）

生：压力。

师：改变哪个因素？

生：粗糙程度。

师：如何改变粗糙程度？

生：分别在木板上铺棉布、毛巾，测出这时的摩擦力。

师：研究摩擦力与压力的关系，该怎么做？控制什么？改变什么？（教师对学生进行实验方案的指导。）

生：控制粗糙程度，改变压力。

教师要求学生自己设计表格，提示按照改变 3 次压力和改变 3 次粗糙程度来设计表格。

学生实验：学生把表格设计好以后，开始进行实验。教师在教室里巡视指导。

学生实验中存在的问题有：弹簧测力计读数问题，拉小车的方向不水平。

学生完成实验后，教师叫一个学生上黑板公布他们组的实验数据。教师进行分析总结。

师：由实验数据我们可以看出，接触面越粗糙，滑动摩擦力越大；压力越大，滑动摩擦力越大。这就是滑动摩擦力与压力、接触面粗糙程度的关系。（教师得出结论。）

分析与评价：

A. 课堂的探究性。

本节探究课的探究性状况见表 4-8。

表 4-8　D 教师探究课堂（一）的探究性状况

评价维度	学生在探究过程中的自主程度	探究性等级
问题	在创设情境的基础上，教师提出问题。	2 级（较弱）
假设	学生提出假设，教师进行相应指导。	4 级（较强）
证据	学生在教师的启发下设计实验方案，教师进行演示实验，学生进行分组实验。	4 级（较强）
结论	教师在分析的基础上得出结论。	2 级（较弱）
交流	教师语言的启发性较强，学生之间的交流很充分。	3 级（中等）

本节探究课的总探究性等级 $=\dfrac{2+4+4+2+3}{5}=3$（级），即本节探究课的总探究性为中等。其具体情况如下：在各个探究环节中，学生的主体性得到了充分发挥，学生的参与程度较高。教师尽量让学生提出关于影响滑动摩擦力的因素的假设，且要求学生说出假设的依据，很好地培养了学生的证据意识和逻辑思维能力。教师在实验方案的设计中尽量启发学生，使学生理解实验的原理和操作步骤，实验表格由学生自主设计。分组实验的方式使学生的实验技能得到了很好的培养。

B. 教师的教学行为。

D 教师比较注重发挥学生的主体性，尽量给学生思考和动手的机会，注重启发学生的思维，引导者和指导者的作用发挥得较好。例如：在提出假设的环节，教师总共问了 5 次"还有别的（假设）吗"，学生的思维能力得到了很好的训练；对学生提出的假设进行了分析和归类，排除了不合理的假设，使后面的探究很顺畅。教师的语言比较注重培养学生的思维能力和科学精神，如提醒学生不要迷信书本上的说法，要求学生有根据地去假设等。

D 教师的教学行为也存在一些不足：首先，教学中存在一些失误。教师在解释重力与压力的关系时，所说的"在水平方向，重力的方向和压力的方向是相反的"明显有两处失误；解释演示实验的原理时，花费过多的时间来解释相对运动原理，而本节课的重点是探究影响滑动摩擦力的因素，因此没有突出重点。其次，学生在分组实验探究的过程中，教师对学生的指导过少。许多学生在实验过程中存在的问题得不到教师的纠正。最后，实验结论基本由教师给出，此环节中学生的主体性发挥得还不够。

C. 学生的学习行为。

学生的自主性得到了较好的发挥，能积极、主动地既动手又动脑地进行探究学习，体验到了探究的乐趣。例如：在提出假设环节，学生提出了多种假设，并且能运用他们已学过的知识解释这些假设；能在教师的指导下，运用控制变量法进行实验方案的设计；等等。分组实验的方式给学生提供了充分动手的机会，学生之间的讨论和交流也比较频繁。

探究课堂实例(二)："探究液体内部压强的特点"

演示实验 1：教师手拿如图 4-3 所示的实验装置在教室巡视一周，叫学生观察橡皮膜的特点。

师：你们观察橡皮膜有什么特点？

生：鼓起来了。

师：鼓起来说明了什么？

生：液体对容器壁有压强。（学生得出结论。）

师：液体跟固体不一样，它会流动，所以把液体装在容器中，容器壁会阻碍它流动，所以液体对容器壁也会有压强。（教师对液体产生压强的原因进行解释。）

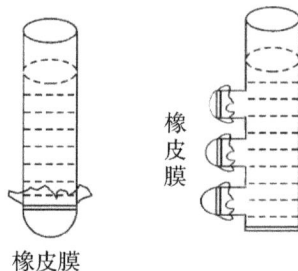

图 4-3　液体内部压强
演示实验 1

师：3 个橡皮膜鼓起来的程度有什么特点？

生：底部的橡皮膜鼓得最明显。

师：这又说明了什么呢？

生：深度越深，压强越大。（学生得出结论。）

师：液体内部有压强，液体内部向各个方向的压强有什么特点？（教师提出问题。）

演示实验 2：如图 4-4 左图所示，教师把两端分别蒙有橡皮膜的玻璃管水平放在水中，叫学生观察橡皮膜的变化。

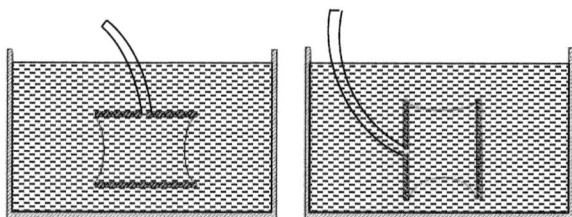

图 4-4　液体内部压强演示实验 2

师：橡皮膜有什么变化？

生：橡皮膜凹进去了。

教师把玻璃管水平旋转 90°，学生看出橡皮膜还是凹的。

师：这说明液体对前后左右各个方向都有压强。（教师得出结论。）

教师将玻璃管竖直放置，玻璃管两端的橡皮膜都凹进去了，且下端凹得更深（图4-4右图）。

师：这说明液体对上下方向都有压强，且深度越深，压强越大。（教师得出结论。）

师：那么在同一深度，压强是否就相等呢？（教师提出问题和猜想。）

师：下面我们就用微小压强计来研究一下液体内部压强的特点。

演示实验3：教师进行液体内部压强实验的演示，如图4-5所示。

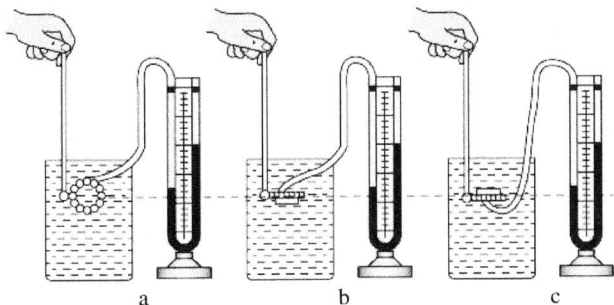

图4-5　液体内部压强演示实验3

师：将微小压强计的探头固定在水中某个深度，然后改变探头的方向，观察各个方向是否都有压强，它们是否相等。另外，我们可以把探头的深度逐渐增大，看一下压强大小的变化情况。（教师设计实验方案。）

学生分组实验：学生2人一组进行分组实验。教师巡视指导。学生分组实验的时间约为3分钟，一些学生没有完成探究任务。

学生在分组实验过程中存在的问题：读微小压强计的示数存在困难（不会读，或者读得很慢），实验操作问题（猛按橡皮膜导致液柱溢出，橡皮管阻塞问题，等等）。

师：探头放的深度越深，压强计液柱的高度差越大，说明液体越深压强越大。（教师得出结论。）

师：在同一个深度，我们改变探头的方向，发现压强计液柱的高度差不变。这说明液体同一深度处，朝各个方向的压强相等。（教师得出结论。）

师：刚才我们把探头逐渐朝下放的时候，它的压强是否在逐渐增大？

生：是的。

师：这说明在同种液体内部，深度越深，压强越大。（教师得出结论。）

演示实验4：老师依次把微小压强计的探头放在3种液体（酒精、水、盐水）的同一深度处。压强计显示：水中的压强比酒精中的压强大，盐水中的压强比水中大。（教师直接进行实验操作，没有说明实验的目的和实验方案。）

师：从以上实验我们可以得出，液体内部压强与液体密度有关，随着密度增大，液体内部的压强在逐渐增大。（教师得出结论。）

分析与评价：

A. 课堂的探究性。

本节探究课的探究性状况见表4-9。

表 4-9　D 教师探究课堂（二）的探究性状况

评价维度	学生在探究过程中的自主程度	探究性等级
问题	在创设情境的基础上，教师提出问题。	3 级（中等）
假设	教师提出假设。	2 级（较弱）
证据	教师设计实验方案，教师进行演示实验，学生进行分组实验。	3 级（中等）
结论	教师在分析的基础上得出结论。	2 级（较弱）
交流	教师语言的启发性较强，学生之间的交流较充分。	3 级（中等）

本节探究课的总探究性等级 $= \dfrac{3+2+3+2+3}{5} = 2.6 \approx 3$（级），即本节探究课的总探究性为中等。在各个探究要素中，学生的主体性有一定程度的发挥，但还不够充分。只有实验环节是由学生自主进行的，其他探究环节还是教师占主导，如问题和假设由教师提出，实验方案由教师设计，实验结论基本由教师直接给出。教师语言的启发性较强，注重在演示实验的基础上引导学生得出结论；在分组实验环节，学生之间的交流和协作比较充分。因此，交流要素的探究性较强。

B. 教师的教学行为。

本节探究课，教师的教学行为主要包括进行演示实验、设计分组实验方案、组织分组实验、得出实验结论等。

在研究液体对容器底和侧壁有压强时，D 教师比较注重对学生启发和引导。通过演示实验，让学生在观察实验现象的基础上，启发学生自己得出结论。

但 D 教师的行为也存在一些不足之处：首先，在研究液体内部压强特点时，虽然让学生进行了分组实验，但实验方案是由教师直接设计的，结论也是由教师直接给出的，削弱了学生探究的主体性。其次，对学生的个别指导有待于进一步加强，学生出现问题得不到及时指导。最后，学生分组实验探究的时间太少，导致一些学生没有完成实验任务。

C. 学生的学习行为。

学生的学习行为有观察教师的演示实验，在教师的启发和引导下，分析、得出一些结论（主要是液体对容器压强的结论），进行分组实验，等等。但在分组实验探究中，学生虽经历了动手操作的过程，但实验方案的设计、实验结论的得出基本由教师完成，学生主体性的发挥还不够。

（3）教学评价

关于探究教学的评价，D 教师认为：

"我认为传统的教学评价体系不适合探究学习。因为探究是一种意识，是一种能力，探究能力重在解决新问题，而考试考查的是特定的东西，学生学过的、已知的东西。对于探究能力的考查应该考没学过的内容，重在考学生解决问题的能力。"

"传统的教学评价中没有实验考查的内容，都是纸笔测验。不过这很正常，因为探究不是操作，探究注重的是意识和能力。"

分析与评价：

D 教师认为传统的教学评价体系不适合对探究能力的评价。其原因在于考试考查的是已知的东西，而探究能力重在解决新问题，因此考试不能体现出对探究能力的考查。对于探究学习评价中没有采取实验操作的方式，他认为这很正常，因为探究注重的是意识和能力。

D 教师认为现行的教学评价注重知识的考查而忽视能力的考查，这个认识是比较中肯的，但认为探究能力的考查不必采用实验操作的方式则失之偏颇。对于物理学科来说，实验设计、实验操作、数据收集和分析等都体现出了学生的探究能力，只不过实验操作考查可行性方面存在的困难限制了它的使用。

（二）关于探究教学的适应过程

1. 适应探究教学过程中遇到的困难和障碍

对于在适应探究教学过程中遇到的困难和障碍，D 教师谈道：

"探究教学过程当中的困难和障碍肯定有：第一，仪器不足，我想要什么仪器不是马上就有，这不是在大学实验室里。第二，我想开展探究教学，但我没有时间，课时不足。像这节课探究液体内部压强规律，我还没全放开，如果全放开，一节课肯定是完不成教学任务的。所以你所看到的探究是假探究，真探究能行吗？谁不知道真探究是怎么回事，谁都知道。但真能那样吗？还是要屈服于现实。"

分析与评价：

D 教师认为探究教学中的困难和障碍有仪器不足、课时不够。这些困难和障碍都是外部因素，但他对于自身因素的认识不足。探究教学一般来说是要费时一些，但该问题也可以通过采取对应的措施得到解决，教师并不是无能为力的。他所说的"屈服于现实"显得过于悲观。

2. 外界的支持和帮助

对于在适应探究教学过程中所获得的外界支持和帮助，D 教师谈道：

"区里的教研活动中，有一些教学理论方面的讲座。每学期有两三次讲座，请一些专家讲。我们学校自己也请专家做一些座谈，但不多。"

"以前有过探究教学方面的培训，如关于探究教学怎么实施，我欣赏的启发式探究，就是一个特级教师提出来的，他一直提倡这个，我们也很认可这个理念。一线的专家、经常能够深入基层的专家提出来的东西我们是接受的，而且很认同。而那种不接地气的专家提出来的东西我们不接受，我们的抵触情绪很大。"

"我们自己学校的教研活动主要是教研组的集体备课，我们每周二下午都进行。大家一起商量实验怎么样去做，怎样改进。集体备课我们不是备知识，我们主要是备实验，如何引导学生，怎么样去做会好一些。"

"网上培训也有一些，但基本上流于形式，就是要求老师们在网上做题，没有真正落到实处，也没什么实际效果。也许有好的网上培训，但我很少看到。"

分析与评价：

D 教师比较认同来自一线专家的观点。例如，他所欣赏的启发式探究的理念就来自某个特级教师。他对理论专家则比较排斥。这反映出了两个问题：第一，教师自身有重实践、轻理论的倾向；第二，理论专家要走入实践，让理论与实践相结合，以发挥理论对实践的指导作用。

D 教师所在学校的教研活动主要是集体备课，主要讨论实验的设计和对学生的引导。对于物理学科来说，实验的设计与实施、对学生的指导等都是探究教学设计时要考虑的重要内容，因此这种教研活动对于改进教师们的探究教学实践很有帮助。D教师对于网上培训的效果持否定的态度，他认为网上培训的方式、内容和效果还有待改进。

3. 自我发展

（1）教师的自我学习

对于在适应探究教学过程中的自我学习，D教师谈道：

"科学探究的经历肯定是有过的。探究（教学）是几十年前就提出来的事，不是今天才提出来的。学校里的老师也一直在搞探究教学，所以以前自己在学校学习的时候也经历了探究。现在国家提倡探究教学，主要就是为了增强大家对探究教学的意识，以前大家的这种意识可能没现在这么强。大家一直在做探究（教学）的事，现在把探究（教学）提出来、说出来，大家的重视程度就提高了。"

"在自我学习方面，会看一些探究教学理论方面的书，但不多。对实践案例的积累主要靠听课，听不同老师的课，校内、区内的教研活动都有听课。"

分析与评价：

D教师认为教师们从几十年前就开始搞探究教学了，所以他自己也有过科学探究的经历。在关于探究教学的自我学习方面，主要是通过听课的方式进行实践案例的学习，而理论方面的学习较少。

D教师所谈到的"探究教学"显然不是一般意义上的探究教学，它更倾向于传统的授受式教学。该教师在自我学习方面也存在重实践、轻理论的倾向，这种倾向还有待改变。

（2）教师的变化

对于在适应探究教学过程中的自我变化，D教师谈道：

"国家提倡探究教学以后，自己对探究教学的认识、态度和教学行为等还是有变化的。原来搞探究（教学）是不自觉的，现在是自觉的，必须这么做。原来我认为探究（教学）只是教法上的变化，现在我认为探究（教学）还涉及分析、处理、研究问题方式的变化。我现在能从更深的层次，能从对一个问题的研究，从研究者的角度去引导学生，让学生来做研究。而原来我认为这只是抖一个包袱，让学生看就可以了。"

"产生这些变化的原因，首先是外界的大环境。国家提出探究教学的理念肯定是有道理的。它引起了大家对探究（教学）的重视，老师有意或者是无意地都要产生变化。其次，来自专家的启发。不管专家说的我接不接受，最起码他引起了我的一些思考，甚至引起了我的质疑。我在质疑的同时，肯定有我自己的想法。专家的观点提供了一个思考的线索。最后，自己的学习、思考、实践也很重要。"

分析与评价：

国家倡导探究教学以后，D教师对探究教学的认识、态度和教学行为是有变化的。原来他开展探究教学是不自觉的，现在变自觉了；对探究教学的认识也更深刻、更准确了。产生这些变化的原因有国家提倡探究教学的大环境、专家的启发、他自己的学习、思考和实践。

D教师对探究教学的转变过程说明了国家提倡探究教学的大环境、专家引领和教师自身努力在促进教师适应探究教学过程中的作用。它们是促进教师对探究教学适应的重要因素。

（三）小结

D教师是一位具有12年教龄的骨干教师，同时兼任他们学校的物理教研组组长，具有丰富的教学经验和较强的教学能力。D教师对探究教学的适应性现状具有如下特点。

探究教学的适应性内容方面：首先，对探究教学要素的认识比较准确，但对探究教学中师生角色的认识还存在一定的偏差，对科学素养的认识不够全面。其次，认可探究教学的价值和意义，也乐于开展探究教学。最后，教学设计比较注重根据学生的情况调整教学目标，注重三维目标之间的联系和渗透，但探究教学的特征体现得还不明显。在教学实施方面，学生分组探究开展得比较频繁。探究课堂的探究性较强，注重学生自主性的发挥和思维能力的培养。在教学评价方面，认为传统的教学评价体系不适合对探究能力的评价。

探究教学的适应过程方面：首先，倾向于把开展探究教学过程中遇到的困难和障碍归为外部因素(仪器不足和课时不够)方面，对于自身因素的认识存在不足。其次，关于外界的支持和帮助方面，比较认同一线专家的作用，对于理论专家则比较排斥。最后，在自我发展方面，主要是通过听课的方式进行实践案例的学习，而理论方面的学习还比较缺乏。

总之，D教师通过自身的学习和实践、外界的支持和帮助，对探究教学的认识、态度和教学行为有了积极的变化，但仍有许多有待于进一步提高的地方。

六、E教师对探究教学的适应性现状与分析

E教师是一位教学经验丰富的男教师，有18年教龄，中教一级职称。某地方高校物理学专业本科毕业。E教师所在学校办学条件较好，全校共有2间物理实验室，为全校初、高中16个班的物理实验教学提供支持。

（一）关于探究教学的适应性内容

1. 对探究教学的认识

(1)对探究教学内涵的认识

①探究教学的核心内涵。

关于探究教学的核心内涵，E教师认为：

"探究教学必须有提出问题，必须为你的目的设计探究办法，要有探究方案的设计，然后要有学生的动手实验，即在分析方案可行不可行后付诸行动，还要分析实验结果，分析后得出结论。"

分析与评价：

E教师认为探究教学所涉及的探究活动有提出问题、设计实验方案、实验操作、分析实验结果、得出结论。根据本研究所确定的探究教学的5个要素，设计实验方案、实验操作和分析实验结果三者都属于证据要素，因此，E教师认为探究教学要素包括问题、证据和结论，还缺乏探究教学的假设和交流要素。E教师对探究教学要素的认识总体来说比较准确，但还不够全面。另外，还缺乏对探究教学中师生角色、地位的认识。

②探究教学与授受式教学的关系。

关于探究教学与授受式教学的关系，E 教师认为：

"两者问题解决的方式不一样。在授受式教学中，问题的结论是老师给的，告诉学生是什么。但是探究教学中，学生通过动手实验去探究，得到结论，最后和老师达成共识。结论不是别人给他的，而是他自己得到的。"

"以前传统(授受式)教学是老师讲，学生听，老师说的就是真理。但现在学生可以质疑，老师带着学生发现问题，去验证、去推导，最后得到结论。传统教学是呈现式的，把知识呈现给你，然后你记住就可以了，而探究教学就是要主动找到知识，学生主动去找。"

分析与评价：

E 教师认为探究教学与授受式教学的最大区别是学生对知识获取的方式不一样。授受式教学是教师直接告诉学生结论，而探究教学是学生在教师的带领下，经历发现问题、提出假设、动手实验和分析论证等环节，自己得到结论的过程。

知识获取方式的不同是探究教学与授受式教学的最大区别。E 教师对探究教学与授受式教学区别的认识是比较深刻和准确的。

③关于探究教学与实验教学的关系。

关于探究教学与实验教学的关系，E 教师认为：

"物理学的好多东西要通过实验(来探究)，我感觉实验是探究的重要步骤，以前的讲授仅仅是老师的口授，而现在的探究必须做实验，不做实验那就不是探究，那是思辨了，探究必须得有实验。"

分析与评价：

关于探究教学与实验教学的关系，E 教师的观点可概括为"实验是探究的重要步骤，探究必须有实验，不做实验就不是探究了"。

对于物理、化学、生物等自然科学来说，实验是证据收集的重要的手段和方式之一，但说探究必须做实验，则过于绝对化。有些探究可以不做实验，如可以采用观察、资料收集的方式获取证据等。该观点说明 E 教师对探究教学与实验教学的关系的认识还存在一定的偏差。

④探究教学与启发式教学的关系。

关于探究教学与启发式教学的关系，E 教师认为：

"其实我感觉这两者之间不是矛盾的，在学生提出问题的时候，或者得出结论的时候，这些环节需要老师的一些启发。探究教学可以用启发式，因为你提出问题、假设，你猜想什么，你猜想的过程，进行实验等，不是一下子就能得出结论。我感觉这两者之间不是一种非此即彼的关系，而是可以相互融合的，在探究教学的过程中也可以有启发的因素。比如学生遇到一些问题，你可以给他一些启发性的提示，帮助他去完成探究。探究教学中随时可以用启发式教学。"

分析与评价：

E 教师认为启发式教学可以用于探究教学中，两者之间不是一种非此即彼的关系，而是可以相互融合的。在探究的各个环节，如提出问题与假设、实验操作、分析得出结论的时候，都可以对学生进行启发。

对于探究教学与启发式教学之间的关系，E 教师对两者之间联系的认识比较准确和恰当，但还缺乏对两者之间区别的认识。

（2）对科学素养的认识

关于科学素养，E教师是这样认为的：

"科学素养，我觉得：第一，你得有基本的<u>科学知识</u>，如知道基本的科学常识。第二，你得知道<u>科学思维的基本步骤</u>，能对你的结论进行理论上的推导，你要能说服别人相信你，而不是呈现一个结论性的东西。也就是说科学素养有两个东西，第一个就是你知道什么，第二个就是要告诉别人为什么是这样的，这就涉及<u>科学方法</u>了。"

分析与评价：

E教师认为科学素养的内涵包括科学知识和科学方法，但还缺乏对科学态度、科学精神、科学本质以及运用科学知识解决实际问题等方面内容的认识。总之，E教师对科学素养的内涵的认识还不够全面。

2. 对探究教学的态度

（1）对探究教学价值和意义的认知

关于探究教学的价值和意义，E教师认为：

"探究教学很好，因为它关注学生个体，关注他所需要的东西，符合学生的认知规律，<u>对提高学生能力有好处</u>。"

"探究教学对<u>学生探究能力、科学态度和科学精神方面的培养是有帮助的，但前提是对基础好一点的学生</u>。"

分析与评价：

E教师对探究教学的价值和意义持肯定的态度，认为探究教学关注学生个体，符合学生的认知规律，对于提高学生的能力、培养学生的科学态度和科学精神很有帮助。

虽然E教师认可探究教学的价值和意义，但他认为探究教学只适合于基础好的学生的观点显然是不妥的。这种观点既有悖于素质教育和课改的理念，也与探究教学的特征不符，因此这种观点还有待改变。

（2）实施探究教学的行为倾向

关于实施探究教学的行为倾向，E教师谈道：

"<u>实施探究教学，付出和收获不成比例</u>。像今天这节课'探究重力大小与质量的关系'，如果让学生完全自主探究，你付出的时间是2课时，得到的就这么一个公式：$G=mg$。实际上不这么做，学生的印象可能更深一些。"

"即使你有时间去探究，<u>你的目的也很难达到。探究看起来很热闹，但实际留下的东西很少</u>，落在学生脑子里面的、<u>我要让他掌握的知识比较少</u>。学生进实验室探究完，下课后问他，经常是什么都不知道，我还得重新给他讲。"

分析与评价：

E教师认为探究教学的付出和收获不成比例——付出多，收获少。收获少的含义是指学生对知识的掌握情况不佳。探究教学是形式上热闹，但实际留下的东西少。由此可以推断，E教师实施探究教学的行为倾向比较弱，对他的课堂观察结果也证实了这一点。

E教师实施探究教学的行为倾向比较弱，与他对探究教学认识上的一些偏差有关。其实探究教学并不是付出多而收获少，学生的探究能力、创新精神与实践能力都是探究教学的"收获"，知识不是教学的唯一目标。另外，探究教学与知识掌握并不是矛盾的，知识目标同样可以通过探究教学得到很好的实现。

3. 探究教学行为

（1）教学设计

关于探究教学的设计，E教师认为：

"我认为探究教学设计的重点是教学目标的制订、分析学生情况和教学策略的确定。"

"教学目标主要还是围绕着考试的要求来制订的，如某个知识点应该达到什么样的程度，让学生掌握什么、记住什么东西，或者会解决什么问题等，都要根据考试大纲的要求来确定。"

"对于学生情况的分析，因为我一直在带他们，每带一个班都是一年或者两年的时间，所以我对学生的基本情况还是比较了解的，不存在专门的分析或不分析。在平时的教学中，你判作业也好，提问也好，都有学生分析的成分在里面，所以不是说每节课课前或者课后都要特别去分析什么。"

"教学策略主要考虑的就是如何引入要讲的内容，因为中学物理的很多内容都是跟生活密切相关的，所以一般用生活当中的物理现象引入新课。另外，教学策略要解决的问题是，如何引导学生对物理现象进行深入的思考和分析，解决办法就是对他们进行思维能力和方法的训练，如怎么去定义一个物理量，或者如何讨论各个因素之间的关系等。"

分析与评价：

E教师的探究教学设计深受传统授受教学设计思想的影响，没有体现出探究教学的特征，如教学目标侧重知识目标，学生分析中还缺乏对学生在自主探究中遇到的困难和障碍的分析，引入新课的目的是为教师的讲授服务，而不是为学生提出问题等探究活动服务。

（2）教学实施

①学生分组探究概况。

关于学生的分组探究情况，E教师谈道：

"在教学实践当中，学生真的去探究的，像分组实验这种，并不能做得很多，对于我来说，一学年有4～5次的学生分组探究。"

"实际上现在很多探究都是纸上谈兵，真的让学生去探究的很少。所谓'纸上谈兵'，就是指学生并没有真的动手去做探究，而只是老师给学生'讲'探究。"

分析与评价：

E教师认为现在的很多探究停留于"纸上谈兵"，即并没有让学生去真探究，而是教师"讲"探究，其实还是传统的授受式教学。对于他自己来说，一学年只有4～5次的学生分组探究教学，与课程标准中的要求相比，他的分组探究开展频率较低。

②探究课堂实例与分析。

探究课堂实例（一）："探究影响滑动摩擦力大小的因素"

师：滑动摩擦力的大小可能与什么因素有关？（教师直接提出问题。）

生：物体的质量、重力、压力，接触面的粗糙程度。（学生提出假设，但缺乏相应的根据。）

师：生活中的哪些现象可以作为你猜想的依据呢？（教师追问学生提出假设的依据，培养学生的证据意识和思维能力。）

生：滑滑梯、滑冰时，越光滑，越容易滑动。

师：<u>这些猜想到底对不对呢？我们要通过实验去探究。</u>（教师对于学生提到的质量、重力、压力因素，没有追问它们的根据，也没有对它们进行分析和讨论。）

教师介绍实验装置，包括滑动摩擦力演示器、弹簧测力计和木块（图 4-6）。

教师讲解测滑动摩擦力大小的原理，即让物体做匀速直线运动，此时拉力和滑动摩擦力的大小相等，通过测拉力间接地测出了滑动摩擦力的大小。

教师讲解本实验要用到的研究方法——控制变量法，即在研究滑动摩擦力与某个因素的关系时，需要保持另外的因素不变。

演示实验 1：教师装配好仪器装置后，接通仪器的电源，皮带匀速转动。皮带相对于木块匀速滑动，相当于木块相对于皮带做匀速直线运动，此时弹簧测力计出现了一个示数。教师指出弹簧测力计的这个示数就等于滑动摩擦力的大小。

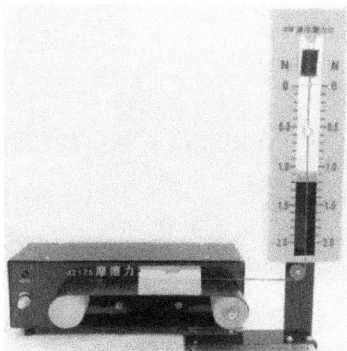

图 4-6　探究影响滑动摩擦力大小的因素的实验装置

教师说明此实验的目的是研究滑动摩擦力与接触面粗糙程度的关系。

教师把木块放在皮带上，让木块较光滑的面与皮带接触。木块与皮带相对滑动，弹簧测力计出现了一个示数。<u>学生读出弹簧测力计的示数为 0.3 N。</u>（实验方案由教师直接设计，并且没有向学生交代。实验操作由教师完成。）

<u>教师把木块的接触面调换过来，让较粗糙的那个面与皮带接触，木块与皮带相对滑动。学生读出此时弹簧测力计的示数是 0.4 N。</u>（实验方案由教师直接设计，而且没有向学生交代。实验操作由教师完成。）

师：<u>接触面的粗糙程度改变以后，摩擦力增大了没有？</u>（简单判断型问题。）

生：增大了。

师：那说明了摩擦力可能与什么有关呢？

生：接触面。

师：<u>应该是摩擦力与接触面的粗糙程度有关。</u>（教师得出结论，但没有说明两者的具体关系。）

师：下面我们研究滑动摩擦力与压力的关系。

演示实验 2：<u>在木块上面放一重物（弹子锁），这时弹簧测力计的示数增大为 0.5 N 左右。</u>（实验方案由教师直接设计，而且没有向学生交代。实验操作由教师完成。）

师：<u>在接触面的粗糙程度不变的条件下，压力变大后，摩擦力也变大了。这就说明在接触面的粗糙程度一定的时候，压力越大，摩擦力越大。</u>（教师直接得出结论。）

师：那滑动摩擦力还可能与哪些因素有关呢？

生：接触面积。

师：<u>这个实验装置无法验证接触面积这个因素，所以我们不研究了。</u>（教师以仪器无法验证为由忽略了学生提出的假设。）

生：<u>为什么不能验证接触面积呢？</u>（教师没有回应学生的疑问，错过了培养学生探究能力的好机会。）

师：<u>有没有可能与转速有关呢？</u>（教师提出假设。）

演示实验 3：<u>教师把皮带的转速由中速挡调为高速挡，此时弹簧测力计的示数没有变</u>

化。（教师直接设计实验方案，也没有向学生进行交代。实验操作由教师完成。）

师：<u>物体运动速度改变以后，摩擦力没变，所以摩擦力与运动速度没有关系</u>。（教师直接得出结论。）

师：由大量的实验可以得出，<u>滑动摩擦力的大小只与压力、接触面的粗糙程度这两个因素有关。在压力一定时，接触面越粗糙，滑动摩擦力越大；在接触面一定时，压力越大，滑动摩擦力越大</u>。（教师总结实验结论。）

分析与评价：

A．课堂的探究性。

本节探究课的探究性状况见表 4-10。

表 4-10　E 教师探究课堂（一）的探究性状况

评价维度	学生在探究过程中的自主程度	探究性等级
问题	在没有创设情境的基础上，教师直接提出问题。	2级（较弱）
假设	学生提出了很多假设，但大多数假设缺乏根据。	3级（中等）
证据	教师没有交代实验方案，直接进行演示实验；缺乏分组实验。	2级（较弱）
结论	教师直接得出结论。	2级（较弱）
交流	教师语言的启发性很弱，学生之间的交流很少。	2级（较弱）

本节探究课的总探究性等级 $= \dfrac{2+3+2+2+2}{5} = 2.2 \approx 2$（级），即本节探究课的总探究性较弱，基本属于授受式教学。在科学探究各个要素中，学生的主体性较弱。问题由教师直接给出，且在提出问题之前没有创设情境。学生虽然提出了摩擦力与物体质量、重力、压力以及接触面的粗糙程度有关的假设，但并没有说明关于物体质量、重力、压力的假设的根据。关于证据要素，教师在进行演示实验之前既没有介绍实验方案，也没有指导学生设计实验方案。在分析、得出结论的过程中，教师不注重对学生的启发和引导，而是直接给出结论。在交流要素中：教师语言的启发性较弱，基本是单向的信息呈现；由于没有分组实验，学生之间的交流很少。

B．教师的教学行为。

本节探究课，教师的教学行为主要包括提出问题、演示实验、分析总结实验结论等。这些教学行为表现出了较浓的授受式教学倾向，教师的主导作用很强。

从探究教学的角度来看，E 教师的教学行为存在以下一些不足。

首先，本节探究课所需的探究方法——控制变量法在教学过程中没有得到贯彻和强调。对于学生提出的影响滑动摩擦力的 4 个因素的假设，教师直接忽略了其中的 2 个因素，而只研究 2 个因素，这不利于培养学生的科学态度和科学探究能力。在研究滑动摩擦力与某个因素的关系时，没有说明保持另外的因素不变。

其次，教师不太重视课堂中的生成资源。例如，在学生提出了滑动摩擦力与接触面的面积大小有关的假设后，教师以仪器不能探究该假设为由忽视了学生的这个假设，这挫伤了学生探究的积极性，也错过了培养学生探究能力的好机会。

最后，在总结滑动摩擦力与接触面粗糙程度的关系时，结论的表述不够完整。先前的演示实验已揭示出两者的具体关系，但教师只指出两者有关，而没有说明两者的具体关系，在最后总结时又指出了两者的具体关系。因此，教师的表述缺乏前后一致性，影响了结论的可信度。

C. 学生的学习行为。

学生的学习行为主要包括提出假设、观察教师的演示实验、读仪器的示数和听教师的讲解等。由于整个探究教学是以教师为中心的，学生的主体性很弱，他们没有经历积极、主动的探究过程。从动脑的角度来看，实验方案的设计、实验结论的分析和总结都是由教师完成的，学生基本处于被动接受的地位；从动手的角度来看，没有学生分组实验，学生的实验操作技能没能得到训练。

探究课堂实例(二)："探究浮力与排开液体所受重力的关系"

师：下面通过这个演示实验，<u>我们研究浮力大小可能与哪个量有关系</u>。(教师直接提出问题。)

演示实验1：教师在小空桶下挂一个圆柱形物体，然后把它们挂在弹簧测力计下(如图4-7a所示)，让学生读出此时弹簧测力计的示数。学生读出示数为1.6 N。

<u>教师把圆柱形物体完全浸没在水中，水从溢水杯中溢出到旁边的小烧杯中</u>(如图4-7b所示)。<u>学生读出此时弹簧测力计的示数为0.6 N</u>。(教师进行实验操作。)

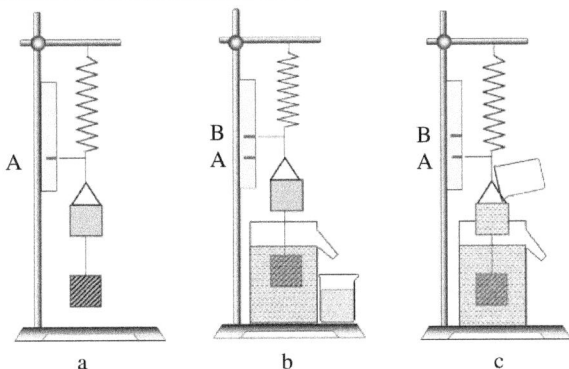

图4-7 探究浮力与排开液体所受重力的关系的演示实验1

师：<u>弹簧测力计原来的示数是多少</u>？(简单的记忆类问题。)

生：1.6 N。

师：<u>原来1.6(N)，现在0.6(N)，那物体所受浮力是多少</u>？(简单的计算类问题。)

生：1(N)。

教师让一名学生上讲台操作，将溢出的水倒入小桶内(如图4-7c所示)。学生读出此时弹簧测力计的示数为1.6 N。

师：现在弹簧测力计的示数和原来的示数有什么关系？

生：和原来示数一样。

师：<u>把溢出的水倒入小桶后，弹簧测力计的示数变得和原来一样，由这个现象你能联想到什么</u>？(此问题后面有重复。)

生：(沉默)。

师：桶和物体的总重力是1.6(N)，物体浸入水中后，<u>弹簧测力计的示数变为多少了</u>？(记忆类问题、重复型问题。)

生：变为 0.6(N)。

师：这说明物体所受浮力是 1 N。把溢出的水倒进空桶后，示数刚好又回到 1.6(N)，由此你能想到什么？（重复型问题。）

生：（沉默）。

师：浮力和什么相等？（问题的启发性太弱。）

生：重力。

师：什么物体的重力？

生：（沉默）。（学生多次回答不出此问题，说明他们没有理解实验的原理。）

师：原来物体和小桶的总重力是 1.6(N)，把物体浸没在水中后，弹簧测力计示数变为 0.6(N)，我们把排开的液体重新倒入桶中，示数又变为 1.6(N)，你说谁和谁相等？（所提的问题太宽泛。）

生：$G_{排}$。（学生没有用自己的语言叙述，照搬书上的结论。）

师：$G_{排}$ 是什么意思，用通俗的话怎么说？

生：物体排开液体的重力。

师：物体浸入水中后受到的浮力为 1 N，把溢出的水倒入小桶后弹簧测力计又回到原来的示数，这说明（物体排开的水的）重力把它（所受到）的浮力抵消了，说明浮力和排开水的重力是相等的。（教师分析、给出实验结论。但结论的表述欠完整。）

演示实验 2：教师把圆柱形物体挂在弹簧测力计下，测它的重力，让学生读弹簧测力计的示数。

师：物体的重力为多少？（读数类问题。）

生：1.3(N)。

教师把物体浸没在溢水杯中，用小桶收集物体排开的水。让学生读出此时弹簧测力计的示数。

师：现在弹簧测力计的示数为多少？（读数类问题。）

生：0.3(N)。

师：物体所受浮力是多少？

生：1(N)。

教师把小空桶挂在弹簧测力计上测它的重力，学生读出小桶重力为 0.3 N。

教师把溢出的水倒入小桶中，然后用弹簧测力计测它们的总重力。让学生读此时弹簧测力计的示数，学生读出示数为 1.3 N。

师：1.3(N) 减去 0.3(N) 等于多少？（简单的计算类问题。）

生：1(N)。

师：这说明这个物体重为 1 N，而它所受的浮力是 1 N，两者相等。（教师直接得出结论，但结论的表述不完整、欠严谨。）

演示实验 3：教师把圆柱形物体部分浸没在水中（图 4-8），让学生读出此时弹簧测力计的示数。学生读出弹簧测力计的示数为 1 N。

师：此时物体所受浮力为多少？（此问题后面有重复。）

生：0.3(N)。

教师把溢出的水倒入小桶中，把它们挂在弹簧测力计上测它们的重力，测得小桶和水的总重力为 0.5 N。

师：0.5(N)减去 0.3(N)等于多少？（简单的计算类问题。）

生：0.2(N)。

师：物体所受浮力是多少？（重复型问题。）

生：0.3(N)。

师：这是由于读数的时候有误差，差了 0.1(N)，在误差允许范围内。我们可以认为（物体所受的）浮力和（它）排开水的重力相等。（教师直接给出结论。但结论的表述欠完整。）

师：综合以上几个实验的结果，我们可以得出这样的结论，即浸在液体中的物体所受的浮力与它排开液体的重力相等，这个结论叫阿基米德原理。（教师总结探究结论。）

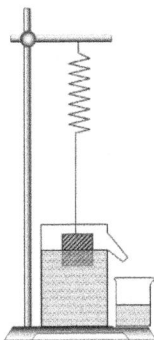

图 4-8　探究浮力与排开液体所受重力的关系的演示实验 3

分析与评价：

A. 课堂的探究性。

本节探究课的探究性状况见表 4-11。

表 4-11　E 教师探究课堂（二）的探究性状况

评价维度	学生在探究过程中的自主程度	探究性等级
问题	在没有创设情境的基础上，教师直接提出问题。	2 级（较弱）
假设	缺乏假设要素。	1 级（很弱）
证据	教师没有交代实验方案，直接进行演示实验；缺乏学生分组实验。	2 级（较弱）
结论	教师直接给出结论。	2 级（较弱）
交流	教师语言的启发性很弱，学生之间的交流很少。	2 级（较弱）

本节探究课的总探究性等级 $= \dfrac{2+1+2+2+2}{5} = 1.8 \approx 2$（级），即本节探究课的总探究性较弱，基本属于授受式教学。问题由教师直接提出，且问题的表述不准确。缺乏假设要素，提出问题后教师直接进行实验。关于证据要素，实验方案由教师设计，而且没有向学生交代，而是直接进行实验操作。这既不利于学生理解实验操作的目的或原理，也不利于培养学生的实验方案设计能力。实验采取的是演示的方式，学生没有经历动手探究的过程。结论由教师直接给出，且结论的分析、推导过程不严谨，结论的表述也不完整。对于交流要素，教师提问的启发性很弱，所提的问题层次较低（大多是仪器读数类、简单的计算类、记忆类问题），学生之间的交流很少。

B. 教师的教学行为。

E 教师的教学行为主要包括提出问题、进行演示实验和分析总结实验结论等。

E 教师比较注重训练学生的实验技能（特别是读数技能），在演示实验过程中尽量让学生读弹簧测力计的示数。教师的实验操作很规范，如把弹簧测力计挂在支架上使物体稳定，既有利于减小误差，也有利于学生对实验现象的观察。

E 教师的教学行为存在以下一些不足之处。

首先，教师的主导作用太强，学生缺乏自主探究的机会，从而导致教学过程的探究性较弱。探究教学各个要素中教师都居于中心地位，学生基本处于被动接受的状态。

其次，实验方案的设计也存在一些缺陷。对于演示实验 1，初中学生理解其原理有一定的困难。因为要用到四力平衡的知识，而初中阶段只要求掌握二力平衡的知识，现在的新教材已删去了这个实验。因此，该实验不符合新课程的理念，不宜在教学中出现。

最后，教师的教学语言存在表述欠严谨和准确的情况。代词用得过多过滥，影响了语言的易懂性。例如，在分析演示实验 2 时，教师所说的"这个物体重为 1 N，而它所受的浮力是 1 N"这句话，其实"这个物体"和"它"所指代的不是同一个对象。教学语言有啰唆和重复之处（详情见以上的课堂实录分析），降低了教学的效率。重要结论的表述常省略关键的限定词，导致结论的表述不完整。

C. 学生的学习行为。

学生的学习行为主要包括观察演示实验、回答教师的提问和倾听教师的讲解。由于整节课是以教师为中心的，学生的主体性很弱、参与探究的程度很低。从动脑的角度来看，学生没有参与实验方案设计和实验结论的总结，这些探究的关键环节都是由教师完成的。在分析证据、总结实验结论的过程中，教师所提的问题层次比较低、启发性弱，不利于对学生思维能力的培养。从动手操作的角度来看，由于采取的是演示实验的方式，实验操作主要由教师完成，学生的实验操作技能没有得到很好的训练（只有一些观察和读数技能的训练）。

（3）教学评价

关于探究教学的评价，E 教师认为：

"现在的教学评价方式还是纸笔测验，这是最简单、最可行的一种方法，它的时间成本也比较低。像作品分析、实验考查的评价方式目前还没有，主要是没有时间，也很麻烦。很多实验，学生都没有做过，你考查什么呢？所以没法开展（这些方式的评价）。"

"现在的教学评价还是比较注重对知识的考查，有一些对能力的考查，但还没有针对科学情感、科学态度的评价，也很难实施这方面的评价。这些只能是老师平时在教学过程当中渗透的指导思想。"

"我认为目前的这种教学评价方式基本能适应探究教学评价的要求，虽然它在能力考查方面较弱，但我认为没有别的更好的方法。"

分析与评价：

E 教师的教学评价观属于传统的注重知识与技能的教学评价观，对于"过程与方法""情感、态度与价值观"的评价不太重视。由于探究教学重视学生知识获取的过程和在此过程中学生的体验，因此探究教学的评价应注重对学生这些方面素质的评价，而不仅仅是对知识与技能的评价。为了适应探究教学的要求，E 教师的教学评价观还有待进一步改进。

（二）关于探究教学的适应过程

1. 适应探究教学过程中遇到的困难和障碍

E 教师认为，教师在适应探究教学过程中遇到的困难和障碍主要来自以下 4 个方面。

（1）学生方面的困难和障碍

关于学生方面的困难和障碍，E 教师谈道：

"让学生自主探究，老师就很难左右他的行为，他可能信马由缰地玩，不好管理。学生分组后，老师照顾不到那么多。他也不听你的，他玩他的东西。现在有很多学生，进实验室就是为了好玩，什么仪器好玩玩什么，根本就不听老师的。他光顾着自己玩去了，做与学习无关的事。"

"咱们的学生没有这种(探究)习惯。我教高中物理的时候，教学中有社会探究这些内容。对于这种属于课外的专题探究，学生很少真正去探究。有的学生纯粹是为了应付差事，在网上找一篇现成的(文章)交差了事。初中学生的能力还不够进行完全自主探究。"

分析与评价：

E教师认为，在适应探究教学过程中来自学生方面的困难有，开展探究教学时学生不好管理，学生没有探究的习惯，学生的能力难以适应探究教学的要求。

E教师的以上话语反映出他的教育观、学生观还存在偏差，这不利于探究教学的正常开展。学生的探究学习习惯、探究能力不是与生俱来的，要通过探究教学来培养。如果因为学生的探究学习习惯、探究能力弱而不开展或少开展探究教学，那么这种认识显然违背了教育的宗旨——培养全面发展的人，因此这种认识还有待改变。

(2)考试评价的束缚

关于考试评价给教师适应探究教学带来的困难和障碍，E教师谈道：

"考试是谁都躲不过的。你要搞探究教学，你的教学任务就完不成，人家最后看的，不是你探究了多少次。你探究了10次，你的学生考试成绩一塌糊涂，这就摊上大事了；你没探究，但学生的考试成绩很好，那就解决了一切问题。这主要因为教育部门的评价还是看学生的考试成绩。所以咱们现在是'缘木求鱼'。现在教育的指导思想没变，教师的改变是很难的。"

分析与评价：

E教师认为现行的考试评价体系与探究教学之间是冲突和矛盾的。E教师关于这两者之间关系的认识逻辑是这样的：开展探究教学→完不成教学任务→学生就考不出好成绩；不搞探究教学，学生可以考出好成绩。教育部门评价教师的教学效果是看学生的成绩，而不是看教师的探究教学搞得怎样。

E教师过于强调现行评价体系对探究教学的束缚，而忽视了教师自身主观能动性的发挥。在现行的评价体系大环境下，教师也可以积极创造条件开展探究教学。另外，探究教学与学生的学习成绩不是矛盾和冲突的。

(3)社会环境的影响

关于社会大环境给教师适应探究教学带来的困惑，E教师认为：

"整个社会环境不重视探究(教学)。整个社会从下到上都不重视探究，(在这种大环境下)你让学生去探究，那是不可能的。'下'是指学生，'上'是指领导，中间是家长。家长认为自己的孩子没必要搞探究，会做题就得了。我认为大环境是很难改变的。"

分析与评价：

E教师的整个社会环境不重视探究的观点过于偏激。国家层面实际上是高度重视探究教学的，本轮课程改革就把探究教学作为重要的教学理念和教学方式；广大教师、家长大多也是认同和接受探究教学的。只不过由于我国传统教育方式和评价方式的影响，在实践中开展探究教学确实还存在诸多的困难和障碍。

另外，E教师把学生不重视探究归为社会环境因素也欠妥：学生正是教育的对象，只要探究教学对学生素质的提高有价值，即使学生不重视探究，也应该通过教育手段使学生重视探究。

（4）课时的限制

关于课时限制给教师适应探究教学带来的困惑，E教师谈道：

"真搞探究（教学），课时是远远不够的。你得把以前的一节课分成两节课甚至三节课来上，经常这样就完不成教学任务。当然，对于一些典型的探究课，我还是让学生去分组探究的。典型的探究课，一学期有2～3次。我们现在的探究教学，就是找典型课，而不是把教材中列出的探究内容都真正去探究。虽然教材中的好多内容都是可以探究的，但由于课时的限制，这种探究只能是老师带着学生共同去思考，引导学生得出结论。"

分析与评价：

E教师认为探究教学很花时间，如果教材中列出的探究内容都让学生探究，则很难完成教学任务。所以他只选一些典型的内容让学生进行分组探究。

探究教学的课时紧张问题可以通过精心的教学设计和良好的教学实施得到解决，可以采取的解决策略有：第一，采取部分探究的方式，即一节课只探究某几个要素而不是全部，具体探究哪几个要素可根据具体的教学内容灵活处理；第二，合理安排和分配课堂的教学时间也有助于解决探究课课时紧张的问题。对于适应探究教学过程中遇到的困难和障碍，E教师过于强调课时等外界因素的限制，而自身主观能动性的发挥还不够。

2. 外界的支持和帮助

对于在适应探究教学过程中所获得的外界支持和帮助，E教师谈道：

"关于外界的支持和帮助，希望能和真正来自一线的专家进行探讨和交流，这种专家的帮助作用大。纯理论型专家所讲的理论性的东西，很多都是凭空想象的，对自己用处不大。"

"区里的教研活动比较多，每周基本都有。内容主要是同步的教材分析，也有公开课活动，但比较少。区里的教研活动效果还是挺好的，我觉得自己在这方面有提高。网上的培训也有，网上培训的效果一般，很多都是走形式。专门针对科学探究这方面的培训比较少。"

"我们自己学校不定期地开展一些教研活动，基本能保证两周一次。学校教研活动的主要内容有：备课组长对本年级教学情况的说明，或者针对教学过程中遇到的问题一起探讨解决办法。例如，个别学生出现厌学怎么去纠正，或者下一阶段我们去研究什么课题，大家一起交流一下。"

分析与评价：

在专家引领方面，E教师偏向于来自一线的实践专家而不太认同理论专家。这反映出他在专业成长方面存在着重实践、轻理论的倾向，不利于他的专业成长。学区教研活动的内容主要是教材分析，形式比较单一。网络培训还没有发挥真正的实效性。学区和学校的教研活动都是一般性的，针对探究教学的教研活动还很缺乏。

3. 自我发展

对于在适应探究教学过程中的自我学习，E教师谈道：

"对教学实践案例的学习一般是去听有经验老师的讲课，这是主要的学习方式。区里的教研活动中经常有这类活动。有理论方面的书，但看得很少，没时间看。我们中学老师一天从早到晚都很忙，晚上回到家，家里还有一摊子事情要处理呢。"

分析与评价：

E教师的专业学习主要集中在教学实践案例方面，方式是听有经验的教师讲课。他认为自己太忙，没有时间进行有关理论知识的学习。E教师的自我学习存在着重实践、轻理论的倾向。

探究教学作为一种与传统的授受式教学不同的教学方式，对教师的理论素养（如关于探究教学、科学素养的理论知识等）提出了更高的要求。因此，教师需要克服专业学习中重实践、轻理论的倾向，努力学习探究教学的相关理论知识，以达到开展探究教学的要求。

（三）小结

E教师作为一位有18年教龄的老教师，具有丰富的教育教学实践经验，但这也使他在适应探究教学的过程中容易受传统观念的影响和束缚。E教师对探究教学的适应性现状具有如下特点。

探究教学的适应性内容方面：首先，对探究教学内涵虽有一定程度的正确认识，但还不太全面（缺乏对探究教学中师生角色、地位的认识）。对科学素养内涵的认识还欠全面（缺乏对科学态度与科学精神、用科学知识解决实际问题能力的认识）。其次，对探究教学的价值和意义持肯定的态度，但开展探究教学的行为倾向比较弱。最后，探究课的教学设计受传统授受式教学设计思想的影响较深，没有体现出探究课的特征。在教学实施方面，学生分组探究的频率很低；探究课堂的探究性较弱，教师的主导作用很强，学生基本处于被动接受的地位。在教学评价方面，他认为现行的纸笔考试的评价方式基本能适应探究教学评价的要求。

探究教学的适应过程方面：首先，关于在探究教学过程中遇到的困难和障碍，他比较强调外界条件的影响和束缚，对于自身的问题则认识不足。其次，关于外界的支持和帮助，他比较认同一线专家的作用，对于理论专家持怀疑的态度。他参加的教研活动是一般性的，而专门针对探究教学的教研活动还比较缺乏。最后，在自我发展方面，他比较注重对实践案例的学习，而对教学理论知识方面的学习则很少。

本章小结

本章以5位样本教师为例，从他们关于探究教学的适应性内容和适应过程2个维度，对中学物理教师关于探究教学的适应性现状进行了详细、深入的阐述与剖析。发现中学物理教师对探究教学的适应性现状具有以下一些特点。

探究教学的适应性内容方面：首先，教师们对探究教学内涵有一定程度的正确认识，但还不够准确和全面。对科学素养定位的认识存在偏差，对其内涵的认识还不够全面。其次，绝大部分教师对探究教学表现出了积极的态度，也乐于开展探究教学；但也有个别教师对探究教学的态度比较消极，也不太愿意开展探究教学。最后，教师们的探究教学设计一般比较注重实验方案的设计，学生分析方面比较注重对学生实验操作技能的分析，但对于学生的其他探究能力、与探究内容相关的生活经验的分析则比较缺乏。课堂采取集体探究的方式比较多，而学生分组探究比较少；课堂的探究性水平普遍比较弱。探究教学评价没有体现出探究教学的特色和优势。

探究教学的适应过程方面：首先，关于在探究教学中遇到的困难和障碍，教师们过于强调外界环境因素的影响，而较少分析自身存在的不足，对自身关于探究教学的适应性状况过于自信。其次，在外界支持和帮助方面，学区提供的支持主要是开展公开课、专家讲座等教研活动，其内容主要是面向传统的授受式教学，针对探究教学的教研活动则很少。学校提供的支持主要是集体备课和同伴互助，但同伴的范围太狭窄，一般仅限于同学校、同学科的教师。最后，教师们的自我学习普遍存在重实践、轻理论的倾向。这不利于教师对探究教学的适应和专业素质的全面提高。

以上的现状研究为构建中学物理教师对探究教学适应性理论框架和适应性评价指标体系提供了实践基础和启示（如确定中学物理教师对探究教学适应性的具体内容、揭示适应性转变机制以及确定适应性评价指标体系的各级指标等），也为我们深入了解中学物理教师对探究教学的适应性现状提供了参考。

第五章　中学物理教师对探究教学适应性理论框架的构建(一)
——必要性及理论基础

一、构建中学物理教师对探究教学适应性理论框架的必要性

(一) 揭示与阐释中学物理教师对探究教学适应性本质规律的需要

自从基础教育课程改革倡导探究教学以来，我国关于探究教学的实践和理论研究也在持续推进和深化。在此过程中教师对探究教学的适应问题也越来越突出，这既与我国的教育传统有关，又与教师自身的专业素质和教育观念等有关。由此可知，教师对探究教学的适应性是一个涉及多个层面和多种因素的复杂问题，它包含着复杂的内容和层次结构(如关于探究教学的认识、态度、教学行为)及其相应的转变机制和规律等。为了全面、深入地阐释中学物理教师对探究教学适应性的本质规律，有必要构建中学物理教师对探究教学适应性理论框架(后文简称为"适应性理论框架")。

(二) 为探究教学实践提供理论指导的需要

由前面的文献研究和实证研究可知，教师对探究教学的适应性还存在诸多的问题，如对探究教学的认识存在偏差和不足，探究教学的探究性偏弱，学生参与探究的程度低，教师的自我学习存在重实践、轻理论的倾向等。这些问题的深入分析和有效解决都需要相应的探究教学适应性理论提供指导。本书要构建的适应性理论框架将深入揭示与阐释教师对探究教学的适应性本质与规律，从而为这些问题的有效分析与解决提供理论上的指导，为改进探究教学实践发挥应有的作用。

(三) 丰富已有相关研究的需要

已有的关于教师对探究教学适应性的研究主要是一些关于教师对探究教学的认识、态度和教学行为的研究，还缺乏关于教师对探究教学适应过程的研究。已有的研究比较零散；现状描述类研究居多，而系统、深入的理论研究还比较缺乏。本书要构建的适应性理论框架将把教师对探究教学的认识、态度、能力、教学行为等适应性内容和适应过程统整为一个整体，全面、深入地揭示教师对探究教学适应性的本质与规律等，从而可以丰富已有的相关研究。

(四) 构建相应的适应性评价指标体系的需要

为了准确了解和评价教师对探究教学的适应性状况，发现教师对探究教学的适应性问题，进而为促进教师对探究教学的适应性提供参考与指引，有必要构建教师对探究教

学的适应性评价指标体系。适应性评价指标体系的内容维度、各级指标及其内涵的确定都需要以适应性理论框架为基础。适应性理论框架所要阐释的适应性内容和适应性的转变机制等可以为适应性评价指标体系的构建提供理论上的指导。

根据第三章对"教师对探究教学适应性"内涵的界定，教师对探究教学适应性的本质属性包括适应性内容和适应过程2个方面。因此，适应性理论框架也将从适应性内容、适应过程2个维度，对中学物理教师对探究教学适应性的本质规律进行全面、深入的揭示与阐释。整个适应性理论框架包括理论基础、适应性内容和适应过程三大部分，后两者为适应性理论框架的核心部分。

二、中学物理教师对探究教学适应性理论框架的理论基础

中学物理教师对探究教学适应性理论框架的理论基础主要包括适应性理论、教师专业发展理论和探究教学理论。由于探究教学的有关理论已在第三章中进行了阐述，这里不再赘述。下面主要对适应性理论和教师专业发展理论进行阐述与分析。

（一）适应性理论

"适应"这一概念最早在生物学中使用，后来心理学、社会学、文化学等学科借用了这一概念。

1. 生物学中的"适应"概念

下面对生物学中有关适应概念的典型定义进行阐述和分析，并从这些定义中归纳适应的本质特征。

适应是生物在外界条件的长期作用下，在生理功能或形态结构上形成有利于生存的一些特征的现象。适应的形成是环境条件对生物遗传性变异长期选择的结果，它是生物界进化发展的手段，也是物种多样性形成的基础。[①]

适应是指生物对其环境压力的调整过程。生物为了能够在某一环境中更好地生存繁衍，不断地从形态、生理、发育或行为各个方面进行调整，以实现与外界环境的平衡。生物对环境的适应包括进化适应（生物通过漫长的过程，调整其遗传组成以适合于改变的环境条件）和生理适应（生物个体通过生理过程调整，以适应于气候条件、食物质量等环境条件改变）等。[②]

"所谓适应，指生物体在与环境的关系中，通过自身的选择和顺应，或者调整自身的行为以应对变化的环境，从而获得繁衍与生存、发展，实现自我与环境互动的过程。"[③]

以上关于适应概念的定义虽各有特色，但都揭示了适应的一些共同特征。

首先，适应问题产生的根源是外在环境的变化。由于生物体所处生活环境的变化，生物体与环境原有的平衡关系被打破，客观上需要生物体改变其行为与性状，以重新保持与环境的平衡。

其次，适应的手段是生物体改变其行为或性状。当环境条件发生变化以后，生物体

---

① 曲钦岳：《当代百科知识大词典》，638页，南京，南京大学出版社，1989。
② 戈峰：《现代生态学》2版，39页，北京，科学出版社，2008。
③ 崔清源：《高职院校人才培养的社会适应性研究》，博士学位论文，华中科技大学，2009。

通过改变其行为或性状，重新达到与环境的平衡和协调。生物体的行为或性状改变的机制是自然选择，即生物体通过遗传和变异来实现与新的环境条件相协调。[1]

再次，适应的表现是生物体与环境之间保持和谐与平衡的关系。例如，北极熊的体毛呈白色，仙人掌的叶子呈针状，都是生物体与环境保持平衡和协调的例子。

最后，适应的目的是生物的生存、发展和繁衍。生物体通过改变其行为、性状达到与环境的重新平衡，以维持其生存、发展和繁衍。反之，如果生物体不能重建与环境的平衡，其生存、发展和繁衍功能会受到威胁和损害。

2. 心理学中的适应概念

下面对心理学中有代表性的适应概念进行阐述和分析。

"心理适应是指当外部环境发生变化时，人们通过自我调节系统做出能动反应，使自己的心理活动和行为方式更加符合环境变化和自身发展的要求，使主体与环境达到新的平衡的过程。"[2]

陈建文区分了心理适应的两种类型。一种类型是长期性适应，即个体为了求得生存和发展，在心理结构上产生改变，以与自身生存的环境保持平衡。另一种类型是即时性适应，即个体的感官感受性水平随着所受刺激的持续延长而发生变化的现象，比如视觉的明适应和暗适应。[3]

心理适应指个体调整自己的机体和心理状态，使之与环境条件的要求相符合，这是个体与各种环境因素连续不断相互作用的过程。[4] 适应包括三个基本组成部分——个体、环境和改变。"个体"是适应的主体；"环境"是个体赖以生存的外在条件，它与个体相互作用；而"改变"是适应的中心环节，包括个体对自身的改变和在某种程度上对外在环境的改变。

以上心理学中关于适应概念的定义揭示了心理适应产生的根源、适应的手段、适应的表现以及组成要素等。

首先，心理适应产生的根源也是外界环境的变化。由于外界环境的变化，个体的心理结构和行为方式与环境的和谐、平衡关系被打破，于是就产生了心理适应的问题。

其次，心理适应的手段是个体调节（或改变）自己的心理活动和行为方式或心理结构等。虽然以上各个定义关于具体的调节对象有一定的差异，但都离不开关键词"调节"或"改变"。

再次，心理适应的表现是个体与环境之间保持和谐与平衡。长期性适应通过心理结构的改变达到个体与环境的平衡，即时性适应通过感官感受性的改变达到与环境的平衡。

最后，心理适应过程涉及个体、环境和改变。个体与环境之间相互作用，环境的改变在客观上对个体提出了适应的要求。个体通过改变自身的心理结构、行为方式实现对环境的适应。改变是适应的关键要素，没有改变，也就无所谓适应。

3. 社会学中的适应概念

下面再对社会学中有代表性的适应概念进行阐述和分析。

① 李辉：《大学生环境适应优化理论与方法》，4页，北京，人民出版社，2010。
② 杨彦平：《社会适应心理学》，15页，上海，上海社会科学院出版社，2010。
③ 陈建文：《青少年社会适应的理论与实证研究：结构、机制与功能》，博士学位论文，西南师范大学，2001。
④ 徐浙宁、郑妙晨：《国内"学习适应性"研究综述》，载《上海教育科研》，2000(5)。

"社会适应是个体在与社会环境的交互作用中，以追求与社会环境维持和谐平衡关系的过程，……是个体以自身的各种心理资源组成的自我系统与各种刺激因素组成的社会情境系统交互作用的过程。"[①]

"所谓社会适应，是指个体面对不断变化的环境尤其是社会环境，通过自身的选择和努力，包括调整自身与顺应、利用和改造环境，以获得自身的生存与发展，实现自我与环境的平衡，增强自我与社会互动的能力。"[②]

"社会适应是个体对外在社会环境变化的一种应对"，即个体调整自己的行为使其适应所处社会环境的过程，达到个体与社会环境之间维持一种相对平衡的状态，它是一个动态的发展过程。[③]

以上关于社会适应的定义虽各有特色，但都揭示了社会适应的一些共同本质特征。

首先，社会适应问题产生的根源是社会环境的变化。由于社会环境的变化，个体的心理状态与行为方式会不适应新环境，客观上需要对它们进行调整或改变。

其次，社会适应的手段是个体调整或改变自己原有的心理状态和行为方式，以取得与环境的重新平衡。

再次，社会适应的表现是个体与环境保持和谐与平衡，当然这种和谐与平衡是相对的和动态的。

最后，社会适应的目的是个体的生存与发展。当然对于人的社会适应来说，生存的含义主要是指生存的质量，发展应指人的全面发展。

通过以上对适应概念的阐述和分析可知，虽然不同学科中关于适应概念的定义各有特色，但都反映出了适应概念的一些共同特征。这些特征也适用于关于教师对探究教学适应性的理解和分析，并能带来一些有益的启示。

首先，不论对生理适应，还是心理适应，或是社会适应，适应问题产生的根源都是外界环境的变化。

教师对探究教学的适应从根本上来说是一种社会适应，其产生的原因是外界教育环境的变化。即由传统的授受式教学转向以探究教学为主导的教育环境的变化，使教师原有的教育理念、态度和教学行为出现了与新的教育环境不相协调的地方，于是就出现了教师对探究教学的适应问题。

其次，适应是个体通过调整与改变自身从而实现与外界环境平衡的动态过程。当外界环境发生变化后，个体与环境之间的原有平衡关系被破坏，个体对环境表现为不适应；个体通过对自身的认识、态度和行为等各个方面的调整和改变，从而达到新的适应。在新的适应的基础上，外界环境又会发生变化，平衡再次被破坏，个体再次表现为不适应；个体再次对自身的相应方面进行调整和改变，重新实现新的适应……如此循环往复。适应的具体过程如图5-1所示。适应的该特征对于构建适应性理论框架所带来的启示有：教师对探究教学的适应也是一个复杂的动态过程，为了深入了解和揭示教师对探究教学的适应性本质和规律，本适应性理论框架有必要对教师关于探究教学的适应过程进行深入的研究和阐释。

---

① 陈建文、王滔：《社会适应与心理健康》，载《西南师范大学学报（人文社会科学版）》，2004(3)。

② 崔清源：《高职院校人才培养的社会适应性研究》，博士学位论文，华中科技大学，2009。

③ 杨彦平：《社会适应心理学》，12页，上海，上海社会科学院出版社，2010。

外界环境变化

适应

不适应

个体调整与改变

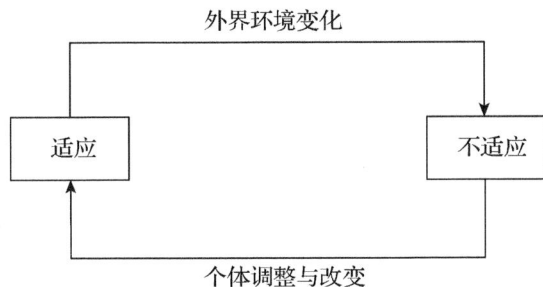

图 5-1 适应的动态过程示意图

最后，适应的过程涉及个体、环境和改变。个体与环境之间相互作用，环境对个体提出了适应的客观要求，而个体通过改变自身或环境实现与环境的平衡与和谐，改变是适应的核心和关键。该特征为本适应性理论框架中关于教师对探究教学适应过程的研究提供了参考和借鉴，即教师对探究教学的适应过程也可从教师、倡导探究教学的环境和教师改变这几个方面去考虑。

（二）教师专业发展理论

教师对探究教学适应过程的实质是教师的专业素质不断提升与发展的过程。本适应性理论框架要确定教师对探究教学的适应性内容，揭示教师对探究教学适应性的转变机制。这些都要以教师专业素质理论和教师改变理论为基础，而它们都属于教师专业发展理论的范畴。

1. 教师专业素质理论

一般认为教师的专业素质结构包括专业知识、专业能力和专业情意 3 个方面的内容。

（1）专业知识

在教师知识研究方面很有影响的学者是舒尔曼，他认为教师的专业知识包括以下方面。一是学科内容知识，指某门具体学科（如物理、化学等）的知识，包括学科内的具体概念、规则、范式等方面的知识。二是一般教学法知识，指能指导各门学科教学的"如何教"方面的知识，包括如何激发学生学习动机、如何有效地管理课堂、如何设计与实施测验的知识等。三是课程知识，指教师所掌握的适用于作为"职业工具"的知识（如关于教学媒体和教学计划等方面的知识）。四是学科教学知识，指针对具体要教的学科内容如何施教的知识。学科教学知识包含了教师对教学和学科知识、学生特征以及学习背景的综合理解，是学科内容知识与教育专业知识的混合物，属于教师独特的领域。学科教学知识将特定的学科内容与学生思维、学习特点结合起来，体现了教师的专业独特性。五是有关学生及其特征的知识。六是有关教育情境的知识。七是有关教育的目的、价值、哲学与历史渊源的知识。[1]

舒尔曼认为教师的这七类知识中，学科教学知识是特别重要的，因为它体现了学科内容与教育学科的整合，是最能区分学科专家与教师之间差异的知识领域。

国内较有影响的关于教师知识研究的学者是申继亮。申继亮把教师知识划分为本体

---

① 李琼：《教师专业发展的知识基础》，28 页，北京，北京师范大学出版社，2009。

性知识、条件性知识、实践性知识这三类。①　其具体内容已在第四章中进行了阐述，在此不再赘述。

舒尔曼关于教师知识的划分比较细致、全面，申继亮的划分概括性比较强。另外，两者也有一定的联系，学科内容知识相当于本体性知识，舒尔曼的其他六类知识相当于条件性知识。这些关于教师知识划分的理论能为本适应性理论框架中关于如何确定教师对探究教学的适应性内容提供一定的启示和借鉴。

（2）专业能力

教师的专业能力是指教师在自己所掌握的知识、经验的基础上，能顺利完成某种教育教学任务的心理准备状态。周建达、林崇德认为，教师的专业能力可分为教学认知能力、教学操作能力、教学监控能力三方面。②　教学认知能力是指教师对所教学科的定理、法则和概念的概括水平，以及对学生的心理特点和教学策略的理解水平。教学操作能力指教师在教学过程中运用各种策略的水平。教学操作能力的集中体现是教学机智，它是教师在面临复杂教育情境时所表现出来的机敏、迅速而准确的判断和反应能力。教学监控能力是指教师为了保证教学达到预期的目的而在教学的全过程中，将教学活动本身作为意识对象，不断地对其进行积极主动的计划、检查、评价、反馈、控制和调节的能力。

经柏龙认为，教师的专业能力是建立在知识素质基础上的，它包括如下能力：教学组织能力、语言表达能力、课程设计能力、班级管理能力、教育研究能力、理解他人和与他人交往的能力、教育机智。③

教师的专业能力反映了教师顺利完成教育教学任务的执行能力，直接影响着教育教学的质量和效果。探究教学作为一种新的教学方式，对教师的专业能力提出了新的要求。因此，教师对探究教学的适应性内容中应包括能力适应的内容。以上关于教师专业能力的理论为本适应性理论框架中关于能力适应内容的研究带来了有益的启示和借鉴。

（3）专业情意

教师的专业情意指涉及教师对教育教学的信念、态度、价值观、兴趣和自我意识等方面的内容，包括专业信念、专业情感和专业性向。陈琦、刘儒德认为，专业信念主要指教师的自我效能感，即教师对自己能胜任教育教学工作的一种主观判断。专业情感是教师对教育教学工作热爱程度的一种情绪体验。专业性向指教师所具有的适合从事教育教学工作的人格特征或个性倾向，如热情、和蔼、感染力等是教师专业性向的重要组成部分。④

教师对探究教学的适应问题不仅涉及教师的专业知识、能力等方面的素质，而且涉及教师的情感、态度等专业情意方面的素质。因此，教师的专业情意是教师对探究教学适应性内容的重要组成部分。在构建适应性理论框架中的适应性内容和适应性转变机制时，要充分考虑专业情意对教师适应探究教学的影响，并把它纳入适应性内容和适应性转变机制中。

①　申继亮：《新世纪教师角色重塑：教师发展之本》，37～52页，北京，北京师范大学出版社，2006。
②　周建达、林崇德：《教师素质的心理学研究》，载《心理发展与教育》，1994(1)。
③　经柏龙：《教师专业素质：形成与发展》，63页，北京，中国社会科学出版社，2012。
④　陈琦、刘儒德：《教育心理学》，544～545页，北京，高等教育出版社，2005。

　　教师专业素质是教师成功完成教育教学工作的基础和前提。教师如果要适应探究教学的要求，则他们的专业知识、专业能力和专业情意都需要得到全方位的提高。因此，本适应性理论框架在确定教师对探究教学适应性内容时，应以教师素质理论为基础，把专业知识、专业能力和专业情意都纳入其中。

2. 教师改变理论

　　教师改变指教师在教育教学改革背景下所发生的各种变化，它是教育教学改革取得成功的关键因素。[①] 教师为了适应探究教学的要求，需要对自己关于探究教学的认识、态度和教学行为进行相应的调整和改变，因此教师改变理论是构建适应性理论框架的重要理论基础。

　　(1)教师改变的类型

　　根据教师改变的程度不同，教师改变的类型可以分为渐进性改变和根本性改变。渐进性改变是指教师在日常教学工作中不断进行的、对自己的教育教学观念和教学行为的程度有限的调整，其目的是更有效地完成日常的教学工作。根本性改变是对教师原有的教育教学经验的深层次重构和再造。由于根本性改变会动摇教师原有的信念和价值观，因此容易遭到教师的抵制和排斥。[②]

　　(2)教师改变的内容

　　课程改革专家富兰认为，教师改变由三个维度组成。一是教学材料与活动的改变，指教师使用新的教学材料与活动。二是教学行为的改变，指教师使用新的教学方式和策略。三是教师的心理改变，指教师关于教育教学的认知、情感和意志方面的心理变化，通常包括动机、信念、情绪和态度的改变。这三个维度的改变难度依次递增，具体如图5-2所示。富兰认为，现实中教师往往只在其中某一或两个维度上发生改变，很难在三个维度上同时发生改变，其中信念、价值观和思想等的改变是最难发生的。只有三个维度都发生改变时，才是"真确式改变"，否则就只是"表层改变"。[③]

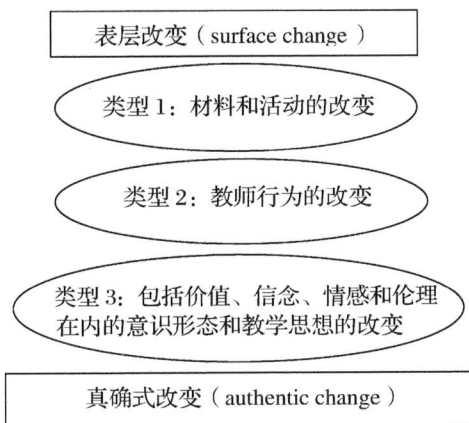

```
┌─────────────────────────────┐
│   表层改变（surface change）   │
└─────────────────────────────┘

     ⬭ 类型1：材料和活动的改变 ⬭

     ⬭ 类型2：教师行为的改变 ⬭

     ⬭ 类型3：包括价值、信念、情感和伦理
        在内的意识形态和教学思想的改变 ⬭

┌─────────────────────────────┐
│   真确式改变（authentic change）│
└─────────────────────────────┘
```

图 5-2　富兰的教师改变维度

---

① 尹弘飚、李子建：《论课程改革中的教师改变》，载《教育研究》，2007(3)。
② 尹弘飚、李子建：《论课程改革中的教师改变》，载《教育研究》，2007(3)。
③ 操太圣、卢乃桂：《抗拒与合作：课程改革情境下的教师改变》，载《课程·教材·教法》，2003(1)。

但根据笔者的实证研究，三个维度中，教学行为改变是最难发生的，即使教师关于教育教学改革的认识、态度等发生了变化，其教学行为改变仍可能并不显著。因此，按照改变程度的递增顺序，教师改变的三个维度的顺序应该是：教学材料与活动的改变，教师的心理改变，教学行为的改变。调整后的教师改变维度如图 5-3 所示。

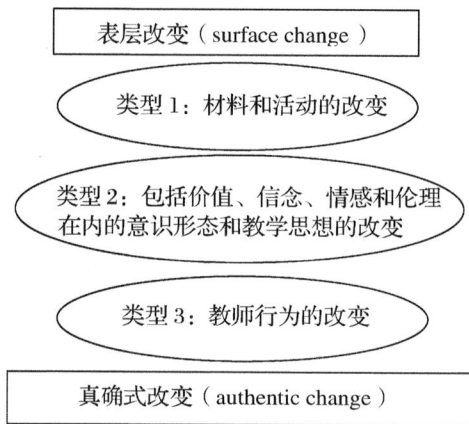

图 5-3　调整后的教师改变维度

（3）教师改变的策略

尹弘飚、李子建认为，在教育教学改革中为了促进教师改变，应该给教师提供相应的引领和支持。若不给教师指出改变的方向，并因势利导地提供相应的支持，教师改变就容易出现自发、盲目的倾向。这种自发、盲目的教师改变由于效果欠佳，可能导致教师对教育教学改革和自我改变丧失信心。他们认为要从专业、资源、制度和文化四个方面入手为教师提供必要的支持，以促进教师的改变。在专业方面，要为教师提供及时、具体的专业指导；在资源方面，要为教师提供充足的、与改革理念相匹配的教育教学资源；在制度方面，学校和教育行政部门要调整与改革不匹配的规章制度，以更好地为教师改变服务；在文化方面，要更新那些与变革理念不相匹配的文化、价值观念，以便为教师改变提供有利的社会文化环境。[①]

以上的教师改变理论带来的启示有：第一，教师要适应探究教学的要求，其教育教学思想观念、态度和教学行为都需要发生相应的改变，因此富兰关于教师改变的"真确式改变"理论对于确定教师对探究教学的适应性内容有启发意义。第二，因为探究教学与传统的授受式教学在指导思想、教学行为和教学评价等方面具有很大的差异，而我国授受式教学传统很浓厚，所以教师在适应探究教学过程中的改变是一种根本性改变。因此，尹弘飚、李子建的教师改变类型理论能为教师对探究教学适应性过程的研究提供理论指导。

本章小结

本章对构建中学物理教师对探究教学适应性理论框架的必要性及其理论基础进行了论证与分析。

---

① 尹弘飚、李子建：《论课程改革中的教师改变》，载《教育研究》，2007（3）。

第一，对构建适应性理论框架的必要性进行了论证。构建适应性理论框架，是揭示与阐释中学物理教师对探究教学适应性本质规律的需要，可以为探究教学实践提供理论指导，还可以丰富已有的相关研究，同时，它是构建相应的适应性评价指标体系的需要。

第二，对适应性理论框架的理论基础进行了阐述与分析，在此基础上总结了它们对构建适应性理论框架的启示。适应性理论框架的理论基础主要包括适应性理论、教师专业发展理论和探究教学理论。由于探究教学理论已在第三章进行了阐述，本章主要对适应性理论和教师专业发展理论进行了阐述与分析。

在适应性理论方面，分别对生物学、心理学、社会学中的适应概念进行了梳理与分析，总结、归纳了适应概念的共同特征。在此基础上，得出了适应性理论对构建适应性理论框架的启示：教师对探究教学适应问题产生的根源是外界教育环境的变化，教师对探究教学的适应是一个复杂的动态过程，教师对探究教学的适应过程可从教师、倡导探究教学的环境和教师改变这几个方面去阐释。认识、态度和行为适应应该包括在适应性内容中。

在教师专业发展理论方面，对教师专业素质理论和教师改变理论进行了梳理与分析。在此基础上总结了它们对构建适应性理论框架的启示：确定教师对探究教学的适应性内容时，应以教师专业素质理论为基础，把专业知识、专业能力和专业情意都纳入进来。教师要适应探究教学的要求，其教育教学思想观念、态度和教学行为都需要发生相应的改变，并且主要是一种根本性改变，外界要提供相应的支持。

第六章　中学物理教师对探究教学适应性理论框架的构建(二)
——关于探究教学的适应性内容

一、中学物理教师对探究教学适应性理论框架(核心部分)的内容架构

　　第五章阐释的适应的一般含义反映出适应性的本质属性包括两个方面——适应性内容和适应过程。第一，适应性内容是实现适应的基础，它从静态视角揭示了适应性的本质属性。主体在适应环境的过程中，需要对自身的生理、心理、行为等各个方面进行调整与改变，这些被调整与改变的对象为适应性内容。只有通过对这些适应性内容的调整与改变，主体才能实现与外界环境的平衡。第二，适应过程反映了适应的动态变化方面。适应过程中蕴含着复杂的机制和规律(如怎样实现由不适应到适应的转变等)；适应的过程不是一蹴而就的，而是一个需要不断付出艰巨努力的动态过程。

　　由于适应性是教师对探究教学适应性的上位概念，因此以上关于适应性的本质属性也适用于教师对探究教学的适应性。即教师对探究教学的适应性的本质属性也包括这两个方面——教师对探究教学的适应性内容和适应过程。第一，在新课改倡导探究教学的教育环境下，教师需要对自身关于探究教学的认识、态度、能力与教学行为等进行调整和改变，从而实现与教育环境的平衡。教师关于探究教学的认识、态度、能力和教学行为等为适应性内容，是教师适应探究教学的基础，从静态视角反映了教师对探究教学适应性的本质属性。第二，教师对探究教学的适应过程反映了适应的动态变化，其中蕴含着教师对探究教学由不适应向适应转变的复杂机制和规律(如教师该怎样调整与改变自身关于探究教学的认识和行为等)。

　　总之，教师对探究教学适应性的本质属性包括适应性内容和适应过程两个方面，它们基本涵盖了教师对探究教学适应性的所有核心问题，包括探究教学适应问题产生的根源、适应的手段、教师关于自身调整与改变的内容、适应性的转变机制等。本书所要构建的适应性理论框架的宗旨就是要深入阐释教师对探究教学的适应性问题，揭示教师对探究教学的适应性转变机制和规律等。因此，本适应性理论框架(核心部分)将从教师对探究教学的适应性内容和适应过程这两个维度进行构建。

　　本书将分两章来构建适应性理论框架的核心部分。本章将构建适应性内容部分，第七章将构建适应过程部分。

二、中学物理教师对探究教学的适应性内容

由教师对探究教学适应性概念的内涵可知，教师为了适应探究教学的要求，需要对自身关于探究教学的认识、态度、能力和教学行为进行相应的调整与改变，从而实现与倡导探究教学的教育环境的和谐与平衡。这些需调整与改变的关于探究教学的认识、态度、能力和教学行为即教师对探究教学的适应性内容。

（一）认识适应

教师的认识信念会对他的教学设计、教学实施和教学评价等产生直接影响[①]，而教学设计、教学实施和教学评价都属于教学行为，因此教师的认识信念直接影响着他的教学行为。贝尔和皮尔森指出："教师对教学的认识对于他的教学实践有着重要的指引作用，如果不改变教师对教学的认识，就不可能改变他的课堂教学实践。"[②]对于探究教学来说，教师要表现出适宜的探究教学行为，首先对探究教学要具有正确的认识，因此认识适应是重要内容之一。

教师对探究教学认识适应的内容包括教师的教育理念、对科学素养的认识和对探究教学的认识三个方面。这是因为：

首先，教育理念反映了人们对教育愿景的认识，对教育教学实践具有重要的影响和指导作用。因此，人们常说"教育改革，理念先行"。由于我国有浓厚的授受式教学传统，教师的教育理念受授受式教学传统的影响比较深。为了适应探究教学的要求，教师的教育理念要进行相应的调整与改变，因此教育理念是认识适应的内容之一。

其次，科学素养是科学教学的总目标，而探究教学是培养学生科学素养的重要教学方式之一，探究教学与科学素养之间具有非常密切的联系。教师要适应探究教学的要求，对科学素养必须有正确的认识。

最后，对探究教学的认识是认识适应的核心内容。探究教学是教师适应的对象，教师对探究教学的认识直接影响和决定着教师的探究教学行为，从而影响和决定着探究教学的效果，因此对探究教学的认识是认识适应的核心内容。

1. 教育理念

在教育理念中，人们对教育的总体看法和认识即教育观。它处于教育理念中的最上层，对教育教学实践起着间接、宏观的影响和指导作用。由于教学是教育的主体部分和基本途径[③]，因此对教学的认识也是教育理念的重要内容。教师和学生作为教学活动的关键要素，教师对两者地位及其关系的认识对教学效果有重要的影响。因此，教师的教育理念主要包括教师的教育观、教学观和师生观。

为了适应探究教学的要求，教师的教育观、教学观和师生观要符合探究教学的要求，以便为教师开展探究教学实践提供思想上的准备。

[①] 喻平：《教师的认识信念系统及其对教学的影响》，载《教师教育研究》，2007(4)。

[②] B Bell & J Pearson, "I Know about LISP but How Do I Put It into Practice," *Research in Science Education*, 1991(21), p.30.

[③] 王策三：《教学论稿》2版，95页，北京，人民教育出版社，2005。

（1）教育观

我国于 20 世纪末提出的素质教育理念反映了新时代我国对教育本质、价值的认识，它也是本轮课程改革的指导思想，因此教师应树立以素质教育为导向的教育观。另外，由于探究教学是最先在科学教育领域出现、主要应用于科学教育领域的一种教学方式，因此教师对科学教育的本质和价值要有一定的认识和了解。

①教师的教育观应以素质教育理念为指导。

《中共中央 国务院关于深化教育改革，全面推进素质教育的决定》对素质教育内涵的界定是：素质教育以提高国民素质为根本宗旨，以培养学生的创新精神和实践能力为重点，造就"有理想、有道德、有文化、有纪律"的德智体美等全面发展的社会主义事业建设者和接班人。

从该定义可以看出，素质教育以培养和提高全体学生的综合素质为宗旨，以培养创新精神和实践能力为重点，以实现教育的社会功能和个体发展功能的统一为特征。探究教学要求学生主动探究，既动手又动脑，对于培养学生的创新精神与实践能力具有独特的优势，因此开展探究教学是素质教育的内在要求，教师对此应有充分的认识。另外，素质教育承担着提高全体国民素质的重任，它应着眼于提高全体学生的素质，而不是只面向少数绩优生。在实践中，有教师认为探究教学只适合少部分绩优生，这种认识是与素质教育中面向全体学生的理念相违背的，需要加以纠正。

②教师对科学教育的本质特征要有正确的认识。

教师对科学教育本质特征的认识对于科学教育实践具有重要的影响。受各种因素的影响，我国的广大教师对科学教育本质特征的认识还存在一些偏差，这会给探究教学的开展带来不利的影响。

综合已有的研究成果，笔者认为科学教育的本质特征有：科学教育以传授科学知识为基础，以掌握科学方法为关键，以培养科学态度和科学精神为灵魂，以培养科学素养为宗旨。

传授科学知识无疑是科学教育的基本任务，因为知识是科学的"躯体"[1]，科学巨人需要"知识"这个躯体的支撑。科学方法是科学研究的手段，正是由于各种科学方法的运用，人类对自然界的认识才越来越深入、全面，科学知识也才获得增长。科学态度影响人们对科学学习或从事科学研究的行为选择；科学精神不仅对从事科学研究的人具有指引作用，而且可让每个人受用终生。培养全体学生的科学素养无疑是科学教育的宗旨，它使学生能适应科学技术化的社会，满足日常工作、生活的需要。科学知识的教学和科学方法、科学态度、科学精神的培养，是不可分割的整体，都统一在科学素养培养的总目标上。教师应树立对科学教育本质的正确认识，克服各种认识上的偏差。

实践中教师常常把科学教学的重点放在讲解科学知识和概念上，而忽视科学精神、科学素养的培养[2]，这与科学素养的科学教育宗旨相违背，对探究教学的开展是一个很大的障碍，需要克服。

（2）教学观

凯洛夫的教学理论对我国教育界有很深的影响。[3] 教师的教学观也深受凯洛夫教学理

---

① 吴俊明等：《科学教育学·第一卷　科学教育基础》，71 页，北京，科学出版社，2008。

② 宋广文、李金航：《我国科学教育历史与现状的反思》，载《教育发展研究》，2001(9)。

③ 顾志跃：《科学教育概论》，313 页，北京，科学出版社，1999。

论的影响，这种教学观被称为传统教学观。这种教学观的特点可以用"三中心"来概括，即"教师中心、教材中心、课堂中心"。显然这种传统教学观与素质教育理念是相悖的，对探究教学的开展会产生非常不利的影响，因此必须予以变革。

根据教学观的本质，教学观可以从教学总目标、教学方法、"教"与"学"的关系这几个方面去体现。适应探究教学的教学观包括以下三方面的内容。

①科学教学的总目标是培养全体学生的科学素养。

科学教学的总目标是培养全体学生的科学素养，这是素质教育理念的必然要求。在我国，由于传统教学观念的影响，长期以来教师非常注重基本知识和技能的"双基"教学，而忽视科学方法、科学态度与科学精神的培养。[①] 科学方法、科学态度与科学精神是科学素养的重要组成部分，因此传统教学观不利于全面培养学生的科学素养。教师需要改变过分注重"双基"教学的传统，牢牢树立"培养全体学生科学素养"的教学目标观。另外，教师对教学目标的认识也直接影响着对教学方法的选择。如果教师认为教学目标只是掌握知识和技能，在教学方法上则会偏向于授受式教学；如果教师树立了"培养全体学生科学素养"的教学目标观，则会倾向于根据教学内容综合采用讲授、讨论、探究等多种教学方法。由于探究教学对培养科学方法、科学态度和科学精神具有独特优势，因此这种教学目标观是探究教学的内在要求。

②应根据教学目标、教学内容及学生特点等因素灵活选择恰当的教学方法。

每一种教学方法都有其优势和不足，教学方法的选择要根据具体的教学目标、教学内容及学生特点等因素灵活地选择。所有的教学活动都是围绕着教学目标来进行的，每一种教学目标都对应着其合适的教学方法。[②] 因此，教学目标是影响教学方法选择的首要因素。例如，授受式教学对实现知识与技能目标具有显著的优势，而探究教学的优势在于实现科学方法以及科学态度与科学精神等方面的目标。由于教学目标需要凭借教学内容来实现[③]，因此教学内容的特点也是选择教学方法时重点考虑的因素。例如，在物理教学中：概念课的教学采用讲授为主、辅之以实验的方法则简洁、高效；规律课的教学一般宜采用探究教学，这可以使学生亲身经历探索规律的过程，在科学方法方面得到训练，增进对科学的兴趣，培养质疑、实证、创新等科学精神。学生是教学的对象，学生的认知发展水平、个性心理特征等也是选择教学方法时需要考虑的因素。

③教学过程是"教"与"学"的辩证统一。

"教"与"学"是教学过程中不可分割的两个方面，两者相互依存、相互作用、辩证统一。相互依存体现在两者各以对方的存在为前提。"教"离不开"学"，离开了"学"的"教"是教师的独白或表演，不能称为教学；"学"离不开"教"，离开了"教"的"学"是自学。相互作用体现在教师的"教"对学生的"学"产生重要的作用和影响。学生在教师的讲授、指导和帮助下，使自己在知识、技能等方面得到提高；反过来，学生的学习表现又对教师的教学产生反馈，教师根据学生的反馈调整自己的教学策略等。因此，"教"与"学"是辩证统一的关系。

---

①　徐书业：《中小学科学教育的价值定位》，载《教育发展研究》，2000(8)。

②　乌美娜：《教学设计》，178页，北京，高等教育出版社，1994。

③　李秉德：《教学论》，13页，北京，人民教育出版社，1991。

（3）师生观

师生观是对教师和学生在教学中的地位及其相互关系的认识。为了适应探究教学的需要，教师应树立"教师的主导作用和学生的主体地位相结合"的师生观，其具体内容包括以下三方面。

首先，教师是教学过程的主导。学生在教师的教授、指导和帮助下，实现对人类文明成果的消化和吸收，使自己在知情意等方面获得发展。显然，这种认识过程离不开教师主导作用的发挥。

其次，学生是教学过程的主体。学生借助于教师的教授、指导和帮助，发挥自己的主观能动性，把对外部世界的认识内化到自己的认知结构中去，使自身获得发展。这种认识过程必须由学生自己来完成，而不能由其他人包办或代替。

最后，教师的主导作用与学生的主体地位之间要取得一种适当的平衡，而不能偏于某一方面，这样才能取得好的教学效果。这也是教师应具有的师生观的关键和核心。在该师生观的指导下，教师在开展探究教学的过程中，既要给学生充分的自主探究机会，如尽量让学生自己提出问题和假设、自己设计研究方案等，也要充分发挥教师的主导作用，如教师组织探究活动、为学生提供指导和帮助，师生共同努力以实现探究教学的目标。实践中，由于我国授受式教学传统很浓厚，教师的主导作用很强，学生的主体地位发挥不够，应纠正这种偏差。

2. 对科学素养的认识

教师对科学素养的认识主要包括两个方面的内容：认识科学素养的内涵，认识科学素养与探究教学的关系。

（1）认识科学素养的内涵

科学素养是核心素养的重要组成部分[1]，对科学素养内涵的认识影响着探究教学优势的发挥。探究教学在培养学生的科学探究能力、科学本质观、科学态度与科学精神等方面具有其他教学方式不可替代的价值和优势。它们都是科学素养内涵的重要内容。如果教师对科学素养的内涵有正确的认识，则会在探究教学中自觉地、有针对性地加强对这些素质的培养，从而使探究教学的价值和优势得到很好的发挥。

最早使用科学素养这一词的是美国教育家科南特。科南特所讨论的科学素养针对的是大学通识教育，把科学素养引入基础教育领域的是美国科学教育家赫德。[2]

此后一些学者或机构对科学素养的内涵进行了研究，提出了各自的观点。

美国威斯康星大学科学素养研究中心的佩拉认为科学素养包括六个维度的内容：基本的科学知识，科学的本质，科学的伦理，科学和社会的相互关系，科学和人类的关系，科学和技术的关系。[3]

美国俄亥俄州立大学的肖沃尔特等人提出科学素养应该包括以下7个维度的内容：科学本质，科学中的概念，科学过程，科学的价值，科学和社会的关系，对科学的兴趣，

---

① 王泉泉、魏铭、刘霞：《核心素养框架下科学素养的内涵与结构》，载《北京师范大学学报（社会科学版）》，2019（2）。

② 王晶莹：《中美理科教师对科学探究及其教学的认识》，博士学位论文，华东师范大学，2009。

③ 魏冰：《科学素养教育的理念与实践：理科课程发展研究》，6页，广州，广东高等教育出版社，2006。

与科学有关的技能。①

　　国际科学素养发展中心(芝加哥)主任米勒提出了科学素养的三维模式：科学概念，科学过程与科学方法，科学与社会、技术的关系。②

　　国内学者蔡志凌提出科学素养包括 3 个维度的内容：科学知识和技能，科学的过程、方法与能力，科学、技术与社会。③

　　陈博、魏冰认为科学素养应包括 6 个方面的内容：拥有科学知识；能用科学知识处理个人和社会生活中的问题；理解科学的本质及科学、技术与社会之间的关系；具有科学探究技能；对科学保持积极的态度，并对科学感兴趣；能用科学的态度与他人进行交流。④

　　中华人民共和国国务院 2006 年印发的《全民科学素质行动计划纲要(2006—2010—2020 年)》中对科学素质(养)的界定为："科学素质是公民素质的重要组成部分。公民具备基本科学素质一般指了解必要的科学知识，掌握基本的科学方法，树立科学思想，崇尚科学精神，并具有一定的应用它们处理实际问题、参与公共事务的能力。"

　　由此可见，我国把科学素质(养)划分为 4 个方面的内容，即科学知识，科学方法，科学精神，运用科学知识、方法解决实际问题和参与公共事务。

　　以上各学者或机构关于科学素养内涵的界定各有侧重。总体来说，国外的划分比较细致，但各个维度之间的逻辑关系不是很清晰。例如，肖沃尔特的划分中"对科学的兴趣"和"科学的价值"之间有交叉和重叠，其实两者都属于科学态度或科学精神的范畴。国内对科学素养的界定和对科学素养的划分比较全面和科学，存在的不足是没有把科学态度、科学本质纳入科学素养中。

　　综合国内外已有的研究成果，笔者认为科学素养应包括科学知识、科学方法、科学态度与科学精神、科学本质、运用科学解决实际问题的能力 5 个方面的内容。教师应全面、准确地认识科学素养的内涵，而不应只关注其中某一两个方面的内容。

　　(2)认识科学素养与探究教学的关系

　　对科学素养与探究教学关系的认识影响教师开展探究教学的积极性。探究教学是培养科学素养的重要且有效的途径和方式，如果教师能认识到两者的这种密切关系，则会积极、主动地开展探究教学。

　　探究教学在培养学生掌握科学方法、形成科学态度与科学精神、认识科学本质，以及发展解决实际问题的能力方面具有独到的价值和优势，即探究教学是培养科学素养的有效途径和方式。对此教师应有正确、深刻的认识。

　　①探究教学能让学生经历科学研究的过程，体验和掌握科学研究的方法。

　　科学研究方法不能由教师直接"教"给学生，而应该由他们自己在研究问题的过程中逐渐领会和掌握。探究教学是对实际科学研究的模拟，学生要亲自运用各种科学研究方法来完成对某个问题的探究，因而他们对科学研究方法的掌握深刻而牢固，并且培养了

　　①　魏冰：《科学素养教育的理念与实践：理科课程发展研究》，6 页，广州，广东高等教育出版社，2006。

　　②　魏冰：《科学素养教育的理念与实践：理科课程发展研究》，6 页，广州，广东高等教育出版社，2006。

　　③　蔡志凌：《中学物理教师科学素养的调查与分析》，载《课程·教材·教法》，2004(6)。

　　④　陈博、魏冰：《科学素养概念三种取向的界定》，载《上海教育科研》，2012(2)。

应用科学研究方法的能力。

②探究教学有利于培养学生的科学态度与科学精神。

科学态度与科学精神比科学知识更加隐蔽，而且很难被物化，学生很难直接从书本或教师的讲授中获取，而一般要在相关的实践活动中形成和掌握。探究教学让学生经历类似于科学研究的实践过程。在此过程中，他们的科学态度（如严谨、认真等）与科学精神（如实证精神、创新精神等）得到了很好的培养。

③探究教学有利于培养学生运用科学知识和科学方法解决实际问题的能力。

探究教学是以问题为中心的，探究的过程就是一个提出问题、分析问题和解决问题的过程。物理探究教学中的问题一般与实际生产、生活密切相关。学生在提出问题的过程中要留心观察生产、生活的实际情境，在分析、解决问题的过程中需要运用所学的科学知识和科学研究方法。在此过程中，学生还要学会与他人进行合作与交流。这些活动都能很好地锻炼和培养学生解决实际问题的能力。

3. 对探究教学的认识

教师对探究教学的认识直接影响着他们的探究教学行为，从而影响着探究教学的效果。教师对探究教学的认识主要包括对它的时代背景和内涵的认识，这些认识对教师的教学行为具有重要的影响。

（1）认识探究教学的时代背景

我国本轮课程改革大力倡导探究教学，是顺应世界科学教育改革潮流的必然选择。教师为了适应探究教学，要对探究教学的历史、时代背景具有清晰的认识。第一，可以使教师了解探究教学的来龙去脉，消除认识上的一些误区。第二，可以使教师理解国家倡导探究教学的缘由，增强开展探究教学的责任感和使命感。国际上，世界各国都把科学探究作为科学教育改革的核心理念。我国科学教育的历史相对较短，授受式教学的传统很浓厚。此背景凸显出我国开展探究教学的紧迫性和艰巨性。开展探究教学的主体是教师，教师认识到这种紧迫形势后，可以变压力为动力，积极探索探究教学的规律，努力适应探究教学的要求，积极主动地开展探究教学。

探究教学的思想最早可以追溯到 20 世纪初美国实用主义教育家杜威。[①] 杜威指出科学教学不仅应传授知识，更重要的是要让学生掌握科学方法，而途径就是让学生进行探究学习。杜威认为探究在本质上是一种反省思维。他对探究过程中的思维阶段进行了划分，据此提出了探究教学的五步教学程序。[②]

我们今天所说的科学探究以及探究教学在很大意义上是从施瓦布开始的[③]，他提出了系统的探究教学理论并把它应用于科学教学实践中。施瓦布认为，科学的本质是探究，而作为探究的科学（science as inquiry）只有通过探究教学（teaching by inquiry）的方法才能真正被理解，学生应在探究过程中学习科学知识，掌握科学方法，使科学知识、科学方法和探究过程相结合。

20 世纪 80 年代以来，随着科学技术的迅猛发展，世界各国都把培养学生的科学素养

---

① 柴西琴：《对探究教学的认识与思考》，载《课程・教材・教法》，2001(8)。

② 徐学福、宋乃庆：《20 世纪探究教学理论的发展及启示》，载《西南师范大学学报（人文社会科学版）》，2001(4)。

③ 周仕东：《科学哲学视野下的科学探究教学研究》，博士学位论文，东北师范大学，2008。

作为科学教育的总目标。由于在培养科学素养方面的独特价值和优势，探究教学再次得到了重视与发展。美国于 1985 年启动了 2061 计划，其宗旨是通过科学教育改革，全面培养学生的科学素养。由于探究教学是培养科学素养的有效方法，据此他们提出了探究教学的目标和一般操作程序。[①] 1996 年，美国国家研究理事会推出了《国家科学教育标准》。该标准高度重视和倡导探究教学，科学探究贯穿于始终。

美国的《国家科学教育标准》把科学探究作为科学教育核心的理念对世界各国的科学教育改革产生了深远的影响。世界各国纷纷把科学探究的课程理念吸收到本国的科学教育改革中。我国本轮基础教育课程改革也是在国际基础教育课程改革的背景下进行的，科学探究也被作为重要的教学理念和教学方式加以推广。课程改革的纲领性文件《基础教育课程改革纲要（试行）》和各理科课程标准对探究教学的指导思想、实施策略等做出了总体部署和具体要求。

（2）认识探究教学的内涵

认识探究教学的内涵是认识适应的核心内容。关于探究教学内涵的具体内容已经在第三章中进行了详细阐述，以下从教师的角度，论述教师认识探究教学内涵的必要性。

①认识探究教学本质的需要。

要全面、深刻地认识某个事物，必须达到对它本质的认识。根据马克思主义认识论，感性认识要上升到理性认识的高度，才能达到对事物本质的认识。概念是理性认识的最基本形式，是客观事物的本质属性在人的思维中的反映。概念由内涵和外延组成，内涵是概念所反映对象的本质属性，外延是概念所反映对象的范围。[②] 所谓本质属性，是指使某事物成为该事物并区别于其他事物的属性，本质属性必定为该事物所特有，而其他事物普遍不具有。

探究教学的内涵揭示了探究教学的师生地位、探究要素、教学目的等本质属性：探究教学的师生地位是"以学生为中心，教师提供指导和帮助"，探究教学涉及的科学探究要素有"问题、假设、证据、结论、交流"，探究教学的目的是"培养科学素养"。这些本质属性是探究教学所共有的，而其他教学方式（如授受式教学、实验教学）不具有。因此，教师把握了探究教学的内涵，也就把握了探究教学的本质。

②可以消除对探究教学认识上的误区。

由于内涵揭示了事物的本质属性，即该事物所具有，而其他事物不具有的属性，因此把握了事物的内涵，就可以区别该事物与其他易混淆的事物，消除认识上的误区。根据文献研究和实证研究的结果，教师对探究教学的认识还存在一些误区，如认为"探究就是研究变量之间的关系""探究就是做实验""启发也是探究"等，会对他们的探究教学实践产生不利影响。这些误区是教师对探究教学的内涵认识不清造成的。因此，为了消除对探究教学认识上的误区，教师对探究教学的内涵要有正确的认识。

③指导探究教学实践的需要。

理性认识有两大功能：一是达到对事物本质和规律的认识；二是理性认识回到实践中去，发挥对实践的指导作用。[③] 实践本身也需要理性认识的指导，否则它就是盲目的实

---

①　严文法、李彦花：《美国科学探究教学的历史回顾与启示》，载《课程·教材·教法》，2010(8)。
②　温公颐：《逻辑学基础教程》，21 页，天津，天津人民出版社，1987。
③　汪信砚：《马克思主义哲学概论》，483 页，北京，人民出版社，2011。

践，不能取得好的效果。对探究教学内涵的认识是一种理性认识，它可以发挥对探究教学实践的指导作用。

我国的探究教学实践中还存在一些不良的倾向：让学生按照固定的模式进行探究，使探究教学走向程式化①；探究教学的宽泛化，认为让学生动手、动脑就是探究；学生的主体性发挥不够，教师代替学生探究；等等。根据对探究教学内涵的界定，探究教学一般包含探究教学的要素，但不能程式化，而要充分发挥学生的主体性，因此这几种倾向都偏离了探究教学的本质，不利于实现探究教学的目标。如果教师正确认识了探究教学的内涵，则可以避免实践上的这些误区，有效地指导他们的探究教学实践。

（二）态度适应

态度是个体面向态度对象（事物或人）的一种心理准备状态。个体的态度与行为之间有着密切的联系，态度是影响行为的重要因素。② 在教育领域，教师的态度对其教育、教学行为有重要的影响。教师的态度是影响其采取新的教学法的重要因素之一。因此，为了适应探究教学的要求，教师要建立对它的积极态度。

根据心理学的研究，态度包含认知、情感和行为倾向3种成分。③ 认知成分主要是对事物的了解和评价，并且这种了解通常含有价值判断的内容；情感成分是个体对态度对象的情绪与情感；行为倾向是建立在对态度对象的认知、情感基础上的行为准备状态，会对主体的行为产生影响。态度的这3种成分密不可分，共同组成一个有机的整体。认知是情感和行为倾向的基础，而认知和情感又共同影响行为倾向。④

根据心理学中关于态度的成分理论，教师对探究教学的态度也应包括认知、情感和行为倾向3种成分，它们共同构成了教师对探究教学态度适应的内容。

1. 认知成分

由态度理论可知，态度中的认知成分并不是关于态度对象的所有认识，而主要是关于态度对象的价值判断方面的认识。⑤ 因此，教师关于探究教学态度的认知成分，主要是对探究教学的价值和意义方面的认识。

为了形成关于探究教学的积极态度，教师对探究教学的价值和意义要有充分、正确的认识。探究教学的价值和意义主要包括以下几个方面。

（1）探究教学可以让学生经历科学探究的过程

探究教学与其他教学方式的最大区别是学生可以经历科学探究的过程，亲自去"做"科学，而不是"读"科学或"听"科学，它们早在20世纪初就被杜威尖锐地批评过。学生通过探究教学，可以亲身体验知识的获取过程，而不是被动接受书本或教师直接告诉的结论，探究教学会使他们对知识的理解和掌握更牢固、深刻。另外，学生通过探究学习，经历了类似科学家的科学探究过程，可以增强对科学本质的理解，如认识到科学不仅是

① 郭玉英：《学生的科学探究能力：国外的研究及启示》，载《课程·教材·教法》，2005(7)。
② [美]巴伦、[美]伯恩：《社会心理学》，杨中芳等译，149页，上海，华东师范大学出版社，2004。
③ 佐斌：《社会心理学》，157页，北京，高等教育出版社，2009。
④ 佐斌：《社会心理学》，124页，北京，高等教育出版社，2009。
⑤ 申荷永：《社会心理学：原理与应用》，104页，广州，暨南大学出版社，1999。

知识体系，而且蕴含着科学方法与科学精神等。

（2）探究教学可以培养科学探究能力

心理学研究表明，能力的形成要通过对某种活动的直接体验。① 同理，科学探究能力也不能由教师直接"教"给学生，而必须通过学生自己经历探究过程，从探究活动中去感悟、领会和掌握。学生在进行探究学习时，需要经历类似科学研究的过程，从而对科学探究有直接的体验。在此过程中，他们的探究能力得到了很好的锻炼和培养。传统的授受式教学中，学生以学习间接知识为主，缺乏亲身经历科学探究的体验，因此探究能力的培养受到了很大的限制。

（3）探究教学可以培养学生对科学的兴趣

杜威认为，人生来就具有探究的天性，儿童尝试着运用他自己的方式探究周围的陌生世界，获得对周围世界的认识，体验到了探究的乐趣。② 但是如果后天教育不当，则会让这种天性受到压抑而变得荒芜。探究教学充分顺应和发挥了学生的探究天性，在探究过程中他们的好奇心、探索欲得到了满足，从而让他们觉得学习科学是快乐的。另外，学生通过探究学习，可以获得关于科学的大量感性经验。这些感性经验形象、生动、直观，使学生觉得科学就在他们身边，也感受到了科学的神奇和美好，从而增强了对科学的兴趣。

（4）探究教学可以培养科学精神

科学精神一般包括质疑精神、实证精神、实践精神和创新精神等③，而探究教学可以有效地培养这些科学精神。

首先，探究教学可以培养质疑精神。探究教学为学生提供了丰富的质疑机会，并激励学生去质疑和探究。例如，探究教学过程中，经常会出现与学生原有知识、经验不一致的现象和结论，会引起学生对原有知识、经验的质疑，激励他们进一步去思考和探究。

其次，探究教学可以培养实证精神。实证的核心是要求知识建立在可靠证据的基础上，而证据一般要经观察和实验得来。学生的探究学习过程就是一个寻求证据、分析证据的实证过程。由于学生亲身经历了这一实证过程，他们的实证精神得到了很好的培养。

再次，探究教学可以培养实践精神。探究教学中，学生需要根据实践中的经验或现象提出问题、猜想与假设，然后运用观察、实验等实证方法验证所提出的猜想与假设，最后还要运用所得到的结论去分析与解释实践中的问题。因此，探究学习本质上也是一个实践的过程，学生的实践精神得到了培养。

最后，探究教学可以培养创新精神。探究教学不是把现成的知识灌输给学生，而是让他们自己去探求知识。在此过程中，学生会面临许多困难和挑战，为此他们需要充分发挥主观能动性以应对困难和挑战，因而创新精神得到了培养。

2. 情感成分

为了适应探究教学的要求，教师要建立对探究教学的积极情感，即接受、赞同和欣赏探究教学，为形成对探究教学的积极行为倾向奠定基础。

教师只有形成了关于探究教学的积极情感，才会产生乐于开展探究教学的心理倾向，

---

①　毕晓白、张志文：《培养学生科学探究能力初探》，载《课程·教材·教法》，2000(9)。

②　韦冬余、赵璇：《杜威"探究教学"中儿童与教师的角色定位探析》，载《青岛大学师范学院学报》，2011(4)。

③　王大珩、于光远：《论科学精神》，313页，北京，中央编译出版社，2001。

从而积极地开展探究教学。如果教师在心理上讨厌、拒绝或排斥探究教学，那么这些消极情感会阻碍他们开展探究教学。例如，有教师认为，"实施探究教学，付出和收获不成比例""探究看起来很热闹，但实际留下的东西很少"，显然他对探究教学缺乏正向、积极的情感，导致他开展探究教学的行为倾向很弱，在平时教学中开展探究教学的频率很低。

由于情感成分是在关于事物的认知基础上形成的，因此，教师要建立关于探究教学的积极情感，首先应形成关于它的正确认知（主要是认识探究教学的价值和意义）。然后在此基础上，通过观摩学习、探究教学实践以及教学反思等多种方式，逐渐形成、加深关于探究教学的积极情感。

3. 行为倾向成分

由于行为倾向是行为的心理准备状态，它直接指向行为，因此它对行为的影响直接而深刻。主体形成了关于态度对象的行为倾向后，为产生相应的行为做了心理上的准备，从而在平时易于产生相应的行为。

鉴于行为倾向对行为的重要影响作用，要使教师积极主动地开展探究教学，应先使他们建立对探究教学的积极行为倾向，愿意积极主动地开展探究教学。教师对探究教学的积极行为倾向的表现有：在平时的教学中乐于开展探究教学，能为探究教学创造条件努力克服困难。例如：自制实验仪器设备，在实验室数量不够周转时尽力在教室进行探究教学；愿意学习探究教学的有关理论知识和实践案例，努力提高探究教学的水平；愿意积极向周围的同事和同行宣传、推广探究教学，努力发挥自身的示范和引领作用等。

总之，教师应在认知、情感和行为倾向 3 个方面都建立起对探究教学的积极态度，即在认知上要认识到探究教学的重要价值和意义，情感上喜欢、赞同和接受探究教学，行为倾向上愿意积极主动地开展探究教学。这些是教师对探究教学在态度适应方面的内容。

（三）能力适应

能力在完成活动任务中占有重要的地位和作用。为了适应探究教学的要求，教师除了应具备对探究教学的正确认识和积极态度以外，还必须具备实施探究教学的相应能力。教师除了应具备一般的教育教学能力外，还应重点掌握体现出探究教学要求的能力。根据探究教学的自身特点，教师应重点掌握的、体现出探究教学要求的能力有：科学探究能力，探究教学的组织与管理能力，探究教学机智。[①]

1. 科学探究能力

培养学生的科学探究能力是探究教学的重要教学目标之一。该教学目标的实现需要师生双方的共同努力：学生需要在教师的指导和帮助下，通过开展各种科学探究活动，使科学探究能力得到培养和提高；教师在探究教学中承担指导者、帮助者的角色，为学生的探究活动提供所需的指导和帮助。为了保证指导的质量和效果，教师必须具备扎实的科学探究能力。

科学探究能力包括一般的科学探究能力和探究技能。根据各学科课程标准对学生科学探究能力的要求，并结合教师专业素质的特点，教师应具备的一般的科学探究能力主要有六种，它们分别是提出问题的能力、猜想与假设的能力、制订探究方案的能力、获取事实与证据的能力、分析与论证的能力、表达与交流的能力。其具体内涵见表 6-1。

---

① 谢绍平：《论教师适应探究教学应具备的三种能力》，载《教育探索》，2016(8)。

表 6-1　教师应具备的一般的科学探究能力

科学探究能力	内涵
提出问题的能力	①能从日常生活、自然现象和实验现象的观察中发现与科学有关的问题; ②能对所发现的问题进行分析和评价,判断其是否适合探究; ③能运用书面或口头语言准确表述所要探究的问题。
猜想与假设的能力	①能根据已有的知识和经验对问题的成因提出多种、合理的猜想与假设; ②能对各种可能的猜想与假设进行比较和分析,判断其合理性和可行性; ③能准确理解猜想与假设的异同,善于把猜想转化为假设。
制订探究方案的能力	①能根据探究目的和已有实验仪器条件,制订合理的探究方案; ②在探究方案的设计中能很好地运用控制变量的思想; ③能根据探究问题的具体情况,选择合适的探究方法。
获取事实与证据的能力	①能通过观察、调查、实验、查阅资料等多种手段获取事实与证据; ②能对所获取的事实与证据进行分析、处理,具有减小误差的意识; ③具有观察、测量、分类、预测、控制变量等探究技能。
分析与论证的能力	①能判断、评估证据的可靠性,剔除不可靠的证据; ②能根据事实与证据所提供的信息,通过逻辑推理得到结论; ③能对所获得结论的可靠性及误差进行分析和评估。
表达与交流的能力	①能用语言、文字、图表等多种方式准确表述科学探究的过程与结论; ②能在探究过程中与他人密切合作,实现彼此观点的交流与共享; ③能运用传统交流手段(如面对面的交流)和现代信息技术手段(如网络)进行科学探究活动的交流。

另外,由于技能是形成能力的重要基础,教师还应熟练掌握科学探究所需要的相应技能,即科学探究技能(又被称为科学过程技能)。常用的科学探究技能有观察、测量、分类、推理、预测、控制变量、假设和解释等。[①] 教师应通过直接的科学探究训练达到对这些科学探究技能熟练掌握的目标。

2. 探究教学的组织与管理能力

探究教学比传统授受式教学的课堂更加开放,更容易出现教学秩序混乱、纪律松散、学生注意力不集中等问题,因此,探究教学对教师的组织与管理能力提出了更高的要求。根据探究教学的特点,可以把探究教学的组织与管理能力划分为四种,即制订探究教学管理常规的能力、处理学生问题行为的能力、组织探究教学的能力和创设探究教学环境的能力。

(1)制订探究教学管理常规的能力

探究教学管理常规为探究教学的组织与管理提供了制度保障,使师生的探究教学行为有章可循,避免探究教学管理的盲目性和随意性。为了保证探究教学的有序开展,教师需要具备制订探究教学管理常规的能力。

教师在制订探究教学管理常规时需要注意以下三方面的问题。首先,探究教学管理常规要紧紧围绕探究教学管理的目标而制订。探究教学管理的目标是保障探究教学的效

---

① ［美］阿瑟·A.卡琳、［美］乔尔·E.巴斯、［美］特丽·L.康坦特:《教作为探究的科学》,44页,北京,人民教育出版社,2008。

率和效果：效率体现在对教学时间的充分利用上，效果则体现在学生对探究教学目标的完成上。探究教学管理常规中通过设置有关管理制度，为保障探究教学的效率和效果而服务。其次，根据探究教学管理的目标，确定探究教学管理常规的具体内容。探究教学管理常规的内容一般包括时间管理、课堂监督、教学行为管理、安全管理、仪器设备管理等。教师要根据探究教学的实际情况，对这些内容进行细化，制订相应的详细管理制度。最后，制度探究教学管理常规的目的是对教师教学行为和学生学习行为的约束与规范。因此，在制订探究教学管理常规时，要分别从教师角度和学生角度进行综合考虑，而不能只偏重某一方面。

美国学者洛桑提出了一个关于探究教学管理常规的样例（表 6-2），可供教师在制订探究教学管理常规时参考和借鉴。

表 6-2　探究教学管理常规样例[①]

维度	内容
时间管理	①教师要用有效的手段快速吸引学生的注意力； ②教师的引导语和过渡语要简短、清楚、准确； ③教师要告诉学生探究活动的目标和所给予的时间； ④确保课堂的大部分时间被用于与探究学习有关的活动。
课堂监督	①教师要在合情合理的基础上，有效地维护课堂纪律； ②对于违反课堂纪律的行为，教师不要尝试与学生讨价还价，而应该果断地处理； ③教师要在学生中多巡视，以确保他们在进行探究活动。
学生协作	①学生分组的人数应尽量少一些，使用策略确保每个学生都有效地参与到探究活动中去； ②使每个学生在探究活动中都要承担一定的任务和职责。
仪器设备的管理	①要求学生为保持仪器设备的清洁和良好工作状态负责； ②制订合理的仪器设备使用常规（如电学仪器的使用常规、玻璃器皿的使用常规等）； ③教学中当仪器出现问题时，能及时帮助学生解决或亲自解决。
安全管理	①安全规则要张贴在实验室的显眼位置，并在实验开始前要强调； ②告诉学生到哪里去寻找安全装备，怎样使用它们； ③对于不安全的实验室行为，有处理办法和记录。

（2）处理学生问题行为的能力

探究课堂上学生的自主活动较多，部分自控力弱的学生可能会做一些与学习无关、干扰课堂教学秩序的事情，如随意摆弄仪器设备，在教室里乱走动，或者无所事事。对于探究课堂上学生出现的问题行为，教师需要及时、灵活地加以应对与处理，否则将会影响到探究教学的效率和效果。

为了应对与处理探究课堂上学生的问题行为，教师可采取以下一些方法与策略。

----

① Anton E Lawson，*Teaching Inquiry Science in Middle and Secondary Schools*，London，SAGE Publications Inc.，2010，p.178.

①以学习任务驱动为导向。

问题行为发生的一个重要原因是部分学生忽视学习任务，而把精力分散在与学习任务无关的活动中。为了避免这种状况，教师应以学习任务驱动为导向，即在探究教学开始时，使学生明确所要承担的探究学习任务，督促并指导学生努力完成它，以使学生的精力集中在探究学习活动中，并根据学习任务的完成情况采取必要的奖惩措施，这样就能有效减少问题行为的发生。

②加强对探究课堂的巡视与监督。

教师要加强对探究课堂的巡视与监督，督促学生全身心地投入探究学习活动中；及时发现学生的问题行为，并采取相应的处理措施。在探究教学实践中，一些教师由于疏于对探究课堂的巡视与监督，以致学生的问题行为不能及时地得到制止和纠正，这将严重影响探究教学目标的实现，为此，教师应采取相应措施，防止这些不良行为的发生。

③对问题行为的处理要及时、恰当。

对于学生在探究课堂上的问题行为，教师要及时、恰当地进行处理，遵循严格要求与关心帮助相结合的原则，切忌简单粗暴。严格要求体现在对学生的问题行为要及时发现、坚决制止上；关心帮助则体现在对学生在探究学习中遇到的困难和障碍，要及时提供相应的指导和帮助上，帮助学生顺利完成探究学习的任务。

（3）组织探究教学的能力

探究教学的组织是指教师和学生按照一定的时空结构组合起来，以完成特定的探究教学任务。探究教学的组织分为探究活动的组织和人员的组织，在此过程中教师需要具备相应的组织能力。

①探究活动的组织。

探究活动的组织包括对探究活动的开展形式和探究过程的组织，具体如图 6-1 所示。

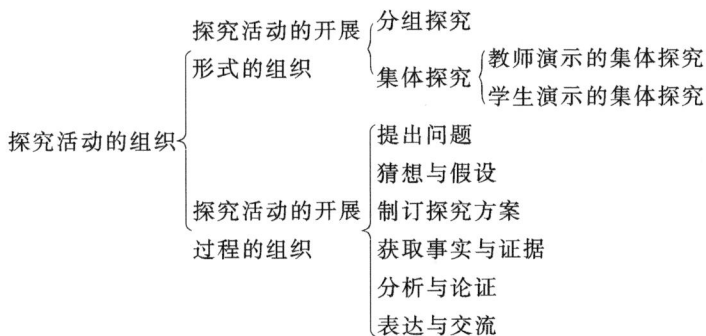

图 6-1　探究活动的组织

探究活动的开展形式一般有分组探究和集体探究两种。分组探究的开放性强，学生的主体性发挥充分，因此最好采取分组探究的形式。但受课时、实验仪器以及学生能力基础等诸多条件的限制，有时也采取集体探究的形式。集体探究又可细分为教师演示的集体探究和学生演示的集体探究两种方式。教师演示的集体探究是由教师进行演示实验，全班学生对实验现象进行观察与思考，然后师生继续共同完成其他的探究活动；学生演示的集体探究是由部分学生在教师的指导下进行演示实验，其他学生对实验现象进行观察与思考，然后师生继续共同完成其他的探究活动。

教师应根据课时、探究内容、学生能力等实际情况，灵活确定各探究环节的时间安排。另外，在探究过程中把握好师生的角色和定位，尽量由学生进行自主探究，教师对学生的探究活动进行指导和帮助。

②人员的组织。

分组探究的人员组织包括对学生的分组和小组内各成员的学习任务分工。每个探究小组的学生一般以 2～4 人为宜。小组的人员组成一般应遵循互补性原则，即小组内各成员在知识、能力等方面各有所长。这样可以实现优势互补，有利于保证探究学习的效率和效果。另外，小组内各成员的学习任务分工要明确、合理，使每个成员都承担一定的探究学习任务。

集体探究的人员组织包括演示实验和其他探究活动的人员安排。对于教师演示的集体探究，教师在演示的过程中应注重对学生思维的启发与引导，其他探究活动应尽量由学生去完成。对于学生演示的集体探究，应先随机抽选部分学生上讲台进行演示实验的操作，然后再组织全体学生完成后续的其他探究活动。

(4)创设探究教学环境的能力

探究教学环境是指开展探究教学所必需的各种外在条件的综合，它包括物质环境和非物质环境两个方面。为了保证探究教学的顺利开展，教师需要具备创设探究教学环境的能力。

①探究教学物质环境的创设。

探究教学物质环境的创设主要包括实验室的安排与协调，以及实验仪器设备的准备、维护与制作。由于中小学的实验室数量相对有限，一般采取多个班级或多个学科共用一间实验室的方式，因此教师要协调好探究教学的上课时间，以尽量保证探究教学在实验室中实施。对于一些简单的探究实验，也可以把所需的实验仪器搬到教室里来开展。

教师对所在学校的实验仪器配备情况要非常熟悉，以便事先对探究实验的开展做好规划和安排。在探究教学实施之前，教师要根据探究实验的内容与学生分组情况，为探究教学准备好充足、可靠的实验仪器设备。教师还需要具备实验仪器设备的基本维护技能，能分析、处理实验仪器设备的常见故障。另外，为了克服实验仪器数量不足、种类不够的困难，教师需要具备自制简单的实验仪器与教具的能力。

②探究教学非物质环境的创设。

探究教学的非物质环境主要是指探究教学的课堂氛围和人际关系环境。

第一，教师要创设宽松、有序的探究教学课堂氛围。探究教学对学生知识、能力的要求较高，宽松的课堂氛围可以减轻学生心理上的压力，使学生在轻松、愉快的心情中进行探究学习。教师要给学生留出开展探究活动的充足时间，容许他们在探究过程中犯错，并耐心帮助他们纠正错误。有序的课堂氛围体现为探究教学的纪律良好、课堂秩序"散而不乱"。教师可以通过制订科学、合理的探究教学管理常规以及加强探究教学的课堂管理等措施，创设有序的探究教学课堂氛围。

第二，教师要创设民主、和谐的探究教学人际关系环境。民主、和谐的人际关系环境使学生真正有独立探究的机会和愿望，而不是被教师直接引向问题的答案。[1] 教师要充分尊重学生的主体地位，给学生提供充足的自主探究机会；鼓励学生在探究过程中进行充分的交流与合作，促进师生之间和学生之间的信息交流和情感交流。

---

① 靳玉乐：《探究教学的学习与辅导》，10 页，北京，中国人事出版社，2002。

3. 探究教学机智

在参考其他学者关于教学机智定义①②③的基础上，笔者认为，探究教学机智是指教师在特定的探究教学情境中，面对复杂的、超出预想的探究教学疑难问题和事件时，敏捷、迅速、恰当地判断和处理这些教学问题与事件的能力。由于教师对探究课堂的控制力比较弱，因此，探究课堂上时常会出现许多超出教师预想的问题和事件，需要教师去灵活应对和处理，即教师需要具备探究教学机智。

根据探究教学问题与事件的来源不同，探究教学机智可分为处理疑难问题的机智、处理教学失误的机智和处理课堂偶发事件的机智。

(1)处理疑难问题的机智

在探究教学过程中，一方面，学生运用多种感官与外界环境相互作用，探究教学活动为学生提供了丰富多样的感性刺激；另一方面，囿于学生自身知识和经验的不足，这些感性刺激会使他们产生许多疑惑和问题。因此，教师需要运用教学机智来灵活应对和处理这些超出预想的疑难问题。

第一，教师要具备渊博的专业知识，对学生常见的疑难问题做到"胸有成竹"。例如，在某教师的"探究浮力的影响因素"探究课堂上，该教师讲到"用硫酸铜溶液代替盐水来做这个实验的效果更明显，因为硫酸铜的密度比盐水的大"时，有个学生提出了一个超出教师预料的问题："液体中放入另一种物质，溶液密度一定会变大吗？"该教师稍加思索就给出了恰当、准确的回答，表现了良好的教学机智。

第二，教师要具备良好的心理素质和临场发挥能力，沉着、冷静而又敏捷、迅速地为学生释疑解惑，给出满意的回答。另外，对于超出预想、一时回答不出的问题，教师要实事求是地进行解释和说明，并倡导师生一起进行研究、讨论。

(2)处理教学失误的机智

探究教学中教师承担的教学任务较多(如既要组织和监督学生的探究学习活动，又要为学生提供相应的指导和帮助，还要进行知识的讲解和技能的示范等)，加之教师自身知识、经验的不足等，他们在开展探究教学的过程中难免会出现教学失误。例如，在第四章 A 教师的探究课堂上，学生用手拿着弹簧测力计测物体浸在水中时的拉力。在学生读出弹簧测力计的示数后，该教师告诉他们不必再用手拿着弹簧测力计了。学生听从教师的指导把弹簧测力计搁在杯口上，物体从弹簧测力计的挂钩上脱落掉入了杯底，于是学生用手从杯中取该物体。A 教师指出该操作不对，让学生重做实验。显然，该教师在指导学生实验的过程中存在明显的失误：其一，教师给学生提供了错误的指导。正是由于教师错误的指导，学生后面又做出了错误的操作行为——用手从杯底拿物体。其二，教师虽然指出不能用手去拿杯中物体，但并没有说明其原因，只是让学生重做实验，导致学生"知其然而不知其所以然"。显然，该教师还较缺乏处理自身教学失误的机智。因此，为了消除由教学失误带来的消极影响，教师应具备处理教学失误的机智。

为了培养处理教学失误的机智，教师可采取以下一些方法：第一，教师要对自己的教学行为保持高度的敏感性和自觉性，以便于及时发现教学中的失误，否则就会对教学

---

①　顾明远：《教育大辞典》简编本，1703 页，上海，上海教育出版社，1999。

②　刘徽：《教学机智论》，85～87 页，上海，华东师范大学出版社，2008。

③　吴德芳：《论教师的实践智慧》，载《教育理论与实践》，2003(4)。

失误"视而不见"，错过了发现教学失误的时机。第二，认真分析教学失误产生的原因，并及时采取相应的补救措施，如纠正在知识方面的错误讲解或者在实验技能方面的错误操作等。第三，教师还要不断地总结与反思探究教学中的经验教训，努力提高探究教学水平，尽力避免教学失误。

（3）处理课堂偶发事件的机智

由于探究课堂上教师、学生、教学内容和教学环境各要素之间具有复杂的相互作用关系，而学生又是探究课堂上最活跃、最不可控的因素，因此，探究课堂不可能完全按照教师的预设进行，不可避免地会有一些偶发事件。探究课堂偶发事件对探究教学的影响具有双重性：如果对偶发事件的处理不当，会对探究课堂的教学秩序和教学效果等产生消极影响；如果教师能运用相应的教学机智灵活地、恰当地处理它们，则可以有效地促进探究教学，取得意想不到的教学效果。

为了培养处理探究课堂偶发事件的机智，教师可采取以下一些方法。

第一，教师在态度上要正视和重视探究课堂上的偶发事件。探究课堂偶发事件的出现有其必然性和偶然性，教师应充分认识到其对探究教学带来的双重影响，而不应采取忽视、回避或排斥的态度。在面对课堂偶发事件时，教师要保持冷静，努力克制自己的情绪，以便做出恰当的应对和处理。

第二，探究课堂偶发事件为探究教学带来了很好的生成资源。教师应抓住时机、因势利导，利用好这些生成资源，充分发挥它们给教育教学带来的积极作用。例如，在第四章 C 教师的探究课堂上，有学生在得出了杠杆的平衡条件后，突发奇想在杠杆的一端挂上钩码，另一端挂上铅笔盒，让杠杆处于平衡状态。对于学生的这个超出教学要求的实验操作行为，C 教师并没有批评他们没有按规定操作，而是利用这个生成资源，启发学生思考该操作的拓展应用问题，使学生分析与解决实际问题的能力得到了很好的培养。

（四）教学行为适应

教师关于探究教学的认识、态度和能力只有外化为适宜的探究教学行为，才能使探究教学的理念落到实处，使探究教学的效率和效果得到保证。因此，教师关于探究教学的适应性内容，除了包括关于探究教学的认识、态度、能力的适应外，还应包含教学行为的适应。

根据第三章关于教学行为的划分，教师的探究教学行为可分为教学设计行为、教学实施行为与教学评价行为。与传统的授受式教学相比，探究教学的教学设计、教学实施与教学评价具有自身的特征，因而教师的教学设计行为、教学实施行为与教学评价行为要与探究教学的特征相适应，符合探究教学的要求。它们即教师关于探究教学行为适应的内容，下面分别进行阐述。

1. 教学设计行为[①]

由于探究教学传入我国的历史较短，教师们关于探究教学的经验还比较欠缺，加之探究教学具有许多不同于传统授受式教学的特征，实践中，教师们关于探究教学的教学设计还比较薄弱。例如，探究教学目标把握不准确，学生分析没有体现出探究教学的特征，教学策略存在重"教"轻"学"的倾向，等等。为了保证探究教学的效率和效果，必须

---

① 谢绍平：《探究教学设计过程的三个基本要素》，载《教学与管理》，2016（28）。

运用现代教学设计原理，紧密结合探究教学的特征，对其进行科学、合理的设计。

学习者、学习目标、教学策略和教学评价是教学设计的四大基本要素，由这些基本要素可以构建一般的教学设计模式①，它们是教学设计的核心。掌握了这些基本要素的分析或制订技术，就为进行复杂的教学设计奠定了坚实的基础。教学设计的这一原理也适用于探究教学设计，即探究教学设计也应围绕着学习者、学习目标、教学策略和教学评价进行。由于教学评价既是教学设计的一个基本要素，同时又是整个教学过程的一个重要环节，它作为教师教学行为适应的内容之一，在后文中将专门进行论述。这里主要阐释探究教学目标的制订与阐明、探究教学的学生特征分析和探究教学策略的制订三个方面。

(1)探究教学目标的制订与阐明

探究教学目标是指预先确定的探究教学所要达到的结果，所有的探究教学活动都要围绕着探究教学目标进行。探究教学目标是否合理和规范，直接影响着探究教学能否沿着预定的、正确的方向进行，因此，探究教学目标的制订与阐明在探究教学设计过程中居于关键的地位。

①探究教学目标的制订。

为了有效发挥探究教学目标对探究教学的正确导向功能，探究教学目标的制订应遵循以下一些原则。

第一，探究教学目标应以促进学生核心素养发展为导向。我国基础教育课程改革确立了全面发展学生核心素养的课程理念和课程目标，即培养学生适应个体终身发展和社会发展需要的正确价值观、必备品格和关键能力。物理课程要培养的核心素养主要包括物理观念、科学思维、科学探究、科学态度与责任。②探究教学目标应贯彻基础教育课程改革理念，以促进学生核心素养发展为出发点和落脚点，围绕核心素养的内涵进行细化和落实。另外，促进学生核心素养发展也是探究教学自身价值和优势的体现。探究教学能让学生亲身经历科学探究的过程，在探究实践过程中掌握科学知识与技能，领悟科学研究的方法，培养科学态度与科学精神等，而这些正是核心素养的重要组成部分。

第二，探究教学目标要体现探究教学的特征。与传统的授受式教学相比，探究教学具有过程性、体验性、能力与情感取向性等特征，探究教学目标要体现探究教学的这些特征，以更好地发挥探究教学的价值和优势。为了体现探究教学的过程性特征，探究教学目标要突出对学生经历探究过程的要求，采用诸如"经历……，操作……，观察……"等表述。为了体现探究教学的体验性特征，探究教学目标要突出对学生通过探究活动获得内心体验与感悟的要求，采用诸如"体验……，感受……"等表述。为了体现探究教学的能力与情感取向性特征，探究教学目标要突出对学生的探究能力、科学态度与科学精神的要求，采用诸如"能(会)……，具有……(情感)"等表述。

②探究教学目标的阐明。

探究教学目标的阐明是指将学生经过探究学习所获得的学习结果准确表述出来的过程。根据教学设计的有关理论，探究教学目标的阐明应遵循以下一些原则。

---

① 乌美娜：《教学设计》，52页，北京，高等教育出版社，1994。

② 中华人民共和国教育部：《义务教育物理课程标准：2022年版》，4~5页，北京，北京师范大学出版社，2022。

第一，探究教学目标的行为主体应是学生，而不应是教师。教学目标要阐明学生经过教学后在知识、能力和情感等方面的进步或变化，因此学生是教学目标的行为主体。[1]探究教学强调学生的主体地位，因此在表述探究教学目标时应把学生作为行为主体。但实践中一些教师在表述探究教学目标时常常采用诸如"使学生掌握……""让学生理解……""培养学生……能力"之类的表述。这类表述的行为主体都是教师，因此它们都是不妥的表述，需要加以纠正。

第二，探究教学目标的表述应力求明确、具体。探究教学目标是制订探究教学策略和设计探究教学活动的依据和出发点，而明确、具体的探究教学目标能发挥对探究教学良好的指引和导向作用。由于探究教学目标由行为动词和相应的作用对象构成，因此，探究教学目标的表述应尽量使用明确、具体的行为动词。这些行为动词所对应的行为或动作是可观察的，避免使用含糊、抽象的行为动词（如理解、掌握等）；行为动词的作用对象体现了探究教学目标的核心内容，它们也应使用明确、具体的表述。

（2）探究教学的学生特征分析

学生是探究教学的对象，他们原有的知识基础、初始能力、学习动机和态度等特征对探究教学的效果有着重要的影响，这些特征也是制订探究教学策略的重要依据，因此探究教学设计过程中需要对学生特征进行分析。另外，探究教学强调对学生的个别化指导和帮助，而学生特征存在显著的个体化差异。为了提供更有效的个别化指导和帮助，也需要对学生特征进行分析。

探究教学设计实践中不可能也没必要对学生的所有特征都进行分析，而应重点分析那些对探究教学产生直接、重要影响的学生特征。其主要是探究学习所需的初始知识与能力、关于探究学习的动机与态度、与探究学习有关的生活经验等。下面分别进行阐述。

①初始知识与能力分析。

学生具备必要的初始知识与能力是顺利进行探究学习的基础和前提。如果学生不具备相应的初始知识与能力，则要采取相应的补救措施，即根据学生的初始知识与能力确定探究教学的起点。为了确定合适的探究教学起点，需要对学生的初始知识与能力进行分析。

探究学习的初始知识主要包括进行探究学习前必须掌握的有关概念、原理、规律等知识。另外，由于前概念会对学生关于正确概念的学习产生不良影响和干扰[2]，因此还要对学生头脑中的前概念进行分析。在对学生的初始知识进行分析后，如果发现他们不具备有关的初始知识，或者存在错误的前概念，则要向学生补充有关的初始知识，或者纠正他们错误的前概念。

探究学习的初始能力主要包括一般的科学探究能力和探究技能。针对所确定的具体探究教学目标和教学内容，分析学生是否具备相应的初始能力，可采用观察、工作单、档案袋等方法对学生的初始能力进行分析与评价。如果发现学生的初始能力存在不足之处，则要设计相应的教学策略加以强化。

②关于探究学习的动机与态度分析。

探究学习的动机是指激励和推动学生进行探究学习的一种内部动力。学习动机强的

---

① 刘美凤：《教育技术基础》，57页，北京，中国铁道出版社，2011。

② 窦轶洋、高凌飚、肖化：《论学生前概念及对教学的启示》，载《学科教育》，2001(10)。

学生会积极主动地进行探究学习，并勇于克服探究学习过程中遇到的各种困难；而学习动机弱的学生则对探究学习的积极性不高，在困难面前容易停滞、退缩。为了了解学生关于探究学习的动机状况，为采取相应的激励和强化策略提供参考依据，需要对他们的探究学习动机进行分析。凯勒提出的 ARCS 动机模型从注意力、关联性、自信心、满足感 4 个要素来分析学生的动机状况[①]，可供分析探究学习动机时参考与借鉴。

学生对探究学习的态度也是影响探究学习效果的重要因素。如果学生对探究学习持有积极、正确的态度，则他们一般会表现出较强的学习动机和兴趣，也会乐于进行探究学习；如果学生对探究学习的态度存在偏差，则他们的探究学习动机一般比较弱，也不愿积极主动地进行探究学习。为了了解学生关于探究学习的真实态度，为采取相应的教学策略提供参考依据，需要对学生关于探究学习的态度进行分析。可采用观察、问卷调查等方法，对学生进行分析。

③与探究学习有关的生活经验分析。

教学在本质上属于一种认识活动，它遵循人类认识的一般规律，即理性认识要建立在感性认识的基础上。在探究教学中，学生需要从事各种探究学习活动(如提出问题、提出猜想与假设等)。这些探究学习活动都是为了获得理性认识，因而需要一定的与探究学习有关的生活经验作为基础。如果学生缺乏相应的生活经验，他们的探究学习就会受到很大的影响。因此，需要对学生具备的与探究学习有关的生活经验进行分析，以便为探究教学策略的设计提供参考依据。

应根据具体的探究教学内容，分析学生具备的与之有关的日常生活经验。例如：对于物理中"探究二力平衡的条件"的探究教学，可以了解学生是否有过拔河的生活经验；对于"探究杠杆的平衡条件"的探究教学，可以了解学生是否有过使用杆秤、玩跷跷板的生活经验。另外，还要考虑到学生的生活地域、年龄和性别等因素对他们日常生活经验的影响。例如，城市学生和农村学生的日常生活经验有着明显的差异，在分析时需要注意这些因素的影响。

(3)探究教学策略的制订

探究教学策略是指为实现特定的探究教学目标所采用的教学手段和谋略，它主要解决如何实施探究教学的问题，直接影响着探究教学的结果。因此，制订恰当、合适的探究教学策略是探究教学设计过程的核心内容。

常用的探究教学策略有创设问题情境的策略、提问的策略和指导的策略。应根据具体的探究教学目标、教学内容和学生特征等因素，对这些探究教学策略进行具体化与精细化的设计。

①创设问题情境的策略。

对"问题"的探究贯穿于探究教学的始终。探究教学是学生在教师的指导下提出问题、分析问题和解决问题的过程。由于问题总是根植于一定的问题情境中，因而通过创设形象、生动的问题情境，既有助于学生顺利提出所要探究的问题，也有助于他们对问题的分析与解决。

探究教学中创设问题情境的主要策略有列举生活实例、开展演示实验和利用多媒体

---

① [美]加涅等：《教学设计原理：第五版》，王小明等译，101 页，上海，华东师范大学出版社，2007。

课件，下面分别进行阐述。

通过列举生活实例来创设问题情境。根据学生特征分析的结果，教师已经对学生具备的与探究学习有关的生活经验有了充分的了解，可以结合所要探究的具体内容，列举学生熟悉的、合适的生活实例来创设问题情境。这种创设问题情境的策略有利于学生建立新旧知识之间的联系，实施起来也较为简单、方便，因此可作为创设问题情境的首选策略。例如，对于"探究压力作用效果的影响因素"的探究学习，可以列举这样的生活实例：人在雪地里走路时脚容易陷入雪中，但站在滑雪板上却不会陷入雪中。针对该问题情境，学生会提出"压力的作用效果可能与受力面积有关"的猜想，从而促使他们进一步开展探究学习。

通过开展演示实验来创设问题情境。精心设计的演示实验蕴含着丰富的感性刺激，这些感性刺激能引起学生的认知冲突，从而激发他们对认知冲突背后的原因的探究欲望与兴趣，因此演示实验是创设问题情境的一种好策略。利用演示实验创设问题情境，需要遵循新奇性、鲜明性和简捷性等原则。新奇性即实验现象与学生原有的日常生活经验存在很大的反差，有助于认知冲突的形成；鲜明性即实验现象明显、直观，便于学生的观察；简捷性即实验器材简单、易用，以保证教学的效率和效益。

利用多媒体课件创设问题情境。多媒体课件具有模拟性、集成性、交互性等特征，可以突破时空的限制，模拟学生平时难以观察到的科学现象(大至广袤的宇宙，小到微观粒子的运动和变化等)，并能提供视觉、听觉等多种信息通道的感性刺激。这些感性刺激会引发学生对有关科学问题的思考。因此，利用多媒体课件也是创设问题情境的有效策略。利用多媒体课件创设问题情境，需要遵循适度性、辅助性和经济性等原则。

②提问的策略。

对于探究教学来说，提问是教师了解学生的探究学习情况、启发学生思维和提供指导的重要手段。探究教学最关键的方面就是它使得教师和学生成为执着的提问者、探索者、发问者和思考者。[①]

教师在制订和运用探究教学的提问策略时，应遵循如下一些原则。

首先，所提的问题要有启发性。问题的启发性即所提的问题能引起学生的深层次思考，激发他们的高级认知活动，从而有助于他们思维能力的培养。为此，教师所提的问题应开放、灵活，富有引导性，能充分调动学生的积极性和创造性。应避免问一些简单、低水平的问题，如正误判断类或简单计算类问题等。例如：在"探究重力与质量关系"的探究教学中，教师如果这样提问，"从这些实验数据中，你能发现重力与质量有什么关系?"，则提问的启发性较强，可以引导学生自己得出结论。但如果教师这样提问，"这些实验数据是否表明重力和质量成正比例关系呢?"，提问的启发性很弱，几乎已经把结论告诉学生了。学生只是简单地回答"是"或者"否"，该问题不能引起他们的深层次思考。

其次，问题的表述要明确、精练。从传播学角度来看，提问是一种以口头交际语言为媒介的教学信息传输行为，而口头交际语言的突出特点就是明确、精练。从教学的角度看，由于课堂时间有限，"明确、精练地表述问题"是保证教学效率的必然要求。

由于探究教学中教师的提问较频繁，为了保证提问的效率和效果，教师应明确、精

---

① [美]荷烈治等：《教学策略——有效教学指南(第八版)》，牛志奎译，226 页，北京，中国人民大学出版社，2010。

练地表述问题。"明确"即对问题的表述清晰、明了,不会引起歧义;"精练"即对问题的表述精简、准确,言简意赅。教师可通过加强教学语言的训练和对问题的精心设计,使问题的表述符合明确、精练的要求。

最后,给学生充分思考的时间。教师在提出问题后要有一定的停顿,给学生充分思考的时间,以便学生做出高质量的回答。教师不要仓促结束提问而急于进行下一步的教学活动。由于探究教学强调发挥学生的主体性、积极性和创造性,强调培养学生的自主探究能力和创新精神,因此在提问中要注意贯彻这一原则。

为了给学生充分的思考时间,教师在提问时可以采取"延长'等待时间'"和"面向全体学生"的策略。所谓"等待时间",是指教师提出问题后到教师对学生的回答做出反应之间的时间。[1] 在"等待时间"内,学生可以对问题进行深入的思考、交流和讨论,然后做出高质量的回答。"面向全体学生"即每个学生都有可能被要求回答问题。"延长'等待时间'"和"面向全体学生"策略是紧密联系的,因为在延长的"等待时间"内,每个学生都可能被要求做出回答,这可以促使每个学生都参与到对问题的积极思考中来。

③指导的策略。

由于学生在知识、经验、能力等方面的不足,他们的探究学习离不开教师的指导和帮助。为了给学生提供及时、有效的指导,可以设计以下指导策略。

首先,指导的时间要适当。如果教师的指导过早,就会减少学生自主探究的时间,但如果指导时间过晚,学生的探究学习可能会陷入困境之中。[2] 因此,教师提供指导的时间要适当,最好是当学生处于"愤"和"悱"的状态时给他们提供所需的指导,以最大限度地培养他们的自主探究能力。

其次,指导的程度要适当。教师的指导过多,必然会影响到学生自主性的发挥,这就使教学偏向于传统的授受式教学。教师的指导过少,学生在探究学习过程中遇到的困难和障碍就不能得到有效解决,从而影响探究学习的效果。因此,指导的程度要适当,应使教师的指导与学生的自主探究之间取得一种平衡。

最后,指导的方法要恰当。常用的指导方法有巡视的方法、启发的方法、个别指导与集中指导相结合的方法等。巡视的方法即教师通过检查、监督所有学生的探究学习状况,及时发现他们在探究学习过程中存在的问题,并提供相应的指导。启发的方法即指导时应启发学生的思维,避免直接给出现成的解决办法或结论。个别指导与集中指导相结合的方法即对于个别学习小组或学生的问题进行个别指导,而对于学生普遍存在的共性问题则进行集中指导。教师应根据具体的探究内容、学生特征等因素,灵活运用恰当的指导方法。

2. 教学实施行为[3]

科学探究包括问题、假设、证据、结论和交流这 5 个基本要素,它们反映了科学探究的本质特征。探究教学是对科学探究的模拟。因此,每个科学探究要素要有与之相对应的探究教学实施行为,即要有分别围绕问题、假设、证据、结论和交流的探究教学行为。

---

① [美]荷烈治等:《教学策略——有效教学指南(第八版)》,牛志奎译,175 页,北京,中国人民大学出版社,2010。

② 吴子健:《探究学习与教师行为改善》,80 页,上海,上海教育出版社,2007。

③ 谢绍平、刘美凤:《论理科教师探究教学行为的分类和内容》,载《教育评论》,2016(2)。

它们构成了探究教学实施行为的分类框架。

在探究教学中，学生需要主动从事各种科学探究活动，亲身经历类似于科学家的科学探究的过程。教师针对学生在探究学习中遇到的困难和障碍，提供相应的指导和帮助，但不能代替学生探究。

根据教师在探究教学中的角色、地位，可以进一步将探究教学实施行为的分类框架细化，从而得出教师的探究教学实施行为的具体分类，即指导学生提出问题、指导学生提出猜想与假设、指导学生获取证据、指导学生分析与论证、指导学生交流。它们之间相互衔接、密不可分，共同构成一个整体。

（1）指导学生提出问题

提出问题是探究学习的开始，后续的探究学习活动都是围绕着解决所提出的问题而进行的，因此提出问题在探究学习中占有非常重要的地位。教师应指导学生提出高质量的问题。

探究学习中，学生提出问题的过程包括两个阶段：一是要发现问题，二是把所发现的问题表述出来。相应地，教师所提供的指导也包括两个方面的内容：指导学生发现问题和指导学生准确地表述问题。

①指导学生发现问题。

发现问题的能力是一种重要的科学探究能力。科学的发展和进步就是从发现问题开始的。科学家面对纷繁复杂的自然现象，能敏锐地发现其中蕴含的科学问题，并运用他们的智慧创造性地解决所发现的科学问题，使科学不断进步。

探究学习是对科学家真实科学探究的模拟，探究教学也要注重对学生发现问题能力的培养。教师可以采取如下措施指导学生发现问题。

首先，鼓励学生留心观察日常生活中的科学现象。学生在日常生活中会接触许多科学现象，而科学现象中蕴含着科学性问题。例如，学生在游泳、潜水时耳朵会疼，且潜得越深会越疼。如果学生能留心观察这种司空见惯的日常现象，就会思考其中蕴含的一些科学性问题，"耳朵为什么会疼""为什么下潜得越深会越疼"。因此，教师应鼓励学生多留心观察日常生活中的科学现象，为发现科学性问题创造条件。具体可以采取让学生写观察报告、小组汇报等方式，培养学生的观察意识和问题意识。

其次，创设问题情境，为学生发现问题创造条件。问题情境能把围绕探究问题的科学现象集中地展示出来，在引导学生发现问题、提出问题方面具有目的性强、效率高和效果好的优势。目的性强，即问题情境是为了引导学生发现所要探究的问题服务的；效率高，即问题情境能把有关的科学现象在短时间内集中展示给学生；效果好，即问题情境能有效帮助学生发现问题和思考问题。

教师可以采取列举生活实例、演示实验和播放多媒体课件等策略，为学生创造问题情境，这些策略的具体内容详见本书教学设计的教学策略部分，这里不再赘述。

最后，为学生发现问题提供指导和帮助。学生在面临问题情境时，不能发现问题的一个重要原因在于缺乏问题意识，而仅仅停留在对科学现象的感知阶段。因此，教师应提供相应的指导和帮助，培养学生的问题意识。教师可通过指导学生从"为什么"和"怎么样"两个角度去思考所观察到的科学现象，培养他们的问题意识和发现问题的能力。例如，在关于牛顿第一定律的演示实验中，小车分别在水平的木板、棉布和毛巾上滑行，它们的滑行距离不一样。面对这样的问题情境，可以启发学生从"为什么"和"怎么样"两个角度去思考。学生会发现诸如"为什么小车在三种材料上滑行的距离不一样""如果接触面光滑,小车将怎么样运动"等问题。另外,教师要巧妙地运用提示的策略,为学生发现问题提供方向上的指引。例如,在以上的牛顿第一定律的演示实验中,教师可以提示学生注意观察"小车滑行距离与接触面材料"的关系。学生可能会观察到"接触面的材料不同,小车滑行距离不同"这一现象,从而提出相应的问题。

②指导学生准确地表述问题。

学生在发现问题以后,还需要把所发现的问题准确地表述为可探究的科学性问题,以便于后续的探究学习活动(如提出猜想与假设)的开展。由于学生知识、经验等的不足,他们在表述问题时往往还存在困难,需要教师提供相应的指导和帮助。例如,对于"穿高跟鞋和平跟鞋在泥地上走路时,留下的脚印深浅不同"这样的科学现象,学生可能会提出这样的问题:"为什么高跟鞋比平跟鞋留下的脚印深?"显然,该问题仅仅停留于现象的表面,无法对它直接进行探究。

为此,教师应指导学生思考现象背后所蕴含的科学概念和科学原理,从而启发他们提出可探究的科学性问题。例如,以上的例子所蕴含的科学概念和科学原理有:"脚印的深浅"所对应的科学概念是"压力的作用效果","高跟鞋"与"平跟鞋"所对应的科学概念是"受力面积";该现象所蕴含的科学原理是"压力的作用效果可能与受力面积有关"。教师给出这方面的提示后,学生就很容易提出类似"压力的作用效果与受力面积是什么关系"或"压力的作用效果与哪些因素有关"等可探究的科学性问题,为后续的探究学习活动指明了方向。

(2)指导学生提出猜想与假设

提出猜想与假设是探究学习的重要环节,起着承上启下的作用。"承上"指对所提出的问题提供可能的解释和答案;"启下"指为后续的探究活动指明方向,是设计实验方案的依据。

为了促进学生有根据地提出合理的猜想与假设,教师需要提供相应的指导和帮助,如指导学生有根据地提出猜想与假设,鼓励学生尽可能多地提出猜想与假设,指导学生将猜想转化为假设。

①指导学生有根据地提出猜想与假设。

缺少根据的假设就如同"无源之水,无本之木",没有多少真正的价值。[①] 有根据地提出猜想与假设可以避免盲目性和随意性,为后续的探究学习活动创造有利条件,同时也有助于培养学生严谨的科学态度和缜密的科学思维习惯。在探究教学的实践中,还存在"学生提出猜想与假设的根据不充分""没有根据就直接提出猜想与假设"等问题,教师应提供有针对性的指导。

教师可以采取提示、追问等策略,指导学生有根据地提出猜想与假设。在学生提出猜想与假设时,教师要提示学生说出猜想与假设的根据。如果学生没有说出猜想与假设的根据,教师应采用追问的策略。猜想与假设的根据既可以是学生的生活经验,也可以是学生已经掌握的知识,教师可以启发学生从这些角度去思考所提猜想与假设的根据。

②鼓励学生尽可能多地提出猜想与假设。

科学理论的形成最初一般要经过猜想与假设的阶段,然后经过实践的检验和证实,

---

① 王较过、孟蓓:《物理探究教学中培养"猜想与假设"能力的策略》,载《当代教师教育》,2008(2)。

最终发展为科学理论。提出猜想与假设的过程可以使学生经历模拟化的科学理论形成的初始阶段，从而形成正确的科学本质观。另外，提出猜想与假设的过程可以培养学生的发散思维能力与逻辑思维能力。因此，教师应鼓励学生尽可能多地提出猜想与假设，具体可采取的措施如下。

第一，给学生提供充分思考、表达猜想与假设的时间或机会。提出猜想与假设是一种创造性的活动，需要学生在已有知识、经验的基础上，综合运用直觉思维、发散思维和逻辑思维等各种思维形式提出对问题的各种可能解答，因此它需要一定的时间。教师应给予学生充分的思考时间，使学生尽可能多地提出猜想与假设。另外，还需要给学生充分表达的机会，以便于学生之间就他们所提的猜想与假设进行交流和讨论。实践中，一些教师在这方面做得比较成功。例如，在学生提出猜想与假设的过程中，教师多次询问学生"还有别的（猜想与假设）吗"，这就给学生提供了充分思考、表达的时间和机会。但也有部分教师在这方面做得不够好，这种状况还有待改善。

第二，教师对学生提出的猜想与假设应给予恰当的反馈。教师对学生提出的正确猜想与假设，应给予肯定和表扬。对于学生提出的不成熟的甚至错误的猜想与假设，教师要肯定他们积极思考、勇于表达观点的态度，然后对这些错误的猜想与假设进行纠正。教师要避免直接否定错误的猜想与假设的做法，以免挫伤学生提出猜想与假设的积极性。

③指导学生将猜想转化为假设。

猜想与假设既有密切的联系，也有一定的区别。猜想是在已有知识、经验的基础上主要依靠直觉给出问题的各种可能答案；而假设是在猜想的基础上，对猜想做进一步的精细化处理，最终得到关于问题答案的确定性陈述。假设是设计实验方案的直接依据，探究过程中需要将猜想转化为假设。

为了指导学生将猜想转化为假设，教师可以采取如下指导策略。

第一，帮助学生排除不合理的猜想。由于猜想中含有很多的直觉成分，再加上学生知识、经验的局限，因此学生容易提出一些不合理甚至错误的猜想，需要教师帮助他们纠正或排除，为提出正确的假设创造条件。例如，在"探究影响滑动摩擦力大小的因素"的探究学习中，有学生提出这样的猜想："压力、接触面粗糙程度、接触面的面积、重力、材料是影响滑动摩擦力的因素。"显然，材料、重力不是影响滑动摩擦力的因素，它们是错误的猜想。教师应指导学生将"材料"这个因素归并到"接触面粗糙程度"中去，而将"重力"这个因素排除掉，从而得到合理的猜想。

第二，指导学生对猜想做进一步的精细化处理。猜想只是对问题答案的一种大致的猜测或解释，它往往笼统、不够精确，不能为后续的探究活动提供明确的方向指引，因此需要将猜想转化为假设。为此，需要对猜想做进一步精细化处理，即运用观察、实验、逻辑推理等方法，把猜想所涉及的原理明确、具体地表示出来，最终使猜想转化为假设。例如，对于学生提出的"滑动摩擦力与接触面粗糙程度有关"的猜想，可以启发学生进一步思考："滑动摩擦力与接触面的粗糙程度到底是什么关系？"学生根据生活经验可能得出"接触面越粗糙，滑动摩擦力越大"的回答，该回答对猜想所涉及的原理进行了明确、具体的表述，使猜想转化成了相应的假设。

（3）指导学生获取证据

学生在提出猜想与假设以后，需要运用实际证据对它们进行检验（证实或证伪）。如果被证实，猜想与假设就成为可靠的科学结论；如果被证伪，所提出的猜想与假设就被否定。因此，证据在探究教学中占有非常重要的地位。为了检验所提出的猜想与假设的真伪，学生首先需要获取相应的证据，然后运用所获取的证据对猜想与假设进行检验。获取证据的过程涉及实验方案的设计、观察与实验手段的运用等多种创造性的活动，因而对学生的能力要求较高，教师需要为学生提供相应的指导和帮助。

获取证据的过程包括两个阶段：根据猜想与假设设计实验方案、根据实验方案开展实验以收集证据。在此过程中，教师需要给学生提供相应的指导和帮助，即指导学生设计实验方案和指导学生开展实验。

①指导学生设计实验方案。

设计实验方案是开展实验、收集证据的前提。实践中，学生设计实验方案的能力还比较弱，教师要为他们提供合理、有效的指导。

首先，充分发挥学生的主体性，让学生自主设计实验方案。设计实验方案的过程能有效地培养学生运用知识解决实际问题的能力和创新精神。教师应充分发挥学生的主体性，让学生自主设计实验方案。在此过程中，教师提供适当的指导和帮助，但不能代替学生设计实验方案。

其次，指导学生就实验方案进行交流和讨论。根据社会建构主义观点，学习在本质上是社会性的，学习是通过相互作用、协商和合作的过程发生的。[1] 让学生就实验方案进行交流和讨论，既有利于学生对知识的意义建构，也有利于实验方案的完善。学生最初设计的实验方案往往不够完善，学生通过交流和讨论，可以对其进行补充和完善，开阔思路。教师可以采取分组讨论、小组汇报和辩论等多种形式，让学生就实验方案进行交流和讨论，在此过程中给予适当的指导和点评。

最后，指导学生明确假设中的变量，并在实验方法的设计上提供指导。假设一般是关于变量关系的假定性陈述，实验方案设计就是关于如何操作变量的设计。变量包括自变量和因变量两种类型。例如，关于液体内部压强规律的假设——"液体内部压强与液体密度、深度有关"，其中自变量为"液体密度"和"深度"，因变量为"压强"。教师要让学生理解自变量和因变量的含义，然后针对所要探究的假设，让学生明确假设中的自变量和因变量，为设计实验方法打好基础。实验方法是关于怎样操作变量而得到所需实验证据的策略，一般采取控制变量的方法。即在研究某个变量与其他几个变量的关系时，先研究该变量与这几个变量中的某一个变量的关系，而使其他变量(又称为控制变量)保持不变。通过依次运用控制变量法，可以得到该变量与所研究的几个变量的关系。教师要培养学生运用控制变量法设计实验方法的意识和能力。关于控制变量法的运用，教师可以先给学生做示范，然后让学生自主运用控制变量法设计实验方法。

②指导学生开展实验。

实验是把所设计的实验方案付诸实际行动的过程。在此过程中，学生需要进行观察、测量、操作仪器设备等多种实验操作活动。为了保证实验的效率和效果，教师要给学生提供及时、有效的指导和帮助。

首先，为了充分发挥学生的自主性，培养学生的实验操作能力及解决问题的能力等，

---

① 郭裕建：《"学与教"的社会建构主义观点述评》，载《心理科学》，2002(1)。

实验宜采取分组实验的方式。每个小组以 2～4 人为宜。在分组实验的过程中，教师要全面加强对学生实验的巡视，这既便于为学生提供及时的指导和帮助，也可以全面监督学生的实验操作情况。

实践中，受实验室和仪器设备等条件的限制，还不能做到使所有的探究实验项目都采取分组实验的方式，这种情况下可以采取演示实验的方式。演示实验最好采取学生轮流演示、教师在旁边指导的方式，避免采取"教师演示，学生旁观"的方式，以尽量提高学生对实验的参与程度。

其次，加强对学生实验技能的训练和指导。实验活动离不开观察、测量、操作仪器等实验技能，实验技能是顺利开展实验的基本保障。初中学生的实验技能还比较弱，教师要加强对他们实验技能的训练和指导。由于技能形成的重要条件是学习者的练习和外界的反馈①，因此要给学生提供尽可能多的动手操作机会（如分组实验、学生轮流演示等），并对学生的实验操作进行及时、有效的指导，使学生在实际操作中熟练掌握各种实验技能。指导的方法包括教师示范和提供及时、有效的反馈等。

最后，给学生提供及时、正确和有效的指导。在分组实验中，教师要承担同时指导全班所有实验小组的任务。教师可以通过加强巡视、分层教学等策略，提高指导的效率和效果。为此，教师要努力提高自身的专业素质，并在课前做好充分的准备。

（4）指导学生分析与论证

分析与论证是由证据形成结论的关键环节，它涉及对证据的分析与处理、逻辑推理等各种高阶思维活动，因而对学生的能力要求也较高。教师需要为学生的分析与论证活动提供相应的指导和帮助。

对证据的分析与论证包括两个阶段，即对证据的分析与处理，由证据得出结论。相应地，教师所提供的指导也包括两个方面的内容，即指导学生分析证据，指导学生由证据得出结论。

①指导学生分析证据。

在科学探究中，证据是用以支持或反驳假设的事实，结论的正确性是建立在证据的可靠性基础上的。由于观察、测量的误差或错误等原因，有时会得到不可靠甚至错误的证据，因此需要对证据的可靠性进行分析。另外，还需要对证据进行一定的处理，主要是对证据的呈现形式进行转换（如由数据表格转换成图形等），以利于对证据的分析与论证。探究教学中，教师要为学生进行证据分析提供指导。

第一，指导学生分析证据的可靠性。由于科学探究获得的证据主要是定量证据，因此我们以定量证据（数据）为例进行说明。教师应指导学生综合运用有关知识，检查、判断实验数据中是否存在明显偏离正常值的数据。这些明显偏离正常值的数据一般属于不可靠的数据。例如，在第四章 A 教师的"探究浮力与排开液体重力的关系"的探究教学中，学生测得的实验数据见表 6-3。正常情况下 $F_浮＝G_排$，但本组数据中 $F_浮 \neq G_排$。综合运用有关的知识进行分析可知，$F_浮$ 的数据是正确的（因为铁块、铝块和木块的 $F_浮$ 数值是相等的），而铁块、铝块的 $G_{桶＋水}$ 和 $G_排$ 的数据（表中带灰底的数据）存在错误。

① ［美］加涅等：《教学设计原理：第五版》，王小明等译，91 页，上海，华东师范大学出版社，2007。

表 6-3　"探究浮力与排开液体重力的关系"的实验数据　　　　单位：N

物　　体	F_1	F_2	$F_浮$	$G_桶$	$G_{桶+水}$	$G_排$
圆柱体	1.3	0.3	1.0	0.3	1.3	1.0
木　块	0.3	0	0.3	0.3	0.6	0.3
铁　块	3.3	2.95	0.3	0.3	0.8	0.5
铝　块	1.1	0.8	0.3	0.3	0.85	0.55

　　在发现错误的数据后，教师要指导学生进一步分析其产生的原因。错误的数据有可能是仪器的缺陷造成的，也有可能是操作、测量方法的错误等造成的。例如，以上错误数据就是实验过程中的错误操作方法造成的(弹簧测力计的前端进入了水中)。在找出具体原因以后，要让学生采取相应的补救措施(如重新进行实验，剔除不可靠的数据等)。

　　第二，指导学生处理证据。定量的证据最初一般是以数据表格的形式来呈现的，因为它简单、方便而又清晰、明了。但数据表格在揭示证据的规律性或特征方面存在不足，因此需要把数据表格转换成图形、图像等其他更直观的形式。关于证据呈现形式的转换，中学生要重点掌握把数据表格转换成图形的方法。在此过程中，学生常常遇到的困难有：建立坐标系的时候，容易把横轴和纵轴的变量混淆；坐标系的比例不合适；不会根据数据在坐标系中准确地描点；把"数据点"连成图形时容易出现偏差；等等。为此，教师要提供相应的指导和帮助，如通过提醒与强调、强化训练等方法，使学生能准确、熟练地把数据表格转换成正确的图形。

　　②指导学生由证据得出结论。

　　证据本身只是一些关于假设的事实，它不是结论，从证据到结论还要经过逻辑推理(论证)的过程。通过对证据进行归纳、比较、分析等逻辑推理过程，最终得到关于所探究问题的结论。由于中学生的逻辑推理能力还不太成熟，在由证据得出结论方面还存在一定的困难，教师要为他们提供相应的指导和帮助。

　　首先，充分发挥学生的主体性，让学生进行自主思考和推理。"由证据得出结论"是一种重要的科学探究能力，探究教学应注重培养学生的这种能力。为此，在得出结论的过程中，应尽量让学生通过自主思考和推理得出结论。只有当学生确实有困难时，教师才进行适当的提示和启发，但不要代替学生得出结论。

　　其次，指导学生对证据进行逻辑推理，从而得出结论。常用的逻辑推理方法有归纳、比较、分析和判断等。在学生对证据进行逻辑推理的过程中，要指导他们根据具体的情况，灵活运用合适的推理方法。例如，在某教师的"探究重力大小与质量关系"的探究教学中，学生得到的关于物体重力与质量关系的数据和图像分别如表 6-4 和图 6-2 所示。对表格中的数据综合运用比较、归纳的推理方法可得到"质量越大，重力越大"的定性结论。由于有些数据的误差较大，因此，由这些数据不易得出定量结论。教师可指导学生进一步对重力与质量关系的图像进行分析。从图中可以看出它是一条直线，由数学知识可判断重力与质量成正比例关系，由此可得出"物体的重力与质量成正比"的定量结论。

表 6-4　重力与质量关系的数据

实验次数	质量/kg	重力/N
1	0.05	0.4
2	0.10	1.0
3	0.15	1.2
4	0.20	1.8
5	0.25	2.4
6	0.30	2.8

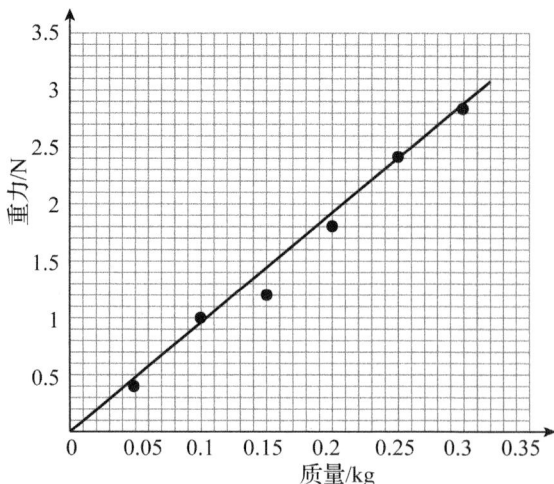

图 6-2　重力与质量关系的图像

最后，指导学生表述结论。按照结论的性质，科学探究的结论有定性结论和定量结论两种类型。定性结论一般只要求用文字表述，而定量结论要同时用文字和数学公式来表述。对于结论的文字表述，要力求准确、完整和简洁。例如，某学生将"探究滑动摩擦力的影响因素"的结论表述为"滑动摩擦力的大小跟接触面的粗糙程度、压力有关"。显然，该结论的表述很不完整，遗漏了关于"滑动摩擦力跟接触面粗糙程度、压力具体关系"的核心内容。教师应要求学生补充完整。关于定量结论的数学公式表述，常用的有比值表示、乘积表示等形式，具体用哪种形式要根据实际情况来定。例如，"重力与质量"的定量关系可以用比值表示，即 $\dfrac{重力}{质量}=定值(\dfrac{G}{M}=g)$，而"杠杆平衡条件"的定量结论可以用乘积表示，即动力×动力臂＝阻力×阻力臂$(F_1 l_1 = F_2 l_2)$。

（5）指导学生交流

社会建构主义理论认为，学习是学习者在一定的社会文化情境中，通过与他人的协商、对话等交流活动来建构自己知识结构的过程。通过与他人的交流活动，个体的知识得到了检验，同时也从他人的反馈中获得了新的认识。[①] 由于探究学习是基于社会建构主义理论的，学生之间及师生之间的交流活动贯穿于探究学习过程的始终。在交流的过程中，学生需要阐述自己的观点，认真聆听、思考、质疑或者反驳其他人的观点等，因此交流活动既有利于学生对知识的意义建构，也能培养他们各方面的能力（如语言表达能力和思维能力等）。

根据行为主体来划分，探究教学中的交流行为有学生之间与师生之间的交流行为，下面分别进行阐述。

①学生之间的交流。

由于探究学习一般采取分组探究的形式，因此学生之间的交流有小组内的交流和各小组之间的交流两种形式。

小组内学生之间的交流。在探究学习中，每个学习小组相当于一个小的学习共同体。学习共同体非常强调学习者之间的相互依赖、交流和协作，强调学习者共同分享各自的

---

① 钟启泉：《知识建构与教学创新：社会建构主义知识论及其启示》，载《全球教育展望》，2006(8)。

见解与经验。[1] 因此，小组内各成员之间要进行充分的交流与协作，每个成员都要积极思考、提出各自的观点，然后对彼此的观点进行修改、补充和完善，使每个人的经验和智慧在小组内得到分享，从而达到增强探究学习效果的目的。由于小组内学生之间的交流活动比较频繁，也比较随意，教师要加强引导和监督，以增强交流活动的效果。

各小组之间的交流。小组之间的交流活动一般是在完成某个探究任务(如设计实验方案、得出探究结论等)之后，在全班范围内进行的。小组之间的交流活动虽然没有小组内的交流那么频繁，但较为正式，其影响范围也更为广泛。由于它一般是在教师的组织下进行的，因此可以充分发挥教师的指导作用。每个小组需要运用各种方式(如语言、图表、实验等)准确、简明地展示各自的观点，并通过解释、论证等来应对来自其他小组的质疑和挑战。小组之间的交流容易出现不同观点的碰撞和交锋，从而有利于培养学生的批判性思维和辩论等能力，促进对知识的深层次意义建构。

为了创建宽松、和谐的交流氛围，教师要发扬民主，让每个小组(代表)大胆、充分地表达自己的观点，鼓励各小组就他们的观点进行讨论或辩论，而不要轻易肯定或否定他们的观点。在学生进行了充分的表达、解释、讨论或辩论等交流活动的基础上，教师最后进行总结和点评。

②师生之间的交流。

师生之间的交流行为主要表现为师生之间的"问"与"答"，包括"师问生答"和"生问师答"两种形式，在我国主要是"师问生答"的形式。在探究教学中，通过师生之间的交流行为，教师可以了解学生的探究学习情况，引导和启发学生对问题进行积极、主动的思考和探究，为学生的探究学习提供指导和反馈等。因此，师生之间的交流行为对于探究学习的效果具有重要的影响。

针对探究课堂上"教师提问多，学生提问少"的现状，教师应鼓励学生多提问，并积极回答他们的问题。学生提问有助于他们进行高阶的认知活动[2]，激发他们学习的主动性和积极性。另外，由于探究学习的开放性很强，学生在探究学习的过程中会遇到很多的疑难问题。通过提问，学生可以获得教师有针对性的指导和帮助。教师在回答学生提问时，应力求做到正确和令人信服。如果问题超出了教师的知识范围而不能当场给出答案，教师不要采取随便应付、搪塞或不予理会的态度，而应实事求是地解释原因，还可以鼓励学生课后对问题继续进行思考和讨论等。

3. 教学评价行为[3]

教学评价的3个基本问题是"为什么评价""评价什么"和"怎么评价"，它们分别对应着教学评价的指导思想、评价内容和评价方法。三者构成统一的整体，共同实现教学评价的功能。教师的探究教学评价行为也可以从这3个方面进行揭示与阐释。

(1)探究教学评价的指导思想

探究教学评价的指导思想决定着评价的方向。探究教学是在课程改革的大背景下进行的，课程改革的评价理念应成为探究教学评价的指导思想。课程改革的纲领性文件《基础教育课程改革纲要(试行)》提出的教学评价理念突出了教学评价对改进教学实践、促进

---

①　钟志贤：《知识建构、学习共同体与互动概念的理解》，载《电化教育研究》，2005(11)。

②　宋振韶、张西超、徐世勇：《课堂提问的模式、功能及其实施途径》，载《教育科学研究》，2004(1)。

③　谢绍平：《探究教学评价的指导思想、内容和方法》，载《教学与管理》，2016(36)。

教师与学生发展的功能。因此，探究教学评价的指导思想应包括 3 个方面的内容：探究教学评价应促进学生的发展、促进教师的专业成长和促进探究教学实践的改进。

①探究教学评价应促进学生的发展。

"促进学生的发展"是所有教学活动的根本宗旨，它也理应成为探究教学评价的指导思想之一。探究教学评价通过对评价内容、评价方法的改革与创新，促进学生在科学知识、科学探究能力、科学态度与科学精神等方面和谐发展。

探究教学评价实践中的一些误区和偏差在很大程度上是其指导思想上的偏差造成的。例如，我国传统教育思想对探究教学评价实践有消极影响。在传统教育思想的影响下，探究教学评价往往比较重视甄别与选拔功能，而忽视促进学生发展的功能；比较注重对知识和技能的评价，而忽视对能力和情感发展的评价；比较注重对探究学习结果的评价而忽视对探究学习过程的评价等。这种评价取向在很大程度上是其指导思想的偏差造成的，需要予以纠正，树立以促进学生发展为取向的评价指导思想。

②探究教学评价应促进教师的专业成长。

探究教学评价在评价方法、评价内容等方面与传统的教学评价有很大的不同，这对教师的专业素质提出了新的、更高的要求。教师为了适应探究教学评价的新要求，需要调整自己的教学评价观念，掌握新的评价方法和技能等，这也是促进教师专业成长的过程。例如，对学生探究学习过程与科学探究能力的评价是探究教学评价的重要内容，它需要综合运用观察、工作单、档案袋等多种评价方法。为此，教师需要熟练掌握这些探究教学评价方法，以便有效地评价学生的科学探究能力。另外，教师根据探究教学评价所提供的反馈信息，对自己的探究教学行为进行反思与调整，从而不断提高探究教学的质量，这也是教师的探究教学水平不断提高的过程。因此，应树立通过探究教学评价促进教师专业成长的指导思想，改变把探究教学评价与教师的专业成长相割裂的倾向。

③探究教学评价应促进探究教学实践的改进。

该指导思想是由探究教学评价的功能决定的。探究教学评价通过其导向、激励和反馈调节功能的发挥，实现对探究教学实践的改进作用。

首先，探究教学评价的导向功能促进探究教学实践的改进。探究教学评价标准是进行探究教学评价的尺度和准绳；为了取得好的评价结果，师生会自觉调整各自的探究教学行为或学习行为，努力朝着评价标准所要求的目标迈进，从而使探究教学实践得以改进。

其次，探究教学评价的激励功能促进探究教学实践的改进。正向的评价结果（如奖励、肯定）能增强师生的自信，激励他们追求探究教学效果的最优化；负向的评价结果（如惩罚、否定）能激发师生的动机和潜能，促使他们努力克服探究教学存在的不足。

最后，探究教学评价的反馈调节功能促进探究教学实践的改进。师生根据探究教学评价结果所提供的反馈信息，及时了解和发现探究教学实践存在的问题，从而对探究教学的相应方面进行调整与改变，以取得更好的探究教学效果。

（2）探究教学评价的内容

由于所有的教学活动（包括教学设计、教学实施和教学评价等）都是围绕着教学目标进行的，教学评价的结果应反映出教学目标的完成情况，因此教学评价的内容要根据教学目标来确定。探究教学的目标包括科学知识、探究学习过程与科学探究能力、科学态度与科学精神等，它们应作为探究教学评价的主要内容。

①科学知识。

这里的科学知识是指学生经过探究学习而获得的对客观世界的认识,其表现形式包含科学事实、科学概念、科学原理、科学模型和科学理论等。在对科学知识的评价方面,应重点评价学生对科学知识的深层次理解和掌握,以及运用科学知识分析、解决实际问题的能力,而不应简单地评价学生对科学知识的单纯记忆,这是由探究教学评价的性质和探究教学目标决定的。探究教学强调通过让学生亲自从事各种探究活动而获得对科学知识的深层次理解和掌握,探究教学评价的内容要与此相对应。对科学知识的评价可采用纸笔测验法,但不宜直接考查学生对科学知识的记忆,而应设置问题情境,考查学生运用科学知识的能力。

②探究学习过程与科学探究能力。

第一,对探究学习过程的评价是探究教学评价的重要内容之一。《基础教育课程改革纲要(试行)》指出,为了促进学生的全面发展,评价要发现和发展学生多方面的潜能。由于学生的潜能主要表现在他们的学习过程中,这就必然要求把学生的学习过程纳入教学评价的内容中,这一点对于探究教学评价尤为重要。在探究学习过程中,学生需要从事一系列的自主探究活动,如提出问题、进行实验与收集证据、交流与合作等。学生在这些探究学习活动中的表现全面、真实地反映了他们的探究学习状况和潜能,因此对探究学习过程的评价应侧重学生在探究活动中的真实表现(如参与探究活动的积极性、克服困难的决心和毅力、交流与合作情况等),可采用观察、提问和撰写探究报告等方法。

第二,对科学探究能力的评价是探究教学评价的核心内容。培养学生的科学探究能力是探究教学的重要教学目标之一;为了检验该探究教学目标的完成情况,在探究学习之后需要对学生的科学探究能力进行评价。由于科学探究能力是学生顺利完成探究活动所需的心理特征,它体现在学生完成探究活动的过程中,因此,对科学探究能力的评价应根据学生完成探究活动的真实表现来进行,常采用观察法、工作单评价法和档案袋评价法等。

③科学态度与科学精神。

科学态度是指学生对科学探究所持的心理准备状态,包括学生在探究活动中表现出的好奇心、求知欲、勇于克服困难的决心等。科学精神是指学生在探究活动中所表现出来的价值观念、行为准则和道德品质等的综合体,主要表现为理性精神、求实精神、质疑精神、创新精神与协作精神等。由于学生的科学态度与科学精神主要表现在他们的探究活动中,因此宜采取表现性评价的方法(如观察法、档案袋评价法等)。

关于科学态度与科学精神的评价是探究教学评价实践中的薄弱环节,主要体现在:一是不太重视对科学态度与科学精神的评价;二是缺乏有效的评价标准和工具。今后有待于加强这方面的研究和实践。

(3)探究教学评价的方法

常用的探究教学评价方法有纸笔测验法、观察法、工作单评价法和档案袋评价法等,下面分别进行阐述。

①纸笔测验法。

纸笔测验最适合考查学生对知识的掌握情况,设计良好的纸笔测验也能考查一些科学探究能力(如提出问题的能力、进行猜想与假设的能力等),但对于实验操作能力等科学探究能力考查的效度很低,基本不能考查学生在探究学习过程中所表现出的科学态度与科学精神。因此,教师在运用纸笔测验法时要注意其适用范围,一般应把它用于对知识目标的考查，但不宜用于对实验操作能力、科学态度与科学精神等的考查。

由于纸笔测验实施起来较为简单、方便，便于大规模组织实施，因此纸笔测验在我国的探究教学评价中应用得非常普遍。但纸笔测验法在应用中还存在一些偏差：一是对其过分依赖，而其他的评价方法应用得很少；二是考查内容偏于记忆性知识，缺少对知识的深层次理解和掌握。这些偏差不利于全面、准确地评价学生的科学探究能力，今后需要加以纠正。

②观察法。

观察法属于表现性评价的一种。所谓表现性评价是指通过观察学生在完成实际任务时的表现来评价学生已经取得的发展成就。[1] 由于学生的科学探究能力、科学态度与科学精神表现在他们完成探究任务的活动中，因此表现性评价非常适于评价学生的科学探究能力、科学态度与科学精神等。

观察有非正式的观察和正式的观察。非正式的观察是在课堂情境中自然进行的，一般没有明确的观察目的，通常由学生的异常学习行为（如某学生在分组探究时做与学习无关的活动）或教师的不随意注意（如教师无意中发现某学生设计的独特探究方案）引起。正式的观察有明确的观察目的、正式的观察提纲和记录表，能全面、深入地了解学生在探究学习过程中的真实表现。正式的观察一般包括以下几个步骤：确定观察目的；根据观察目的设计适当的观察记录工具；使用观察工具进行观察，并将观察结果记录下来；对观察记录进行整理分析；将观察的结果反馈给学生。[2]

在探究教学评价中运用观察法时，应以正式观察为主，辅以非正式的观察。非正式观察的结果也应及时记录下来，以作为对正式观察的补充。观察的主体可以是教师，也可以是学生同伴。

③工作单评价法。

工作单评价法也属于表现性评价，它非常适合于对科学探究能力进行评价。这种评价方法需要让学生从事实际的科学探究活动（一般包括实验操作活动），同时把探究的过程和结果写在工作单上，然后教师根据评分标准对工作单进行评分，工作单的得分反映了学生的科学探究能力水平。[3] 由于工作单评价法具有较好的效度和成本的平衡性，已成为国外评价科学探究能力的主流方法。

与国外相比，工作单评价法在我国探究教学评价实践中的应用还不普遍，今后应大力加强工作单评价法的研究和推广应用。在工作单评价法的研究方面，要在消化、吸收国外工作单评价理论的基础上，探索适合我国实际的工作单评价方法（重点开发各学科的探究能力评价工作单及相应的评价标准）。在工作单评价法的推广和应用方面，探索在升学考试（如中考、高考等）中应用工作单评价法，同时提倡教师在平时的教学评价中也进行应用。由于广大一线教师对工作单评价法还不熟悉，应对教师开展这方面的培训工作。

④档案袋评价法。

档案袋评价法是将学生在学习过程中完成的作品、评价结果及其他相关记录资料汇集在一起，用以反映学生的成长和进步轨迹的一种评价方法。由于档案袋里的资料全面、

---

① 袁运开、蔡铁权：《科学课程与教学论》，283页，杭州，浙江教育出版社，2003。
② 丁朝蓬：《新课程评价的理念与方法》，130页，北京，人民教育出版社，2003。
③ 罗国忠：《初中生科学探究能力评价方式的比较研究》，博士学位论文，西南大学，2007。

真实地反映了学生的学习过程及其在学习过程中的表现和进步等信息,因此档案袋评价法非常适合于对学生探究学习过程的评价。

在探究教学评价中运用档案袋评价法时,一般包括以下几个步骤。第一,确定档案袋评价的内容。档案袋评价的内容主要是学生的探究学习过程及其在探究学习过程中的表现(如科学探究能力、参与探究活动的积极性、合作交流的情况等)。第二,根据评价内容,收集相关的评价资料。所要收集的资料一般包括关于探究活动的观察记录表、探究报告和探究日志等。教师要事先设计好观察记录表,在开展探究教学评价时对学生的探究学习表现如实记录;在探究活动结束后收集探究报告和探究日志。第三,对所收集的资料进行认真、准确的评价。评价的方式包括学生自评、同伴互评和教师评价等。第四,把评价结果及时反馈给学生,以促进学生对探究学习过程和结果的总结及反思。反馈的方式可以是个别反馈或集体反馈,教师可根据具体情况灵活选用。

本章小结

本章确定了中学物理教师对探究教学适应性理论框架(核心部分)的内容架构。构建了中学物理教师对探究教学适应性理论框架的适应性内容部分。根据适应性、教师适应性的有关理论和本书对"教师对探究教学适应性"内涵的界定,确定了教师对探究教学的适应性内容包括认识、态度、能力和教学行为适应4个方面。

认识适应。认识适应的内容包括教师的教育理念、对科学素养的认识和对探究教学的认识。适应探究教学的教育理念包括相应的教育观、教学观和师生观,对科学素养的认识包括认识科学素养的内涵、认识科学素养与探究教学的关系,对探究教学的认识包括认识探究教学的时代背景、认识探究教学的内涵。

态度适应。根据态度的三成分理论,把教师对探究教学态度适应的内容划分为认知、情感和行为倾向3种成分。认知成分主要是认识探究教学的价值和意义,情感成分即对探究教学具有接受、赞同和欣赏等积极情感,行为倾向即愿意积极主动地开展探究教学。

能力适应。根据探究教学自身的特点,确立了教师应重点掌握的、体现出探究教学要求的能力有科学探究能力、探究教学的组织与管理能力、探究教学机智。科学探究能力包括提出问题的能力、猜想与假设的能力、制订探究方案的能力、获取事实与证据的能力、分析与论证的能力、表达与交流的能力。探究教学的组织与管理能力包括制订探究教学管理常规的能力、处理学生问题行为的能力、组织探究教学的能力和创设探究教学环境的能力。探究教学机智包括处理疑难问题的机智、处理教学失误的机智和处理课堂偶发事件的机智。

教学行为适应。教学行为适应包括教学设计行为、教学实施行为和教学评价行为的适应。根据教学设计的有关理论,结合探究教学的特点,确定了探究教学设计行为包括探究教学目标的制订与阐明、探究教学的学生特征分析、探究教学策略的制订。根据科学探究要素和教师在探究教学中的角色、地位,确定了探究教学实施行为包括指导学生提出问题、指导学生提出猜想与假设、指导学生获取证据、指导学生分析与论证、指导学生交流。对探究教学评价行为从探究教学评价的指导思想、评价内容和评价方法3个方面进行了揭示与阐释。

第七章　中学物理教师对探究教学 适应性理论框架的构建(三)
——关于探究教学的适应过程

一、中学物理教师对探究教学的适应过程概述

　　教师对探究教学适应性的本质属性包括适应性内容和适应过程两方面。[1] 第六章所构建的教师对探究教学适应性理论框架的适应性内容部分从静态视角揭示与阐释了教师对探究教学适应性的本质属性，它是判断和评价教师对探究教学适应性状况的基础和依据。本章将构建教师对探究教学适应性理论框架的适应过程部分，以便从动态视角揭示与阐释教师对探究教学适应性变化过程的机制与规律。

　　教师适应探究教学的过程可概述为：在课程改革大力倡导探究教学的环境下，适应主体(教师)对探究教学在认识、态度、能力和教学行为等方面还存在着偏差和不足，于是倡导探究教学的教育环境对教师提出了适应探究教学的客观要求。教师为了应对探究教学的要求和挑战，需要对自身关于探究教学的认识、态度、能力和教学行为等进行相应的调整与改变(即教师改变)，最终达到与倡导探究教学的教育环境之间的平衡，实现对探究教学的适应。另外，为了使教师改变朝预期的方向进行，并取得良好的效果，教师改变还需要依靠外界支持和自身努力(即支持系统)以获得相应的支持和帮助。教师适应探究教学的过程可以用图 7-1 来表示。

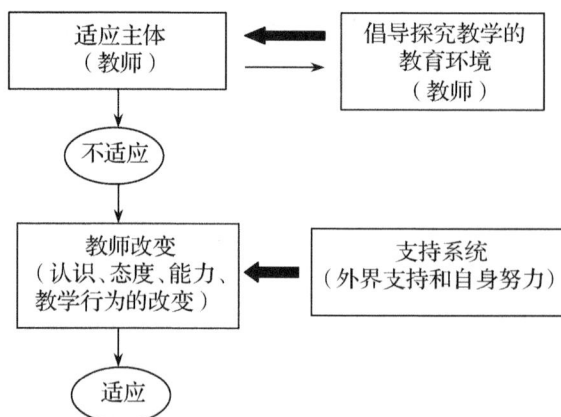

图 7-1　教师对探究教学的适应过程

　　根据以上对教师适应探究教学过程的阐释与分析，可以概括出教师适应探究教学过

---

[1] 谢绍平、刘美凤：《论教师适应探究教学过程中的三要素》，载《中小学教师培训》，2016(2)。

程中的要素，即倡导探究教学的教育环境，教师改变，支持系统。这3个要素是教师适应探究教学过程中的关键"节点"，每一个"节点"都在教师适应探究教学的过程中发挥独特的作用和功能：倡导探究教学的教育环境对教师提出了适应探究教学的客观要求，教师改变是实现适应的途径和手段，外界支持和教师自身努力构成了促进教师改变的支持系统。这3个要素通过各自作用和功能的发挥，最终实现教师适应探究教学的目标。因此，这3个要素从动态视角揭示了教师适应探究教学过程的本质规律。

二、中学物理教师适应探究教学过程中的三要素

由于适应过程中的要素反映了适应过程的本质特征，因此可以从适应过程要素的视角来阐释适应过程的机制与规律。[①] 本适应性理论框架从教师适应探究教学过程的三要素视角，深入阐释中学物理教师对探究教学适应过程的机制与规律。

(一)倡导探究教学的教育环境：对教师提出了适应探究教学的客观要求

我国本轮基础教育课程改革把探究教学作为变革传统教学方式的突破口，大力倡导探究教学。研究者们对探究教学进行了大量的研究，这些研究成果可以为探究教学的实践提供理论指导。然而在实践层面上，教师们对探究教学在认识、态度、能力与教学行为方面还存在诸多的不足。因此，探究教学的应然理念与实然状态之间还存在较大的反差，即倡导探究教学的教育环境与探究教学的实施者(教师)之间还存在较多的不平衡。在此背景下，倡导探究教学的教育环境对教师提出了适应探究教学的客观要求。

首先，在政策层面上，国家确立了一系列关于探究教学的指导思想、方针和政策，从宏观上对教师提出了开展探究教学的客观要求。我国基础教育课程改革的纲领性文件《基础教育课程改革纲要(试行)》把探究教学放在了重要位置，并提出了开展探究教学的总体要求。各课程标准进一步结合各学科的特点，从课程理念、课程目标、课程内容、课程实施等方面对探究教学提出了具体的要求和建议。

其次，在研究层面上，研究者们对探究教学开展了大量的研究。根据在中国知网的检索结果，从2000年至2019年年底，题名含"科学探究"的期刊论文有2768篇，其中北大核心期刊论文438篇；题名含"探究教学"的期刊论文2533篇，其中北大核心期刊论文442篇；题名含"科学探究"的博硕士学位论文320篇(其中博士学位论文10篇)，含"探究教学"的博硕士学位论文402篇(其中博士学位论文6篇)。这些文献分别对探究教学的内涵、历史沿革、教学模式、实施现状和教学评价等方面进行了研究。这些研究深化了对探究教学的认识，可以为教师的探究教学实践提供参考。

最后，在实践层面上，教师对探究教学在认识、态度和教学行为等方面还存在诸多的偏差(如对探究教学的认识存在偏差、探究课堂的探究性偏弱等)，实施探究教学的能力还比较弱。这种状况既与我国课程改革的实施路线有关，也与我国的教学传统有关。我国课程改革采取的是"自上而下"的路线，即课程改革是在政府的领导和组织下进行的，

---

① 谢绍平、刘美凤：《论教师适应探究教学过程中的三要素》，载《中小学教师培训》，2016(2)。

通过行政手段在全国范围逐步推广。[①]"自上而下"的路线有利于课程改革的大规模迅速推广，但容易出现教师对新课程的不适应问题。另外，我国的授受式教学传统对教师适应探究教学也会产生不利的影响。

综上所述，一方面，倡导探究教学的教育环境已初步形成；另一方面，作为实施者的教师在探究教学的认识、态度、能力和教学行为等方面还存在诸多问题。因此，为了保证探究教学的理念得到有效的贯彻和落实，教师需要对自身关于探究教学的认识、态度和教学行为等进行调整与改变，努力提高自身的探究教学能力。

（二）教师改变：适应探究教学的途径和手段

教师改变可以改善教师对探究教学适应性较弱的状况，最终达到适应探究教学的目标，因此，教师改变是其适应探究教学的途径和手段。教师改变的主要内容包括教师关于探究教学的认识、态度、能力和教学行为几个方面。

1. 认识的调整与改变

教师关于探究教学认识适应的内容包括教育理念、对科学素养的认识和对探究教学的认识。

（1）教育理念的调整与改变

为了适应探究教学的要求，教师在教育观上要以素质教育理念为指导，正确认识科学教育的本质特征；在教学观上要正确认识科学教学的总目标、教学方法的选择原则以及"教"与"学"的辩证关系；在师生观上要正确认识师生在教学中的角色与地位。

①教师的教育理念存在的误区、偏差或薄弱之处。

首先，在教育观方面，一些教师的教育观受传统应试教育思想的影响较深，对科学教育本质特征的认识不够全面。应试教育在我国的影响比较深远，也影响到了部分教师的教育观，从而影响到了对探究教学的认识和实践。例如，有部分教师认为探究教学对提高学生的考试分数的作用不明显，从而降低了他们开展探究教学的积极性，在探究教学中注重探究的结果而忽视学生的探究过程，这些都不利于对学生探究能力和科学精神的培养。

在教师对科学教育本质特征的认识方面，教师最注重的是对科学知识的教学，对科学方法的训练也较为重视，但对科学态度与科学精神的培养则比较忽视，因此教师对科学本质特征的认识还不太全面。

其次，在教学观方面，存在着重"教"轻"学"的倾向。受传统教学观念、教师个人习惯等因素的影响，一些教师还不能正确认识和把握"教"与"学"的辩证关系，教学实践中常常重"教"轻"学"，如倾向于教师单向灌输，不注重根据学生特点采取相应的教学策略，从而影响了探究教学的效果。

最后，在师生观方面，比较注重教师主导作用的发挥，对学生主体地位的认识不足。在这种师生观的影响下，学生进行自主探究的机会比较少，参与探究的程度也比较低，教师直接告诉学生结论的情况比较多。这种师生观不利于探究教学优势的发挥，因此需要加以纠正。

---

① 彭虹斌：《新课程改革的突破口：改变教师》，载《教育理论与实践》，2007(1)。

　　②教育理念的调整与改变策略。

　　针对教师在适应探究教学过程中教育理念存在的误区与偏差，需要进行相应的调整与改变。

　　首先，在教育观方面，教师应努力摆脱应试教育思想的影响和束缚，树立以素质教育理念为指导的教育观。在此过程中，教师要注意克服对传统教育的无奈和妥协情绪。为了形成对科学教育本质特征的正确、全面认识，教师应认识到科学教育的宗旨是全面培养学生的科学素养，而不仅仅是传授科学知识，从而纠正对科学教育本质特征的片面认识。

　　其次，在教学观方面，教师应树立"学教并重"的教学观，即"学"与"教"要相结合，而不能偏向于某一方面。探究教学是一种强调学生的主体性、主动性和创造性的教学方式，因此学生的"学"是不可忽视的重要方面。教师重"教"轻"学"的教学观对探究教学的开展是一个很大的障碍，需要加以改变。

　　最后，在师生观方面，由于探究教学强调学生对问题的自主探索和在此过程中的体验，因此需要注重学生主体地位的发挥，尽量让学生去自主探究。在此过程中，教师发挥组织、引导和指导的作用，实现学生的主体地位和教师主导作用的结合。

　　(2)对科学素养认识的调整与改变

　　为了适应探究教学的要求，教师应全面、正确地认识科学素养的内涵，认识探究教学与科学素养之间的关系。

　　①教师对科学素养认识存在的偏差。

　　第一，一些教师对科学素养的认识定位存在偏差。科学教学的总目标是培养全体学生的科学素养，科学素养不是少数绩优生的"专利"，而是全体学生都可以达到的目标。但是一些教师对科学素养的定位过高，认为只有少数绩优生才能达到具有科学素养的程度，显然这有违科学教育的目的和素质教育的理念，需要予以纠正。

　　第二，不少教师对科学素养内涵的认识不够全面或存在偏差。科学素养的内涵一般包括科学知识、科学方法、科学态度与科学精神、科学本质以及运用科学知识和方法解决实际问题5个方面的内容。教师一般能认识到科学素养内涵某一两个方面的内容，但不易认识到科学素养的全部内涵。另外，一些教师对科学素养的认识还存在偏差，如有教师认为掌握了控制变量法就具备了科学素养，显然这种对科学素养的理解太狭隘，还有教师把科学素养和信息素养混淆了。

　　②提高对科学素养认识的策略。

　　由于探究教学是培养科学素养的有效教学方式，教师对科学素养内涵认识的偏差会影响探究教学的效果，因此教师需要对科学素养认识上的偏差进行纠正。教师需要加强对科学素养的定位、内涵及其与探究教学的关系等内容的学习，并把对科学素养的理论学习与教学实践相结合，最终形成对科学素养的全面、正确和深刻的认识。

　　(3)对探究教学认识的调整与改变

　　教师应具备的对探究教学的认识包括：了解探究教学的时代背景，正确认识探究教学的内涵。

　　①教师对探究教学认识中的薄弱之处。

　　第一，一些教师对探究教学时代背景的认识存在偏差。例如，有教师认为学校领导、家长和学生都不重视探究教学，即整个社会环境都不重视探究教学。显然，这种观点与倡导探究教学的时代背景是相悖的。我国自 2001 年正式启动基础教育课程改革以来，对作为重要教学理念和教学方法的探究教学进行了大力推广，得到了全社会的广泛接受和赞同。

第二，不少教师对探究教学内涵的认识存在偏差和错误。关于科学探究要素的认识，教师容易忽略交流要素。对于问题要素，有教师认为初中物理要探究的是关于变量之间定性关系的问题，其实初中物理中也有很多关于定量问题的探究。关于探究与实验的关系，很多教师认为探究离不开实验，其实实验只是收集证据的一种手段。关于探究教学与启发式教学的关系，一些教师认为两者是一回事，这反映了他们对探究教学内涵的宽泛化认识。

②提高对探究教学认识的策略。

为了形成对探究教学的正确认识，教师要加强对探究教学有关理论知识的学习。教师们一般比较注重教学实践经验的学习，但往往忽视有关理论知识的学习，这种倾向需要加以纠正和改变。另外，教师还要增强对探究教学的信心，克服对探究教学的消极情绪。在外界支持方面，需要加强关于探究教学理论知识方面的培训。

2. 态度的调整与改变

教师对探究教学应具备的正确态度是：理解探究教学的价值和意义；具有对探究教学的积极情感（如接受、赞同和欣赏探究教学）；在平时的教学中乐于开展探究教学，努力克服困难为探究教学创造条件等。

（1）教师对探究教学的态度存在偏差

总体来说，教师对探究教学的态度比较积极，如普遍接受探究教学的理念，能认识到探究教学的价值与意义，但也存在一些有待改进之处。

①对探究教学价值和意义的认识不够全面。

教师们普遍对探究教学的价值和意义持肯定的态度，但对其价值和意义的认识还不够全面。例如，第四章所述的 5 位样本教师大多只认识到探究教学某一两方面的价值和意义，且比较集中于知识和能力的培养方面，对于探究教学在其他方面的价值和意义则比较忽略（表 7-1）。

表 7-1　样本教师对探究教学价值和意义的认识

样本教师	理解知识的发现过程	培养科学探究能力	培养对科学的兴趣	培养科学精神
A 教师	√	—	√	—
B 教师	√	√	—	—
C 教师	—	—	√	√
D 教师	√	√	—	√
E 教师	—	√	√	√

②教师开展探究教学的行为倾向性比较弱。

根据态度理论，行为倾向是行为的心理准备状态，会对主体的行为产生影响。为了推进探究教学的实践，教师应建立对探究教学的积极行为倾向。然而根据笔者的调研结果，一些教师（特别是老教师）开展探究教学的行为倾向性比较弱，从而影响了探究教学实践的开展。

(2)教师对探究教学态度的调整与改变策略

为了适应探究教学的要求，教师需要对存在的偏差进行调整与改变。

第一，为了纠正对探究教学价值和意义的片面认识，教师要加强对探究教学有关理论知识的学习，并结合教学实践形成对探究教学的正确态度。根据态度的三成分理论，行为倾向是建立在对事物的认知和情感基础上的，并且通常情况下态度的三要素间是协调一致的①，即形成了对事物的正确认知和积极情感后，一般会建立积极的行为倾向。

第二，教师要积极开展探究教学实践，增强开展探究教学的行为倾向性。由于行为的实践活动对行为倾向有反馈作用，即如果行为取得了满意的效果，则会使相应的行为倾向得到加强。因此，教师要多开展探究教学的实践，并努力取得好的教学效果，以增强对探究教学的行为倾向性。

3. 能力的提高

为了适应探究教学的要求，教师应具备的探究教学能力主要包括科学探究能力、探究教学的组织与管理能力、探究教学机智。

(1)科学探究能力的提高

①教师的科学探究能力的薄弱之处。

实践中，教师(尤其是新手教师)的设计探究方案能力、获取事实与证据能力、分析与论证能力等相对薄弱，从而影响了探究教学的顺利开展。另外，新手教师对实验仪器的操作往往不太熟练甚至存在错误。例如，某新手教师在访谈中坦言："对于中学的实验器材，我还不太熟悉和了解。大学物理的实验器材跟初中的完全不一样，我要熟悉仪器的性能和操作规范，保证它的可靠性，这是很难的。"

②科学探究能力的提高策略。

要通过亲身的科学探究经历才能掌握科学探究能力，但我国教师普遍缺乏直接的科学探究经历②，这是导致他们科学探究能力薄弱的一个重要原因。为了提高教师的科学探究能力，无论是职前还是职后的教师培养中，都应该增加科学探究实践训练方面的内容，通过让教师"做"探究的方式来培养和提高科学探究能力。由于技能是通过反复练习而形成的一种操作能力，因此教师需要在实际的科学探究实践中达到对科学探究技能的掌握。

(2)探究教学组织与管理能力的提高

教师应具备的探究教学组织与管理能力包括：制订探究教学管理常规的能力、处理学生问题行为的能力、组织探究教学的能力、创设探究教学环境的能力。

①教师的探究教学组织与管理能力存在的不足。

首先，教师的探究教学管理能力有所欠缺。在时间管理方面，教师的讲授时间过多，给学生留出的自主探究的时间比较少，不利于培养学生的探究能力。例如，在笔者所听的30多节探究课中，学生的自主探究时间一般在10分钟以内(整节课的时间为40分钟)。学生的探究活动比较仓促，学生经常没有完成探究任务教师就进行总结了，甚至教师还没来得及总结就下课了。

其次，教师组织探究学习的能力不足。在分组探究中，教师不能及时、全面地指导

---

① 佐斌：《社会心理学》，124 页，北京，高等教育出版社，2009。
② 马勇军：《文化视野下的科学过程教育研究》，169 页，北京，人民出版社，2012。

学生的探究活动，以致学生在遇到困难时不能得到教师的指导和帮助，从而影响了探究学习的效果。在集体探究中，教师的主导作用过强，教师代替学生提出假设与猜想、代替学生设计实验方案及得出结论的现象比较多，不能有效发挥学生的主体性。在教师讲解所设计的实验方案时，部分教师的解释能力不足，影响了学生对实验方案的理解。

最后，教师创设探究教学环境的能力也有所欠缺。一些教师不熟悉所在学校的仪器设备配备情况和仪器的性能等，从而影响了探究教学的顺利开展，这种现象在新手教师身上体现得尤其明显。一些教师自制教具的能力较弱，他们虽然抱怨学校的仪器设备不能满足探究教学的要求，自己却很少自制教具，也坦言自制教具的能力较弱。

②探究教学组织与管理能力的提高策略。

首先，在探究教学管理方面，教师要提高对探究教学的时间管理能力。控制教师讲授的时间，保证讲授的效果和效率，尽量给学生自主探究的时间。为了规范和约束学生的探究学习行为，要制订必要的探究教学管理常规，并严格执行；对学生的问题行为既要合规又要灵活地处理，避免采取忽视或粗暴的处理方式。

其次，在组织学生的探究学习方面，教师要提高驾驭探究课堂的能力。为此，要加强对学生探究活动的巡视和监督，以便及时发现学生在探究过程中遇到的困难和问题，并为他们提供指导和帮助。在组织学生的探究活动时，尽量给学生自主探究的机会，教师充当指导者、促进者和帮助者的角色，而不要代替学生去探究。

最后，在创设探究教学环境方面，教师要熟悉所在学校仪器设备的配备情况及其性能，以便为探究教学的设计和实施提供参考和依据。增强自制教具的意识和能力，并在探究教学中恰当地使用自制教具。

（3）探究教学机智的提高

为了适应探究教学的要求，教师应具备的探究教学机智有处理疑难问题的机智、处理教学失误的机智、处理课堂偶发事件的机智。

①教师的探究教学机智存在的薄弱之处。

首先，在处理学生的疑难问题方面，教师不能恰当地应对学生所提出的疑难问题。例如，在某教师"探究杠杆的平衡条件"探究课堂上，在计算钩码的重力时，该教师要求重力加速度 g 的数值取 9.8 而不能取 10。当学生问其原因时，该教师的解释是"9.8 的数值更准确"，其实这种解释在此处并不恰当。由杠杆的平衡条件公式 $F_1l_1 = F_2l_2$，即 $m_1gl_1 = m_2gl_2$，等号两边的 g 是可以约去的，因此，在这里 g 的值是可以取 10 的，可以使计算更简便。

其次，在处理教学失误方面，教师不能及时发现自身的教学失误，或者虽然发现了失误，但所采取的补救措施不恰当。这种倾向在新手教师身上更为突出。例如，在某新手教师"探究阿基米德原理"的课堂上，虽然该教师发现了有几组数据的误差超过了正常范围，但没有分析其产生的原因，而是勉强根据这些错误的数据得出了结论，影响了结论的可靠性。

最后，在处理课堂的偶发事件方面，部分教师不能沉着、冷静地对待偶发事件，处理的方式也存在不当之处。例如，在某教师"探究液体内部的压强规律"的课堂上，有个学生在探究实验过程中违反操作规则，把液体压强计中的液体挤了出来，以致后续的实验操作无法进行。面对这一课堂偶发事件，该教师当时没有控制住自己的情绪，采取简单训斥的方式来处理。这种情绪化的处理方式使课堂偶发事件的积极作用得不到发挥。

其实这一偶发事件中蕴含着丰富的智育和德育因素,如果教师能运用探究教学机智灵活处理,如启发学生思考"为什么液体会跑出来""这一错误操作会给教学带来什么消极后果"等问题,则可以取得良好的教学效果。

②提高教师探究教学机智的策略。

针对教师在探究教学机智方面存在的薄弱之处,教师要努力提高处理疑难问题的机智、处理教学失误的机智和处理课堂偶发事件的机智,其具体方法、策略详见第六章的相关内容,这里不再赘述。

4. 教学行为的调整与改变

教学行为适应的内容包括教学设计、教学实施和教学评价行为的适应。教师在探究教学行为方面还存在一些薄弱之处,有待于进行相应的调整与改变。

(1)教学设计行为的调整与改变

①教师的探究教学设计行为存在的薄弱之处。

首先,在探究教学目标的制订方面,一般比较注重知识与技能的目标,而相对忽视过程与方法、情感态度与价值观的目标。其具体表现为:过程与方法、情感态度与价值观的目标比较笼统、空泛,如采用"提高(学生)学习物理的兴趣""会用科学方法解决问题"等表述,甚至只有单一的知识技能目标,而缺乏过程与方法、情感态度与价值观目标。

其次,在探究教学目标的阐明方面,在表述教学目标时常常把教师作为教学目标的行为主体。另外,还存在教学目标的层次性不强的问题。例如,某教师制订的"压强"探究课的知识与技能目标是这样表述的:

＊ 知道压强是表示压力作用效果的物理量。

＊ 知道怎样探究影响压力作用效果的因素,并能正确得出结论。

＊ 知道压强概念的建立过程,能熟练写出压强公式、单位,并会简单计算。

＊ 会分析具体实例是如何增大或减小压强的。

显然该教师所制订的探究教学目标的层次性很弱,大部分目标为"知道"层次,这显然降低了该节探究课的教学要求,从而难以保证探究教学的质量。

再次,在学生特征分析方面,不太重视对学生特征的分析。分析的内容比较狭窄,一般比较注重对学生的实验操作技能的分析,而对学生关于探究学习的动机、态度的分析比较欠缺。

最后,在探究教学策略的制订方面,不太重视问题情境的创设,往往是直接提出所要探究的问题。在指导策略方面:直接告诉学生结论的情况比较多,指导的启发性较弱;集中指导多,个别指导少。

②教学设计行为的调整与改变策略。

首先,在探究教学目标的制订和阐明方面,改变过于偏重"知识与技能"目标的倾向,加强关于"过程与方法""情感态度与价值观"目标的制订和落实。纠正关于教学目标阐明方面的偏差,有效发挥教学目标对教学的统领和指引作用。

其次,在学生特征分析方面,要加强对学生特征分析的重视程度。教师不能想当然地认为对学生很了解就忽视对学生特征的分析,这种主观上的"了解"并不一定准确。关于学生特征分析的内容,除了分析学生的实验技能外,学生的初始知识、探究能力、探究动机和态度、与探究学习有关的生活经验等都应作为分析的内容,克服分析内容单一的倾向。

最后，在探究教学策略的制订方面，要重视问题情境的创设。问题情境可以激发学生的探究动机，而其中丰富的感性材料也有助于学生提出好问题。另外，要增强指导的启发性，避免直接告诉学生现成的结论，在指导方式上要加强对学生的个别指导。

（2）教学实施行为的调整与改变

①教师的探究教学实施行为存在的薄弱之处。

第一，在指导学生提出问题方面，对学生提出问题的训练活动比较少，基本上是由教师直接提出问题，甚至不提出问题就直接进行实验操作。笔者所听的30多节探究课中，有25节课由教师直接提出问题，另有2节课缺乏提出问题的环节。

第二，在指导学生提出假设方面，学生所提出的假设经常缺乏根据，一些教师的指导还比较薄弱。例如，某教师"探究压力作用效果的影响因素"的探究课堂上，学生提出了"压力作用效果与压力大小、接触面的面积有关"的假设，但缺乏有关的根据和理由。该教师对此并没有进行相应的提醒和指导。另外，也没有给学生留出充足的思考时间。当学生提出了教师想要的假设后，教师就急于进行后面的教学活动。由教师代替学生提出假设的现象也比较常见。

第三，在指导学生获取证据方面，基本上是教师设计实验方案。学生自主设计实验方案的情况很少，甚至在缺乏实验方案设计的前提下，教师直接进行实验操作。这些教学行为已偏离了探究教学的方向，类似于传统的授受式教学。演示实验偏多，而学生分组实验较少；演示实验主要是教师进行演示，学生的参与程度比较低。教师对学生分组实验的指导比较薄弱，有时学生不能得到及时的指导；新手教师在对学生实验的指导方面更容易出现失误。

第四，在指导学生分析与论证方面，教师对证据分析的重视程度还不够。例如，某教师"探究阿基米德原理"的探究课堂上，采用了学生轮流演示的方式。后几组学生直接借用了第一组学生的某个实验数据，其实该数据很可能不准确，但教师并没有指出学生这样做的不妥之处。在分析证据的可靠性时，不能有效分析误差的来源。例如，在某教师"探究重力的大小与质量关系"的探究课堂上，有一组数据的误差明显偏大。该教师对学生的解释是"弹簧测力计精度低、钩码质量的误差大"造成的，其实是由弹簧测力计的使用方法不当造成的。另外，在由证据得出结论时，基本上是由教师得出结论，让学生得出结论的情况很少。在教师得出结论的过程中，比较忽视对学生思维的启发，经常是直接告诉学生结论。

第五，在交流行为方面，小组内学生之间的交流比较充分，但各小组之间的交流比较缺乏，也很少有小组汇报、讨论、辩论等交流形式。在集体探究中，教师的提问多，而学生的提问很少；教师提问的启发性较弱（记忆类和简单计算类的问题较多），问题的表述欠准确。例如，某教师"探究浮力的影响因素"的探究课堂上，当测得物体所受的浮力为0.1 N时，该教师提出了这样的问题："这个0.1 N，是它（液体密度）说了算，还是它（液体体积）说了算？"学生听了之后都很茫然。其实该教师要问的问题是："浮力是由液体密度决定，还是由液体体积决定？"另外，从教学信息传输的角度来看，教师单向灌输的色彩较浓，而师生之间的双向交互性比较弱。

②探究教学实施行为的调整与改变策略。

第一，在指导学生提出问题方面，应尽量让学生提出问题，同时给予适当的指导和帮助。在提出问题之前要创设问题情境，避免直接提出问题，更不能遗漏或省略提出问题的环节。

第二，在指导学生提出猜想与假设方面，要求学生有根据地提出猜想与假设，鼓励学生尽可能多地提出猜想与假设，然后师生一起对它们进行分析、总结。尽量由学生提出猜想与假设，而不要由教师代替学生提出。

第三，在指导学生获取证据方面，教师应让学生自主设计实验方案，避免代替学生去设计。尽量采取分组实验的方式；教师要增强对分组实验的重视程度，努力克服困难开展分组实验。加强对学生实验方案设计和实验实施方面的指导。

第四，在指导学生分析与论证方面，教师要提高对证据分析的重视程度，提高对定量数据的误差分析能力，能准确、迅速地找出误差的来源。另外，应尽量由学生得出结论，避免出现由教师直接给出结论的情况。在学生对证据进行总结分析、得出结论的过程中，教师要提供适当的启发和指导。

第五，在指导学生交流方面，教师应努力创建宽松、和谐的交流氛围，让每个学生都能自由、充分地表达观点，使各种不同的观点得到碰撞和交流。这样非常有利于培养学生的批判性思维能力，促进对知识的深层次意义建构。

(3)教学评价行为的调整与改变

教师应具备的探究教学评价行为有：树立以基础教育课程改革评价理念为指导的探究教学评价指导思想；在探究教学评价内容方面，全面评价学生的科学知识、探究学习过程与科学探究能力、科学态度与科学精神；在探究教学的评价方法方面，能根据评价内容、评价性质等的不同，灵活地选用恰当的评价方法。

①教师的探究教学评价行为的薄弱之处。

首先，在探究教学评价指导思想方面，有些教师的教学评价行为受传统应试教育思想的影响较深。教师比较注重对学生学业成绩的评定，相对忽视"评价促进学生发展和教师专业成长""评价促进教学实践改进"的功能。

其次，在探究教学评价内容方面，受传统教学观念、社会环境等因素的影响，教师一般比较注重对科学知识、科学探究能力的评价，而关于探究学习的过程、科学态度与科学精神方面的评价还比较薄弱。

最后，在探究教学评价方法方面，评价的方法较单一，基本上是纸笔测验法，而课堂观察法、工作单评价法、档案袋评价法应用得还非常少。纸笔测验法基本上是以学生学过的科学探究项目为考查内容，因此难以有效评价学生的探究学习效果。

②探究教学评价行为的调整与改变策略。

首先，在探究教学评价指导思想方面，教师应努力摆脱传统应试教育思想的影响和束缚，以新课程改革的评价理念为指导，重视"教学评价促进学生发展和教师专业成长、促进教学实践改进"的功能。另外，教师还要克服对传统教育环境的悲观、被动情绪，努力发挥主观能动性，积极促进新课程改革评价理念的落实。

其次，在探究教学评价内容方面，改变过于重视对科学知识和科学探究能力评价的倾向，把科学探究过程、科学态度与科学精神等都纳入评价范畴，不忽视其中任何一方面的内容。在评价学生对知识的掌握情况时，应重点考查学生在真实的问题情境中运用知识解决问题的能力，避免只考查对知识的简单记忆。对于科学探究能力的评价，最好运用表现性评价的方法。

最后，在探究教学评价方法方面，改变过于依赖纸笔测验、评价方法单一的做法，综合运用纸笔测验法、观察法、工作单评价法和档案袋评价法等，全面、准确地评价学生的科学知识、科学探究过程与能力、科学态度与科学精神等。另外，对于广泛运用的纸笔测验法，应尽量提高其效度。为此，科学探究方面的测试题应以真实的问题情境为背景，考查学生没有学过但又有一定感性认识的内容。

（三）支持系统：为教师改变提供支持和帮助

通过"教师改变"这种途径和手段，教师最终能实现适应探究教学的目标。然而教师改变的过程并不是轻而易举就能完成的，这是因为：第一，从教师职业的特点来看，教师职业是一种趋于保守、寻求安稳的职业。教师可以依据自己的经验独立自主地处理和应付日常工作，认为变革会使他们的经验受到挑战和威胁，于是易于寻求安稳而排斥变革。这种职业特点使得教师改变并不容易发生。第二，从探究教学来看，它传入我国的时间还比较短。广大教师在相关的认识、态度、能力和教学行为（即适应性内容）方面还存在诸多问题。教师在对适应性内容进行调整与改变（即教师改变）过程中会遇到很多的困难和挑战。

为了保证教师改变的顺利进行，外界需要提供一定的支持和帮助；同时，教师作为适应的主体，自身也要发挥主观能动性，努力调整与改变。总之，外界支持和自身努力一起构成了促进教师改变的支持系统，为教师改变提供支持和帮助。

1. 外界支持

促进教师改变的外界支持手段主要包括教师培训、专家指导和同伴互助，下面分别进行阐述。

（1）教师培训

培训是教师更新教育教学观念，提高教育教学理论素养和实践水平的必不可少的专业发展方式。在《基础教育课程改革纲要（试行）》中，国家在宏观政策上对教师培训提出了明确的总体要求。开展有关探究教学的培训是促进教师改变，从而适应探究教学的有效手段。培训的主要形式有专家讲座、公开课活动和科学探究训练。

①专家讲座。

专家讲座主要有两种类型：一种是由来自高校、教育研究院所的教育专业研究人员所做的理论讲座，另一种是由来自中小学教学一线的专家型教师所做的实践类讲座。这两种类型的讲座各有优劣，两者应该优势互补，共同发挥对教师专业发展的促进作用。教育专业研究人员具有较高的理论素养和开阔的专业视野，能为教师带来全新的教育教学理念、知识和方法等。专家型教师具有丰富的一线教学经验，能为教师提供教学实践上的具体示范和指导。

为了充分发挥专家讲座对教师改变的促进作用，理论讲座要增加与探究教学有关的教育教学理念及探究教学知识等内容，以提高教师关于探究教学的理论素养。另外，理论讲座还要考虑教师的学习需求和学习特点，尽量多联系教学实际。实践类讲座要增加关于探究教学的设计、实施、评价的实际案例。笔者在调查中了解到，实践类讲座相对比较多，但其内容主要还是关于传统授受式教学的，针对探究教学的讲座还很少。这种状况应当改变。

②公开课活动。

公开课活动是教师培训中经常采用的教研形式。一般由经验丰富的教师精心准备和施教，专家进行点评，其他同行教师进行观摩学习。新课程改革以来，公开课这种教研活动对于宣传与推广新课程理念、提高教师的课堂教学效果发挥着重要的作用[1]，也是公认的促进教师专业发展的重要途径之一[2]。虽然公开课与常态课可能有一定的距离，但它能树立一种较理想教学的"标杆"，起到一种良好的示范和引领作用。因此，开展关于探究教学的公开课活动是促进教师接受探究教学的理念、掌握探究教学的实施策略和方法的重要途径。

为了有效发挥关于探究教学的公开课的示范和引领作用，施教者要提高对探究教学的认识，教学设计和教学实施要尽量体现探究教学的特色和优势（如增强探究教学的探究性、学生的主体性，发挥教师组织者和指导者角色的作用等）。评课专家也要摆脱传统授受式教学评价框架的限制，以探究教学的新理念为指导进行评课。听课教师要将公开课与常态课进行比较、分析，借鉴公开课教学中的有益经验。

③科学探究训练。

《科学探究与国家科学教育标准：教与学的指南》指出，让教师参与直接的科学探究训练是增进他们探究教学知识和技能的有效方法，但现实情况是绝大多数教师没有通过科学探究来学习科学的经历。[3] 在科学教育相对发达的美国尚且如此，我国的理科教师中接受过科学探究训练的就更少了。为了促进教师对科学探究及其教学的领悟和理解，提高探究教学水平，应该让教师接受科学探究方面的训练。

我国的教师培训方式以专家讲座和公开课活动为主，还非常缺乏针对教师的科学探究训练，今后应增加这方面的内容。科学探究的主题应紧密结合生产、生活的实际，并具有一定的探究价值。科学探究宜采取分组探究的方式，指导专家提供适当的指导和帮助。在每个探究训练项目结束后，指导专家应组织受训教师就他们的探究过程和结论进行交流和讨论，以培养他们的分析、判断能力以及交流与合作的能力。

（2）专家指导

专家是在某领域内具有宽广、深厚的专业知识，能高效地解决复杂问题的专门人才。教学是一种专业活动，教师在教学过程中由于自身的知识、能力等限制难免会遇到各种困难和障碍，对教学的认识和教学行为可能存在偏差甚至错误等。专家指导是帮助他们克服困难和消除障碍、促进他们专业成长的有效途径。鉴于教师在探究教学中的状况，他们十分需要得到专家的指导和帮助，以增强他们对探究教学的适应性。

为了充分发挥专家指导的优势，可以采取的策略有：第一，专家要深入教学一线，为教师提供个别化的指导。由于每位教师在探究教学中遇到的具体问题都有其特殊性，专家只有深入教学一线、深入课堂，才能了解教师的探究教学到底存在哪些具体问题，然后在此基础上为教师提供有针对性的指导和帮助。第二，建立专家与被指导教师之间

---

① 朱晓民、秦杰：《公开课与教师专业发展关系的调查研究》，载《课程·教材·教法》，2008(5)。

② 钱雯雯：《公开课若干争议问题述评》，载《上海教育科研》，2007(7)。

③ ［美］美国国家研究理事会科学、数学及技术教育中心，《国家科学教育标准》科学探究附属读物编委会：《科学探究与国家科学教育标准：教与学的指南》，83页，罗星凯等译，北京，科学普及出版社，2004。

相互信任、相互支持的和谐关系。专家与被指导教师之间的相互信任和支持是指导工作取得成效的前提和保障，但从现实情况来看，教师比较认同和信任实践型专家，却不太认同理论型专家，这种倾向还有待改变。

（3）同伴互助

同伴互助是教师在平等和自愿的基础上建立互助小组，小组内教师之间通过相互听课与评课、集体备课、研究讨论等方式，相互启发、相互促进，最终达到共同提高彼此专业素质和教学水平的目的。同伴互助可以使教师分享同伴的经验、促进教师的教学反思，从而促进教师的专业成长，因此它也是促进教师改变的重要支持方式之一。教师们（特别是新手教师）对于同伴互助这种支持方式普遍比较接受和欢迎，希望能与同伴教师交流与切磋。

为了更好地发挥同伴互助对教师改变的促进作用，需要遵循的原则有：

首先，同伴互助小组内的教师之间应建立一种平等、合作、互助的关系，淡化领导与被领导、指导与被指导的关系。因为只有建立一种平等、合作、互助的关系，教师关于探究教学的经验才能最大限度地被彼此分享，教师在探究教学实践中存在的问题才能得到真实的展现，并从对方的反馈中获得所需的指导和帮助。另外，指导者与被指导者的角色也不是固定不变的，在互助过程中两者可以根据具体情况灵活变化。

其次，应综合考虑每种同伴互助形式的特点，采取合适的互助形式。同伴互助的组织形式有一对一的互助和3人（含）以上的互助小组两种形式。这两种互助形式各有优点和不足：一对一互助的优点是互助小组的组织结构比较稳固，教师之间的交流互助活动比较频繁，但由于互助的教师圈子比较狭窄（只有2位教师），从而限制了教师专业拓展的视野；3人以上的互助小组的特点正好相反，它有利于拓展教师的专业视野，但其组织结构的稳固性要弱一些，交流互助活动的频率要低一些。为了保证同伴互助的频率、深度与稳固性，应以一对一的互助形式为主，以3人以上的互助小组作为补充。互助小组的成员最好是同学科、同年级的教师，在教师专业发展阶段上应体现出层次性（如新手教师与熟手教师的搭配、熟手教师与专家教师的搭配等）。

最后，同伴互助的内容应紧扣教师的探究教学实际。教师同伴之间由于合作的紧密性，容易发现彼此在探究教学中存在的偏差和误区，从而为同伴互助的内容指明方向。互助小组可以通过多种方式（如听课、研讨、交谈等）了解彼此对探究教学的认识和实践状况，并提供有针对性的指导和帮助。

2. 自身努力

外界支持只是促进教师改变的外在条件，教师自身的努力才是决定教师改变的内在因素。教师自身努力的主要内容如下。

（1）理论知识的学习

教师的探究教学实践需要相关理论的指导，然而一些教师关于探究教学的理论知识还比较薄弱，也不太重视有关理论知识的学习。为了适应探究教学的要求，教师要纠正这种倾向，提高关于探究教学的理论素养。

针对教师关于探究教学适应性状况，教师需要重点学习的有关理论知识有：基础教育课程改革的有关知识，包括课程改革的时代背景、意义、理念和目标等知识；探究教学的有关知识，包括探究教学的时代背景、价值、内涵以及探究教学的设计、实施和评价等知识。

关于探究教学理论知识的学习方式，教师可以采取自学、听专家讲座、交流研讨等方式，并把理论知识的学习与探究教学的实践结合起来，在实践中逐渐加深对有关理论知识的理解和领悟，并力求用所学的理论知识来指导自己的探究教学实践。

(2)探究教学的实践

教师的知识可分为理论性知识和实践性知识两类，而对教师的教育教学实践起直接指导作用的是实践性知识。[①]为了给教师改变提供指导和支持，教师除了需要关于探究教学的理论性知识外，还需要相应的实践性知识。由于教师的实践性知识主要通过教育教学实践活动获得[②]，因此，教师要积极开展探究教学实践，以获得和积累关于探究教学的实践性知识。

教师要创造条件，努力克服主、客观方面的困难(如教师的消极情绪、实验仪器不足等)，积极开展探究教学实践。探究教学的组织形式要实现多样化，如增加课外探究和综合探究等形式，以全面培养学生的科学探究能力，同时这也是培养和提高教师探究教学能力的好方式。另外，教师要加强对探究教学实践经验的总结，使关于探究教学的实践性知识得到提炼和系统化。

(3)教学反思

教学反思是教师以自己的教学活动为思考的对象，对自己的教学行为及其背后的教育教学观念进行审视和分析，以便发现教学中存在的问题并思考其解决办法，巩固已有的成功经验，从而促进自身专业发展的过程。波斯纳提出的教师成长公式是"成长＝经验＋反思"。[③]由此可见，教学反思对教师专业发展的重要作用。在教师适应探究教学的过程中，教学反思可以帮助教师发现关于探究教学的误区和偏差，并思考其解决方法；另外，教师通过教学反思，可以使关于探究教学的实践经验趋向理性、科学，从而增强对探究教学的适应性。

为了充分发挥教学反思的支持和促进作用，可以采取的策略有：

首先，教师要保持对教学问题的敏感性。由于教学反思不仅是对教学经验的简单总结，而且包含着对整个教学过程的审视、分析和问题解决的活动[④]，而发现问题又是分析和解决问题的前提，因此，为了发现教学中存在的问题，教师要保持对教学问题的敏感性。否则，很可能对问题视而不见，错过了进行教学反思的时机。

其次，反思的内容要全面。一般认为，教学反思的内容主要包括课堂指向、学生发展指向和教师发展指向3个方面。[⑤]对于探究教学的反思来说，课堂指向的反思包括对探究课堂教学的内容、方法、策略、评价等的思考和分析；学生发展指向的反思主要是对学生在探究学习中的困难和障碍、对探究学习的兴趣和态度等的思考和分析；教师发展指向的反思主要是对教师的探究教学知识和能力、探究教学行为的思考和分析。教师对探究教学的反思应全面涵盖这3个方面的内容。实践中，教师的教学反思内容主要是课堂指向的，而学生发展指向和教师发展指向的反思很少，这种状况还有待改变。

① 陈向明：《实践性知识：教师专业发展的知识基础》，载《北京大学教育评论》，2003(1)。
② 刘东敏、田小杭：《教师实践性知识获取路径的思考与探究》，载《教师教育研究》，2008(4)。
③ 李明善：《教师专业发展论纲》，93页，长春，吉林大学出版社，2011。
④ 张建伟：《反思——改进教师教学行为的新思路》，载《北京师范大学学报(社会科学版)》，1997(4)。
⑤ 申继亮、刘加霞：《论教师的教学反思》，载《华东师范大学学报(教育科学版)》，2004(3)。

最后，反思的方式要多样化。常用的教学反思方式有内省、写反思日记、与同行交流讨论等。① 每种反思方式都有其优点和局限性：内省反思方式的优点是方便快捷，但其对教师能力的要求较高。如果教师能力不强，会使反思的内容比较零散，反思的深度也有限。写反思日记能对教学过程进行较系统、深入的分析和思考，但比较费时。如果不认真对待，也容易流于形式。与同行交流讨论相当于创建了一种社会建构的情境，这种情境可以启发和促进教师对自己教学过程的思考。因此，应综合运用多种反思方式，以保证反思的效率和效果。

（4）行动研究

行动研究是一种以解决教育教学实践问题为根本目的的研究方法，其突出特征是"对行动进行研究，以研究促进行动"②。因此，行动研究非常适合于教育实践工作者开展。通过开展关于教师对探究教学适应性问题的行动研究，可以对这些问题的表象、产生的原因等进行深入的分析和研究，并探索出有效的解决策略和方法，从而增强教师对探究教学的适应性。

教师在开展关于探究教学的行动研究时，可以采取的策略有：

首先，充分认识行动研究的价值和意义，掌握行动研究的实施方法和策略，并积极开展关于探究教学的行动研究实践。这既是"教师即研究者"课改理念的要求，也是增强教师对探究教学适应性、改进探究教学实践的需要。

其次，选择探究教学实践中那些比较棘手而又亟待解决的问题作为行动研究的内容。例如，探究课堂的学生管理问题、教师指导与学生自主探究的关系问题、探究教学与学生考试成绩之间的相关性问题等。

最后，努力通过行动研究改进探究教学的实践。如果通过行动研究，证明相应的解决策略与方法有效，则应坚持将这些策略与方法应用于平时的探究教学实践中，以继续发挥它们对探究教学实践的改进作用。

三、关于中学物理教师对探究教学适应性理论框架的总结

第五章、第六章和第七章分别对中学物理教师对探究教学适应性理论框架的理论基础、适应性内容和适应过程进行了全面、深入的阐释，至此，中学物理教师对探究教学适应性理论框架已经构建完成。

中学物理教师对探究教学适应性理论框架由理论基础、适应性内容和适应过程三部分构成，后两者为适应性理论框架的核心部分。理论基础主要包括：生物学、心理学与社会学中的适应性理论；教师专业发展理论，主要是教师素质理论和教师改变理论；探究教学理论，包括探究教学的内涵及探究教学的设计、实施与评价理论等。适应性内容包括教师对探究教学的认识适应、态度适应、能力适应和教学行为适应4个方面。适应性理论框架的适应过程部分对教师适应探究教学过程的机制与规律进行了深入阐释。

本书构建的中学物理教师对探究教学适应性理论框架既具有深厚的理论基础，又具有坚实的实践基础，对中学物理教师对探究教学适应性的本质规律进行了全面、深入的

---

① 申继亮：《教学反思与行动研究：教师发展之路》，78页，北京，北京师范大学出版社，2006。
② 申继亮：《教学反思与行动研究：教师发展之路》，4页，北京，北京师范大学出版社，2006。

揭示，可以为增强教师对探究教学的适应性提供理论指导，也是构建教师对探究教学适应性评价指标体系的基础(图 7-2)。

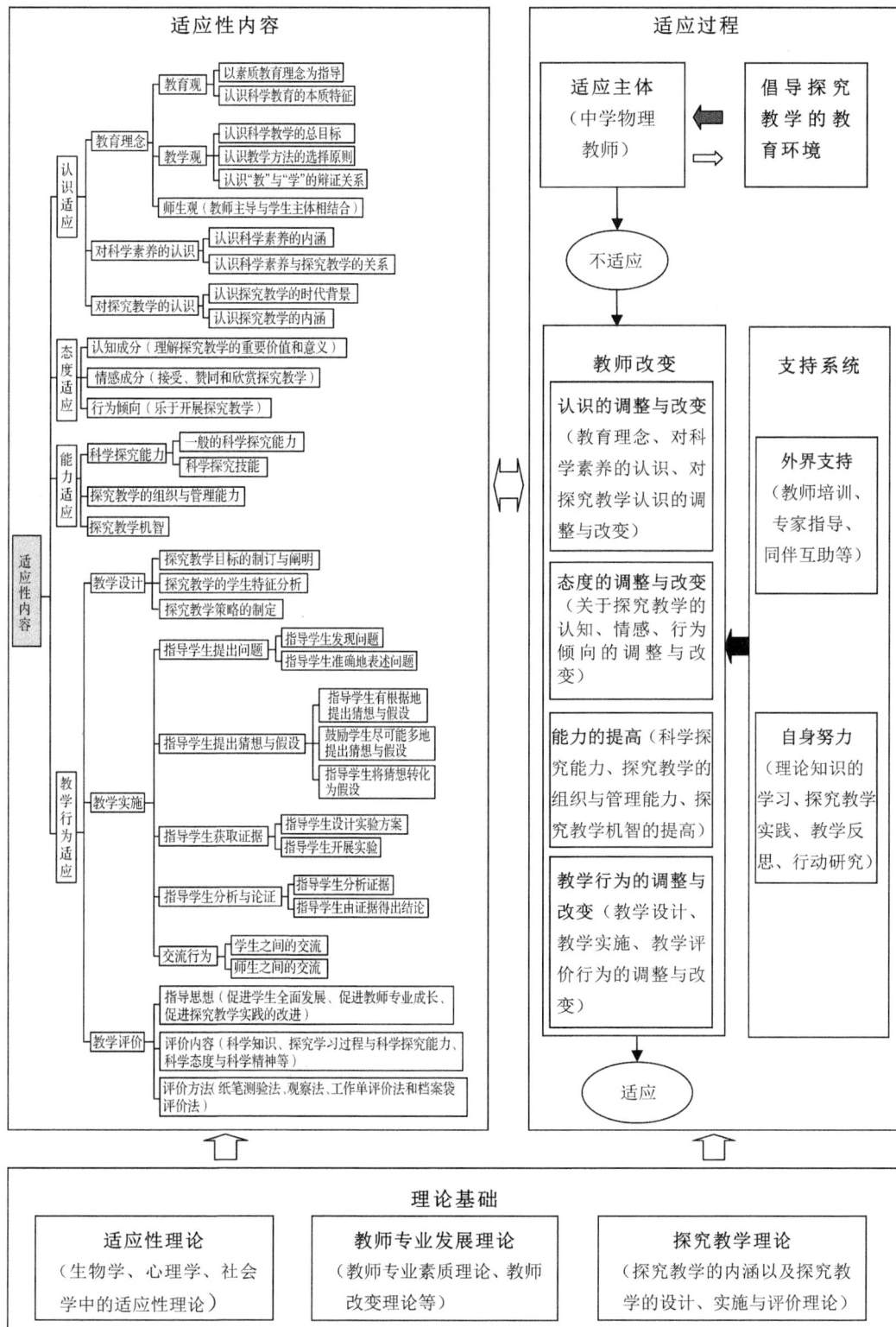

图 7-2 中学物理教师对探究教学适应性理论框架

本章小结

本章构建了中学物理教师对探究教学适应性理论框架的适应过程部分，从动态视角对中学物理教师关于探究教学适应过程的机制与规律进行了揭示与阐释。

第一，根据适应的一般理论，结合对"教师对探究教学适应性"内涵的分析，对教师适应探究教学的过程进行了科学的阐释与分析，由此总结、提炼出了教师适应探究教学过程中的要素及其功能：倡导探究教学的教育环境——对教师提出了适应探究教学的客观要求；教师改变——适应探究教学的途径和手段；支持系统——为教师改变提供支持和帮助。适应过程中的这些要素反映了教师适应探究教学过程的本质特征。

第二，由于适应过程的要素反映了适应过程的本质特征，因此本适应性理论框架从适应过程要素的角度，对教师适应探究教学过程的机制与规律进行了阐释。这些适应过程要素分别是倡导探究教学的教育环境、教师改变和支持系统。它们通过各自作用和功能的发挥，最终实现教师适应探究教学的目标。

倡导探究教学的教育环境。一方面，倡导探究教学的教育环境已初步形成；另一方面，教师关于探究教学的认识、态度、能力、教学行为等方面还存在诸多问题，即教师和倡导探究教学的教育环境之间还存在不平衡。为了保证探究教学的理念得到有效的贯彻和落实，倡导探究教学的教育环境对教师提出了适应探究教学的客观要求。

教师改变。教师改变是指教师对自身关于探究教学适应性内容的调整与改变。通过教师改变，教师最终达到适应探究教学的目标，因此教师改变是适应探究教学的途径和手段。教师改变的内容包括关于探究教学的认识、态度、教学行为的调整与改变以及探究教学能力的提高。

支持系统。教师职业保守、寻求安稳的特点使得教师改变不容易发生；另外，教师对探究教学的适应性方面还比较弱。因此，为了促进教师改变的顺利进行，需要支持系统为教师改变提供支持和帮助。支持系统包括外界支持和自身努力两个方面：外界支持的方式包括教师培训、专家指导和同伴互助，自身努力包括关于探究教学理论知识的学习、教学实践探索、教学反思和行动研究。

第八章　中学物理教师对探究教学
适应性评价指标体系的构建[①]

文献研究和实践调研的结果表明，中学物理教师对探究教学的适应性还比较弱，这在很大程度上影响和制约着探究教学课程改革理念的落实。为了增强教师对探究教学的适应性，有必要构建教师对探究教学适应性评价指标体系，以便全面、准确地评价教师对探究教学的适应性状况，帮助教师发现他们在适应探究教学过程中存在的问题，在此基础上为教师提供有针对性的指导和帮助。本章尝试构建中学物理教师对探究教学适应性评价指标体系。

一、构建的技术路线

（一）在探究教学适应性理论框架的基础上进行初步构建

一般认为，构建评价指标体系应遵循完备性、重要性、独立性和本质性等原则。[②][③]本章将在前文所构建的中学物理教师对探究教学适应性理论框架（后文简称为"适应性理论框架"）的基础上，进一步构建中学物理教师对探究教学适应性评价指标体系（后文简称为"适应性评价指标体系"），这样可以保证所构建的评价指标体系符合以上的原则要求。本适应性理论框架已经对中学物理教师关于探究教学的适应性本质规律进行了全面、深入的揭示，对中学物理教师适应探究教学应达到的要求和标准做出了科学、准确的说明，因此，根据适应性理论框架来构建相应的适应性评价指标体系，可以保证其符合评价指标体系构建的原则和要求。

（二）运用专家咨询法对初步构建的适应性评价指标体系进行修改和完善

专家咨询法即 Delphi 法。该方法通过借助专家的学识和智慧，使复杂的专业问题解决方案更科学和合理。[④] 构建教师对探究教学适应性评价指标体系是一项专业性很强的创造性工作，需要运用专家咨询法，就初步构建的评价指标体系征询专家的意见和建议，然后根据专家的意见和建议进行相应的修改和完善。

---

① 谢绍平、刘美凤：《理科教师对探究教学适应性评价指标体系的构建研究》，载《教师教育研究》，2017(1)。

② 涂艳国：《教育评价》，109 页，北京，高等教育出版社，2007。

③ 金娣、王钢：《教育评价与测量》2 版，109 页，北京，教育科学出版社，2007。

④ ［美］维尔斯马、［美］于尔斯：《教育研究方法导论：第 9 版》，袁振国主译，316 页，北京，教育科学出版社，2010。

笔者邀请到了国内知名大学探究教学研究方面的 7 位资深专家（他们全部具有博士学位，其中 4 位为教授）深入参与了专家咨询法的实施。他们所提出的意见和建议对本适应性评价指标体系的修改和完善具有重要的指导意义，同时也对适应性理论框架和适应性评价指标体系的验证具有重要的参考价值。

（三）关于评价指标体系的信度和效度

1. 关于信度

评价指标体系的信度指它的可靠性、一致性和稳定性程度。如果评价指标的内涵界定比较清晰，各指标之间相互独立、界限清楚，评价准则的规定明确，则可保证评价指标体系具有较高的信度。[1] 本适应性评价指标体系在设计时已考虑以上要求，之后运用专家咨询法进行了进一步修改和完善，从而保证其信度。另外，通过对评价者进行培训，使他们明确适应性评价指标体系的内涵和评价标准的使用方法以进一步提高其信度。

2. 关于效度

评价指标体系的效度指它的有效性或准确性程度，反映了评价指标体系所要评价的内容与实际评价的内容之间的吻合程度，两者越吻合，则它的效度越高。[2]

评价指标体系的有效性主要表现在两个方面：评价指标体系能够充分覆盖所要评价的内容，能够准确地提供被评价对象的信息；评价结果能准确实现预期的评价目标。[3] 由于本适应性评价指标体系是在适应性理论框架的基础上构建的，因此能满足完整性、准确性的要求；基于专家咨询法对评价指标体系的修改和完善则进一步增强了其完整性和准确性，使评价结果能准确地实现预期的评价目标，从而保证了本适应性评价指标体系具有较高的效度。

二、构建的具体过程

（一）中学物理教师对探究教学适应性评价指标体系的初步构建

根据适应性理论框架对探究教学适应性内容的划分，教师对探究教学的适应性内容包括认识适应、态度适应、能力适应和教学行为适应 4 个方面，它们作为探究教学适应性评价指标体系的 4 个一级指标，适应性理论框架中已确定的相应适应性细化内容作为各一级指标下的二、三级指标。初步构建的适应性评价指标体系由 4 个一级指标、12 个二级指标、27 个三级指标构成。在 4 个一级指标中，只有"态度适应"指标细化到二级指标为止，其他 3 个一级指标均细化到三级指标。根据具体情况，对一些三级指标做了进一步细化，总共有 37 个指标。

为了征询专家对该评价指标体系的认同度意见，在各评价指标后增设了专家意见栏，从而构成了相应的专家咨询表（采用了李克特 5 级量表的形式）；另外，专家还可提出对该评价指标体系的定性意见（如关于增删指标、指标内涵的表述、指标体系的总体评价等的

① 胡中锋：《教育评价学》2 版，25 页，北京，中国人民大学出版社，2013。
② 胡中锋：《教育评价学》2 版，25 页，北京，中国人民大学出版社，2013。
③ 金娣、王钢：《教育评价与测量》2 版，204 页，北京，教育科学出版社，2007。

意见与建议）。本书所构建的适应性评价指标体系（初稿）暨专家咨询表见表 8-1。

表 8-1 中学物理教师对探究教学适应性评价指标体系（初稿）暨专家咨询表

一级指标	二级指标	三级指标	指标内涵	专家意见				
				非常同意	同意	无意见	不同意	非常不同意
认识适应	教育理念	教育观	具有以素质教育理念为指导的教育观（教育观 A）。	5	4	3	2	1
			正确认识科学教育的本质（教育观 B）。	5	4	3	2	1
		教学观	认识到科学教学的目的是培养全体学生的科学素养（教学观 A）。	5	4	3	2	1
			能根据教学目标、教学内容及学生特点等灵活选择恰当的教学方法（教学观 B）。	5	4	3	2	1
			正确认识教学活动中"教"与"学"的辩证关系（教学观 C）。	5	4	3	2	1
		师生观	正确认识师生在教学中的角色与地位（教师主导、学生主体相结合）。	5	4	3	2	1
	对科学素养的认识	认识科学素养的内涵	全面、正确地认识科学素养的内涵（科学知识、科学方法、科学态度与科学精神、科学本质、运用科学解决实际问题）。	5	4	3	2	1
		认识探究教学与科学素养的关系	认识到探究教学是培养科学素养的重要方式和手段。	5	4	3	2	1
	对探究教学的认识	了解探究教学的时代背景	了解探究教学兴起的国际、国内时代背景。	5	4	3	2	1
		认识探究教学的内涵	正确认识科学探究的要素及探究教学中师生的角色和地位。	5	4	3	2	1
态度适应	认知成分		理解探究教学的价值和意义。	5	4	3	2	1
	情感成分		具有对探究教学的积极情感（如接受、赞同、欣赏等）。	5	4	3	2	1
	行为倾向		乐于开展探究教学，愿意克服困难为探究教学创造条件。	5	4	3	2	1
能力适应	科学探究能力	一般的科学探究能力	具有提出问题的能力、猜想与假设的能力、制订探究方案的能力、获取事实与证据的能力、分析与论证的能力、交流的能力。	5	4	3	2	1
		科学探究技能	具有观察、测量、分类、推理、预测、控制变量等科学探究技能。	5	4	3	2	1

一级指标	二级指标	三级指标	指标内涵	专家意见				
				非常同意	同意	无意见	不同意	非常不同意
能力适应	探究教学的组织与管理能力	制订探究教学管理常规的能力	能围绕时间管理、课堂监督、学生协作、仪器设备管理、安全管理等维度制订探究教学的管理常规。	5	4	3	2	1
		处理学生问题行为的能力	能根据探究课堂上学生的具体问题行为，灵活采取应对策略。	5	4	3	2	1
		组织探究学习的能力	能高效地组织探究学习活动和学生的分组及任务分工。	5	4	3	2	1
		创设探究教学环境的能力	具有仪器设备的准备、维护、制作能力和实验室的协调能力。	5	4	3	2	1
	探究教学机智	处理疑难问题的机智	能快速、恰当地应对探究课堂上学生提出的疑难问题。	5	4	3	2	1
		处理教学失误的机智	能及时发现探究教学中的失误，分析其产生的原因，并采取相应的补救措施。	5	4	3	2	1
		处理探究课堂偶发事件的机智	在态度上重视探究课堂上的偶发事件，能沉着冷静地应对，利用课堂偶发事件带来的生成资源因势利导。	5	4	3	2	1
教学行为适应	教学设计	探究教学目标的制订与阐明	制订以三维目标为框架的探究教学目标体系；探究教学目标要体现探究教学的特征，其表述要明确、具体。	5	4	3	2	1
		探究教学的学生特征分析	对学生关于探究学习的初始知识与能力、动机与态度、与探究学习有关的生活经验进行分析。	5	4	3	2	1
		探究教学策略的制订	制订关于问题情境的创设、教师提问和指导等方面的探究教学策略。	5	4	3	2	1
	教学实施	指导学生提出问题	鼓励学生观察生活中的科学现象，创设问题情境，指导学生发现问题及科学地表述问题。	5	4	3	2	1
		指导学生提出猜想与假设	指导学生有根据地、尽可能多地提出猜想与假设，指导学生将猜想转化为假设。	5	4	3	2	1
		指导学生获取证据	指导学生设计实验方案，指导学生开展实验。	5	4	3	2	1
		指导学生分析与论证	指导学生分析证据，指导学生由证据得出结论。	5	4	3	2	1
		指导学生交流	有效组织和指导学生之间的交流活动，师生之间的交流充分、高效。	5	4	3	2	1

续表

一级指标	二级指标	三级指标	指标内涵	专家意见				
				非常同意	同意	无意见	不同意	非常不同意
教学行为适应	教学评价	探究教学评价的指导思想	通过评价促进学生的全面发展(指导思想 A)。	5	4	3	2	1
			通过评价促进教师的专业成长(指导思想 B)。	5	4	3	2	1
			通过评价促进教学实践改进(指导思想 C)。	5	4	3	2	1
		探究教学评价的内容	科学知识。	5	4	3	2	1
			探究学习过程与科学探究能力。	5	4	3	2	1
			科学态度与科学精神。	5	4	3	2	1
		探究教学评价的方法	根据评价内容、评价性质等的不同，灵活地选用恰当的评价方法。	5	4	3	2	1

（二）中学物理教师对探究教学适应性评价指标体系的修改和完善

首先对专家关于适应性评价指标体系(初稿)的反馈意见进行定量和定性分析，然后根据分析结果，对其进行相应的修改和完善。

1. 对专家意见的分析方法

(1)定量分析

定量分析用于对专家关于各评价指标的认同度分析，包括认同度的平均值和标准差分析。认同度平均值反映了专家们对某指标的总体认同程度，而标准差反映了专家们对某指标认同度的离散程度，即意见的不一致程度。[1]

根据对专家意见的定量分析结果，对相应的评价指标分别采取如下处理措施：如果专家们对某指标的认同度平均值大于或等于 4、标准差小于 1，表明专家们对该指标一致具有较高的认同度，说明该指标是有效的，该指标予以保留；如果专家们对某指标的认同度小于 4、标准差小于 1，这说明专家们对该指标的认同度一致较低，该指标是无效的，应该对其删除；如果某指标认同度的标准差大于 1，这表明专家们对该指标认同度的意见较不一致，此时以多数专家的意见为准。

(2)定性分析

定性分析用于对专家们提出的关于各评价指标的合理性、准确性等的意见与建议进行分析，并结合相应的定量分析结果，对评价指标进行修改和完善。

2. 根据专家意见对适应性评价指标体系进行修改和完善

总体上，专家们对适应性评价指标体系(初稿)非常认同。第一，从专家的定性反馈意见看，专家们认为该适应性评价指标体系"总体设计比较合理""整个指标体系比较全面、完备""指标内涵表述准确"。第二，从对专家意见的定量分析结果看，在 37 个评价指

---

[1]　李远远：《基于粗糙集的指标体系构建及综合评价方法研究》，博士学位论文，武汉理工大学，2009。

标中，有 32 个评价指标的认同度平均值大于 4，标准差几乎都小于 1，这表明绝大部分评价指标得到了专家们的一致认同。

下面根据对专家意见的分析结果，对适应性评价指标体系（初稿）进行相应的修改和完善。

（1）关于"认识适应"部分的分析和修改

关于专家们对"认识适应"各级指标的认同度的定量分析结果见表 8-2。

表 8-2　关于专家们对"认识适应"各级指标的认同度的定量分析结果

一级指标	二级指标	三级指标		平均值	标准差
认识适应	教育理念	教育观	教育观 A	4.43	0.49
			教育观 B	4.29	0.45
		教学观	教学观 A	4.29	1.03
			教学观 B	3.71	1.58
			教学观 C	4.57	1.05
		师生观		4.00	0.93
	对科学素养的认识	认识科学素养的内涵		4.86	0.35
		认识探究教学与科学素养的关系		4.71	0.45
	对探究教学的认识	了解探究教学的时代背景		4.43	0.73
		认识探究教学的内涵		4.57	0.49

"认识适应"部分评价指标的认同度的平均值绝大多数大于 4，且标准差多数小于 1，这表明专家们对该部分的各级指标总体上很认同。只有"教学观 B"指标的认同度平均值小于 4，且其标准差大于 1，这说明专家们对该指标的意见较不一致。持"不同意"意见的专家认为，该指标内涵的表述中不应使用"能"这一情态动词。由于大多数专家认同该指标，因此继续保留该指标，但去掉其指标内涵中的"能"这一情态动词。

"认识适应"部分的修改还包括以下两方面的内容。

第一，关于"教育观 B"指标，有 2 位专家认为，科学教育的本质在学术界还是一个有争议的问题，要求中小学教师认识科学教育的本质，这一要求有些过高。考虑到科学教育的一些本质特征已经成为人们的共识，中小学教师对它应该有一定的认识，因此将该指标改为"正确认识科学教育的本质特征"。

第二，有 3 位专家认为应该在"对探究教学的认识"二级指标下增加关于探究教学实施条件的内容。根据专家意见，在该二级指标下增设"认识探究教学的实施条件"这个三级指标。

（2）关于"态度适应"部分的分析和说明

关于专家们对"态度适应"各级指标的认同度的定量分析结果见表 8-3。

表 8-3 关于专家们对"态度适应"各级指标的认同度的定量分析结果

一级指标	二级指标	平均值	标准差
态度适应	认知成分	4.71	0.45
	情感成分	5.00	0.00
	行为倾向	4.71	0.45

专家们对"态度适应"各级评价指标认同度的平均值均大于 4，且标准差均小于 1，表明专家们一致认同该部分的各级指标。专家们对各指标内涵的表述没有提出异议，也没有提出增、删指标的建议，因此，该部分的各级指标不做改动。

（3）关于"能力适应"部分的分析和修改

关于专家们对"能力适应"各级指标的认同度的定量分析结果见表 8-4。

表 8-4 关于专家们对"能力适应"各级指标的认同度的定量分析结果

一级指标	二级指标	三级指标	平均值	标准差
能力适应	科学探究能力	一般的科学探究能力	4.71	0.45
		科学探究技能	4.71	0.45
	探究教学的组织与管理能力	制订探究教学管理常规的能力	4.43	0.73
		处理学生问题行为的能力	4.86	0.35
		组织探究学习的能力	4.86	0.35
		创设探究教学环境的能力	4.57	0.49
	探究教学机智	处理疑难问题的机智	4.57	0.49
		处理教学失误的机智	4.14	0.83
		处理探究课堂偶发事件的机智	4.57	0.49

专家们对"能力适应"各级评价指标认同度的平均值均大于 4，且标准差均小于 1，表明专家们一致认同该部分的各级指标。

关于该部分评价指标内涵的表述，有专家认为，三级指标"创设探究教学环境的能力"中的探究教学环境除了物质方面的因素外，还应该包括非物质方面的因素。考虑到非物质环境因素对探究教学实施效果的重要影响，故在探究教学环境中增加了"探究教学的课堂氛围和人际关系"这些非物质环境的因素。

（4）关于"教学行为适应"部分的分析和说明

关于专家们对"教学行为适应"各级指标的认同度的定量分析结果见表 8-5。

表 8-5 关于专家们对"教学行为适应"各级指标的认同度的定量分析结果

一级指标	二级指标	三级指标	平均值	标准差
教学行为适应	教学设计	探究教学目标的制订与阐明	4.86	0.35
		探究教学的学生特征分析	4.57	0.73
		探究教学策略的制订	4.71	0.70

一级指标	二级指标	三级指标		平均值	标准差
教学行为适应	教学实施	指导学生提出问题		4.71	0.45
		指导学生提出猜想与假设		4.86	0.35
		指导学生获取证据		4.86	0.35
		指导学生分析与论证		4.71	0.45
		指导学生交流		4.71	0.45
	教学评价	探究教学评价的指导思想	指导思想 A	4.29	1.03
			指导思想 B	3.57	1.50
			指导思想 C	4.29	0.70
		探究教学评价的内容	科学知识	4.86	0.35
			探究学习过程与科学探究能力	5.00	0.00
			科学态度与科学精神	4.71	0.45
		探究教学评价的方法		4.71	0.45

由表 8-5 可知，专家们对"教学行为适应"部分的评价指标均具有很高的认同度，说明该部分评价指标得到了专家的一致认同和肯定，因此该部分评价指标予以保留。

（5）对适应性评价指标体系（初稿）的其他修改

有专家认为，教师适应探究教学需要一定的支持条件，但初稿中还缺乏这方面的内容。由于教师自身努力因素是促进教师适应探究教学的一种内在支持，也反映了教师对探究教学的适应性状况，因此在评价指标体系中增设"促进适应的教师自身因素"一级指标，并将该指标细化为"有关理论知识的学习""教学反思""行动研究"3 个二级指标，具体见表 8-6。

表 8-6　增设的"促进适应的教师自身因素"指标

一级指标	二级指标	指标内涵
促进适应的教师自身因素	有关理论知识的学习	积极主动地学习关于课程改革、科学教育和探究教学等方面的知识。
	教学反思	积极进行关于探究教学的反思，反思的内容全面，反思的方式多样化。
	行动研究	积极开展关于探究教学的行动研究。

（三）中学物理教师对探究教学适应性评价指标体系（终稿）

在对专家意见进行处理与分析的基础上，对适应性评价指标体系（初稿）进行了修改和完善，最终完成的中学物理教师对探究教学适应性评价指标体系见表 8-7。该适应性评价指标体系由 5 个一级指标、15 个二级指标和 28 个三级指标构成。各指标所对应的评价对象状态共有 5 种类型，它们是"非常符合""符合""不确定""不符合""非常不符合"，分别对应着教师对探究教学适应性状况的"优秀""良好""中等""较差""很差"5 个等级。

表 8-7 中学物理教师对探究教学适应性评价指标体系(终稿)

一级指标	二级指标	三级指标	指标内涵	非常符合	符合	不确定	不符合	非常不符合
认识适应	教育理念	教育观	具有以素质教育理念为指导的教育观。	5	4	3	2	1
			正确认识科学教育的本质特征。	5	4	3	2	1
		教学观	认识到科学教学的目的是培养全体学生的科学素养。	5	4	3	2	1
			根据教学目标、教学内容及学生特点等灵活选择恰当的教学方法。	5	4	3	2	1
			正确认识教学活动中"教"与"学"的辩证关系。	5	4	3	2	1
		师生观	正确认识师生在教学中的角色与地位(教师主导、学生主体相结合)。	5	4	3	2	1
	对科学素养的认识	认识科学素养的内涵	全面、正确地认识科学素养的内涵(科学知识、科学方法、科学态度与科学精神、科学本质、运用科学解决实际问题)。	5	4	3	2	1
		认识探究教学与科学素养的关系	认识到探究教学是培养科学素养的重要方式和手段。	5	4	3	2	1
	对探究教学的认识	了解探究教学的时代背景	了解探究教学兴起的国际、国内时代背景。	5	4	3	2	1
		认识探究教学的内涵	正确认识科学探究的要素以及探究教学中师生的角色和地位。	5	4	3	2	1
		认识探究教学的实施条件	认识到要根据教学内容、教学对象、教学环境等条件实施探究教学,以取得最佳效果。	5	4	3	2	1
态度适应	认知成分		理解探究教学的价值和意义。	5	4	3	2	1
	情感成分		具有对探究教学的积极情感(如接受、赞同、欣赏等)。	5	4	3	2	1
	行为倾向		乐于开展探究教学,愿意克服困难为探究教学创造条件。	5	4	3	2	1
能力适应	科学探究能力	一般的科学探究能力	具有提出问题的能力、猜想与假设的能力、制订探究方案的能力、获取事实与证据的能力、分析与论证的能力、交流的能力。	5	4	3	2	1
		科学探究技能	具有观察、测量、分类、推理、预测、控制变量等科学探究技能。	5	4	3	2	1

续表

一级指标	二级指标	三级指标	指标内涵	评价对象状态				
				非常符合	符合	不确定	不符合	非常不符合
能力适应	探究教学的组织与管理能力	制订探究教学管理常规的能力	能围绕时间管理、课堂监督、学生协作、仪器设备管理、安全管理等维度制订探究教学的管理常规。	5	4	3	2	1
		处理学生问题行为的能力	能根据探究课堂上学生的具体问题行为，灵活采取应对策略。	5	4	3	2	1
		组织探究学习的能力	能高效地组织探究学习活动以及学生的分组和任务分工。	5	4	3	2	1
		创设探究教学环境的能力	具有创设探究教学物质环境（如仪器设备的准备、维护、制作）和非物质环境（探究教学的课堂氛围和人际关系）的能力。	5	4	3	2	1
	探究教学机智	处理疑难问题的机智	能快速、恰当地应对探究课堂上学生提出的疑难问题。	5	4	3	2	1
		处理教学失误的机智	能及时发现探究教学中的失误，分析其产生的原因，并采取相应的补救措施。	5	4	3	2	1
		处理探究课堂偶发事件的机智	在态度上重视探究课堂上的偶发事件，能沉着冷静地应对，利用课堂偶发事件带来的生成资源因势利导。	5	4	3	2	1
教学行为适应	教学设计	探究教学目标的制订与阐明	探究教学目标应以促进学生核心素养发展为导向；探究教学目标要体现探究教学的特征，其表述要明确、具体。	5	4	3	2	1
		探究教学的学生特征分析	对学生关于探究学习的初始知识与能力、动机与态度、与探究学习有关的生活经验进行分析。	5	4	3	2	1
		探究教学策略的制订	制订关于问题情境的创设、教师提问和指导等方面的探究教学策略。	5	4	3	2	1
	教学实施	指导学生提出问题	鼓励学生观察生活中的科学现象，创设问题情境，指导学生发现问题及科学地表述问题。	5	4	3	2	1
		指导学生提出猜想与假设	指导学生有根据地、尽可能多地提出猜想与假设，指导学生将猜想转化为假设。	5	4	3	2	1
		指导学生获取证据	指导学生设计实验方案，指导学生开展实验。	5	4	3	2	1
		指导学生分析与论证	指导学生分析证据，指导学生由证据得出结论。	5	4	3	2	1
		指导学生交流	有效组织和指导学生之间的交流活动，师生之间的交流充分、高效。	5	4	3	2	1

续表

一级指标	二级指标	三级指标	指标内涵	评价对象状态				
				非常符合	符合	不确定	不符合	非常不符合
教学行为适应	教学评价	探究教学评价的指导思想	具有"通过评价促进学生的全面发展、促进教师的专业成长和促进探究教学实践改进"的评价指导思想。	5	4	3	2	1
		探究教学评价的内容	全面评价学生的科学知识、探究学习过程与科学探究能力、科学态度与科学精神。	5	4	3	2	1
		探究教学评价的方法	根据评价内容、评价性质等的不同,灵活地选用恰当的评价方法。	5	4	3	2	1
促进适应的教师自身因素	有关理论知识的学习		积极主动地学习关于课程改革、科学教育和探究教学等方面的知识。	5	4	3	2	1
	教学反思		积极进行关于探究教学的反思,反思的内容全面,反思的方式多样化。	5	4	3	2	1
	行动研究		积极开展关于探究教学的行动研究。	5	4	3	2	1

本章小结

本章在中学物理教师对探究教学适应性理论框架的基础上,主要运用专家咨询法,构建了中学物理教师对探究教学适应性评价指标体系。

首先,在所构建的适应性理论框架的基础上,遵循评价指标体系构建的一般原则,构建了适应性评价指标体系(初稿)。初步构建的适应性评价指标体系由"认识适应""态度适应""能力适应""教学行为适应"4个一级指标构成,其下又细化为12个二级指标、27个三级指标和37个指标内涵。

然后,运用专家咨询法对适应性评价指标体系(初稿)进行修改和完善。笔者对专家的反馈意见采用定量和定性相结合的分析方法。对专家意见的分析结果表明,全体专家一致认同和肯定初步设计的适应性评价指标体系,但也提出了少量的修改意见和建议。

最后,根据专家的反馈意见和建议,对适应性评价指标体系(初稿)进行了修改和完善。最终完成的适应性评价指标体系由5个一级指标、15个二级指标和28个三级指标构成。

本章构建的中学物理教师对探究教学适应性评价指标体系既具有坚实的理论基础,又经过了专家的验证和相应的修改、完善,故能全面、准确地评价中学物理教师对探究教学的适应性状况,可作为帮助中学物理教师增强对探究教学适应性的有力支持工具。

第九章　总结、建议与展望

一、总结

（一）本书的创新之处

1. 研究视角的创新

探究教学是教育教学实践和理论研究领域的一个热点，这方面的研究成果可以说是"浩如烟海"。但已有的研究成果绝大多数是针对探究教学本身的（如关于探究教学的内涵、教学模式、教学评价以及实施现状等方面的研究）；而已有的教师适应性研究侧重教师对宏观的教育政策、教育制度和教育（或课程）改革等的适应性，还缺乏微观层面的深入学科教学内部的教师适应性研究（如教师对某种具体教学方式、方法的适应性研究）。教师作为探究教学的直接实施者，对探究教学的适应性是决定探究教学实践效果的关键，但还非常缺乏这方面的研究。

本书从教师适应性和探究教学相结合的视角，深入探讨了中学物理教师对探究教学这种具体教学方式的适应性问题，这是对已有的教师适应性研究的深入和细化（深入和细化到具体学科教学内部），也是对探究教学研究在方向上的一个拓展（从探究教学的实施者——教师的角度进行研究），弥补了已有相关研究存在的不足。

2. 研究内容的创新

已有的相关研究是分别关于教师对探究教学的认识、态度和教学行为的研究。这些研究比较零散，还缺乏把它们统整为一个整体而进行的研究；研究类型以现状调查为主，而深入的理论研究还很少。另外，还缺乏关于教师对探究教学适应过程的研究。

本书在相关理论和实践研究的基础上，构建了中学物理教师对探究教学适应性理论框架，从适应性内容和适应过程两个方面，对教师关于探究教学适应性的本质规律进行了全面、深入的揭示与阐释，克服了以往相关研究中存在的以上缺点；在适应性理论框架的基础上，构建了中学物理教师对探究教学适应性评价指标体系，可以全面、准确地评价中学物理教师对探究教学的适应性状况，为促进他们适应探究教学提供支持和帮助。

3. 研究方法的创新

已有的关于探究教学实践现状的研究主要运用问卷调查法来收集资料，常使用量化的资料分析方法。问卷调查法具有方便快捷、能在短时间内获取大范围信息等优点，但也存在所获取的信息不深入、欠具体、容易遗漏重要信息等缺点。使用课堂观察、深度访谈等定性研究方法则可以克服这些缺点，从而获得关于探究教学实践现状深入、丰富和具体的信息，但尚鲜见运用定性研究方法对探究教学实践现状进行的深入研究。

本书运用课堂观察和深度访谈等定性研究方法，对中学物理教师关于探究教学的适应现状进行了全面、深入的阐述与分析，获得了有价值的研究发现，弥补了以往探究教学现状研究中定量研究方法运用较多、定性研究方法运用较少的缺陷。

（二）本书的局限性

第一，本书所涉及的有关理论非常广泛，涵盖了心理学、社会学、科学（物理）教育、探究教学、教师专业发展、教学设计、教学评价等多方面的理论知识，这对研究者的学养和能力提出了很高的要求。虽然笔者在研究过程中，通过研读大量的有关文献，力求做到对这些相关理论知识的深入理解和掌握，但受时间、精力、能力、理论积淀等诸多条件的限制和制约，对这些相关理论的把握可能还欠全面和深入，这可能会影响到研究结论的准确性和有效性。

第二，关于中学物理教师对探究教学适应性现状研究的样本数量偏少，这可能会影响到相关研究结论的准确性和可靠性。虽然定性研究的样本一般较少，但也应尽可能多地选取样本，以获得关于样本的充足的有效信息。然而受时间和精力、合作学校的支持度、合作教师的参与意愿等多种条件的限制，笔者只选取了北京市3所学校的5位中学物理教师作为研究样本，这可能会影响到研究结论的准确性和有效性。

二、建议与展望

（一）关于促进中学物理教师对探究教学适应性的建议

针对中学物理教师在探究教学适应性方面存在的问题，运用本书的有关研究结论，笔者提出了一些增强中学物理教师对探究教学适应性的建议，供中学物理和其他理科教师及相关机构参考。

1. 教师要加强探究教学有关理论知识的学习，改变过于重视实践知识、忽视理论知识学习的倾向

教师对探究教学认识的薄弱状况反映了他们对探究教学理论知识的缺乏，而教师不重视理论知识的学习是其中的一个重要原因。因此，为了改善对探究教学认识薄弱的状况，教师要加强探究教学有关理论知识的学习，如探究教学的时代背景和内涵、探究教学模式、探究教学评价以及科学素养理论等方面的知识。

2. 教师要培养对探究教学适应性的问题意识，乐于并善于进行教学反思，努力发现自身存在的探究教学适应性问题，以便采取相应的改进措施

现状研究中发现的教师自认为不存在对探究教学的适应性问题的现象，反映出教师对探究教学适应性的问题意识较弱，这是阻碍他们适应探究教学的消极因素，应该加以克服。教师只有具备了对探究教学适应性的问题意识，才能自觉发现自身存在的探究教学适应性问题，然后通过自身努力和外界支持来解决对探究教学的适应性问题。

3. 教学行为要体现探究教学的特征，加强对学生科学探究能力、与探究内容相关的生活经验的分析，增强探究教学的探究性

在学校实验室和仪器条件许可的情况下，探究教学应尽量采取分组探究的方式；可通过自制简单仪器来解决仪器条件不足的问题。应根据具体的探究内容，分析学生是否具备相应的科学探究能力以及与之有关的日常生活经验。探究教学中应尽量让学生自主探究，使他们充分经历和体验探究的过程，教师提供指导和帮助，避免教师代替学生去探究。通过发挥学生在探究教学活动中的自主性来增强探究教学的探究性。

4. 教师要不断提高探究教学能力

教师的探究教学能力主要包括科学探究能力、探究教学的组织与管理能力、探究教学机智等。实践中，教师的探究教学能力特别是探究教学的组织与管理能力、探究教学机智普遍比较弱。这些问题在新手教师和15年以上教龄的老教师身上更为突出。因此，为了促进教师对探究教学的适应性和改进探究教学的实践，教师要不断提高探究教学能力。

5. 加强对教师的支持和帮助，增强他们对探究教学的适应性

学校和学区要增加与探究教学有关的教研活动，如开展探究教学公开课活动，举办探究教学方面的专家讲座等，并且专家讲座要坚持理论讲座和实践讲座并重，对教师进行直接的科学探究能力训练等。加强专家指导的力度，让更多的专家深入一线为教师提供一对一的指导。扩大同伴互助的范围，充分利用信息技术的优势，构建教师专业发展网络平台，使同伴不再局限于同学校的同学科教师，实现跨学校和跨学科的同伴互助。

（二）对后续研究的展望

今后还需要对以下内容开展进一步的研究。

1. 关于其他地区中学物理教师对探究教学适应性现状的定性研究

今后将选择北京市以外地区（特别是西部地区）的中学物理教师作为样本，并尽可能选取更多的样本，采用课堂观察和访谈等定性研究方法，对其探究教学适应性现状进行深入的研究，以期能获得新的研究发现和启示。

2. 中学物理教师对探究教学适应性评价指标体系的实践检验与推广应用

第一，对本书所构建的中学物理教师对探究教学适应性评价指标体系进行试用，并根据试用的反馈结果对其可靠性、有效性进行检验，在此基础上进行进一步的修改和完善。

第二，在本适应性评价指标体系已得到实践检验的基础上，将其推广、应用到中学物理教师的探究教学实践中，用于全面、准确地评价中学物理教师对探究教学的适应性状况，为增强他们对探究教学的适应性提供参考和指引。

3. 促进中学物理教师对探究教学适应性的在线支持系统的设计与开发

研究表明，中学物理教师对探究教学的适应性还比较弱，而外界提供的支持还难以满足教师的实际需求。例如，还非常缺乏针对探究教学方面的支持，教师得到专家指导的机会非常少，同伴互助的范围常常局限于同一所学校内，教师难以获得所需的探究教学案例，等等。为此，充分利用信息技术的多媒体化、网络化、智能化等优势，设计和开发增强中学物理教师对探究教学适应性的在线支持系统，是解决这些问题的一个良好途径。今后，将在相关研究成果的基础上，设计、开发增强中学物理教师对探究教学适应性的在线支持系统，以便为教师提供方便、有效的支持工具。

参考文献

中文文献

[1]阿瑟・A. 卡琳，乔尔・E. 巴斯，特丽・L. 康坦特．教作为探究的科学[M]．北京：
人民教育出版社，2008.

[2]毕晓白，张志文．培养学生科学探究能力初探[J]．课程・教材・教法，2000（9）：
25-30.

[3]波普尔．猜想与反驳：科学知识的增长[M]．傅季重，纪树立，周昌忠，等译．上海：
上海译文出版社，1986.

[4]柴西琴．对探究教学的认识与思考[J]．课程・教材・教法，2001（8）：16-19.

[5]蔡志凌．中学物理教师科学素养的调查与分析[J]．课程・教材・教法，2004（6）：
81-85.

[6]操太圣，卢乃桂．抗拒与合作：课程改革情境下的教师改变[J]．课程・教材・教法，
2003（1）：71-75.

[7]陈博，魏冰．科学素养概念三种取向的界定[J]．上海教育科研，2012（2）：48-52.

[8]陈建文，王滔．社会适应与心理健康[J]．西南师范大学学报（人文社会科学版），2004
（3）：34-39.

[9]陈建文．青少年社会适应的理论与实证研究：结构、机制与功能[D]．重庆：西南师范
大学，2001.

[10]陈琦，刘儒德．教育心理学[M]．北京：高等教育出版社，2005.

[11]陈时见．学校教育变革与教师适应性研究[M]．北京：商务印书馆，2006.

[12]陈向明．实践性知识：教师专业发展的知识基础[J]．北京大学教育评论，2003（1）：
104-121.

[13]陈向明．质的研究方法与社会科学研究[M]．北京：教育科学出版社，2000.

[14]崔清源．高职院校人才培养的社会适应性研究[D]．武汉：华中科技大学，2009.

[15]丁邦平．探究式科学教学：类型与特征[J]．教育研究，2010（10）：81-85.

[16]丁朝蓬．新课程评价的理念与方法[M]．北京：人民教育出版社，2003.

[17]董素静．中学理科实验探究教学新模型研究：基于部分理科师生调查的分析[D]．重
庆：西南大学，2010.

[18]窦轶洋，高凌飚，肖化．论学生前概念及对教学的启示[J]．学科教育，2001（10）：
13-16.

[19]戈峰．现代生态学[M]．2版．北京：科学出版社，2008.

[20]顾明远．教育大辞典[M]．简编本．上海：上海教育出版社，1999.

[21]顾志跃．科学教育概论[M]．北京：科学出版社，1999.

[22]郭裕建．"学与教"的社会建构主义观点述评[J]．心理科学，2002（1）：104-106.

[23]郭玉英．学生的科学探究能力：国外的研究及启示[J]．课程・教材・教法，2005(7)：93-96.

[24]国家研究理事会．美国国家科学教育标准[M]．戢守志，等译．北京：科学技术文献出版社，1999.

[25]美国国家研究理事会科学、数学及技术教育中心，《国家科学教育标准》科学探究附属读物编委会．科学探究与国家科学教育标准：教与学的指南[M]．罗星凯，等译．北京：科学普及出版社，2004.

[26]荷烈治，等．教学策略——有效教学指南(第八版)[M]．牛志奎，译．北京：中国人民大学出版社，2010.

[27]胡中锋．教育评价学[M]．2版．北京：中国人民大学出版社，2013.

[28]金娣，王钢．教育评价与测量[M]．2版．北京：教育科学出版社，2007.

[29]靳玉乐．探究教学的学习与辅导[M]．北京：中国人事出版社，2002.

[30]靳玉乐，于泽元．文化-个人视角下教师对新课程改革的适应性探讨[J]．西南大学学报(社会科学版)，2009(2)：128-133.

[31]靳玉乐，尹弘飚．课程改革中教师的适应性探讨[J]．全球教育展望，2008(9)：37-42，59.

[32]经柏龙．教师专业素质：形成与发展[M]．北京：中国社会科学出版社，2012.

[33]兰智高，周宏弟．中学物理探究性教学现状及其影响因素的调查[J]．黄冈师范学院学报，2006(6)：90-94.

[34]李秉德．教学论[M]．北京：人民教育出版社，1991.

[35]李华．探究式科学教学的本质特征及问题探讨[J]．课程・教材・教法，2003(4)：55-59.

[36]李明善．教师专业发展论纲[M]．长春：吉林大学出版社，2011.

[37]李琼．教师专业发展的知识基础[M]．北京：北京师范大学出版社，2009.

[38]李森，于泽元．对探究教学几个理论问题的认识[J]．教育研究，2002(2)：83-88.

[39]李辉．大学生环境适应优化理论与方法[M]．北京：人民出版社，2010.

[40]李远远．基于粗糙集的指标体系构建及综合评价方法研究[D]．武汉：武汉理工大学，2009.

[41]廖伯琴．世纪之交中国基础教育物理课程改革[M]．北京：北京师范大学出版社，2010.

[42]刘东敏，田小杭．教师实践性知识获取路径的思考与探究[J]．教师教育研究，2008(4)：16-20.

[43]刘健智，肖晓兰．农村初中物理科学探究课堂教学行为的现状调查[J]．课程・教材・教法，2010(6)：52-57.

[44]刘徽．教学机智论[M]．上海：华东师范大学出版社，2008.

[45]刘美凤．教育技术基础[M]．北京：中国铁道出版社，2011.

[46]罗国忠．初中生科学探究能力评价方式的比较研究[D]．重庆：西南大学，2007.

[47]马勇军．文化视野下的科学过程教育研究[M]．北京：人民出版社，2012.

[48]南京师范大学《教育学》编写组．教育学[M]．北京：人民教育出版社，1984．

[49]彭虹斌．新课程改革的突破口：改变教师[J]．教育理论与实践，2007(1)：28-31．

[50]钱雯雯．公开课若干争议问题述评[J]．上海教育科研，2007(7)：34-37．

[51]丘名实．农村地区教师科学探究教学能力现状调查与分析[J]．继续教育研究，2010(3)：81-82．

[52]曲钦岳．当代百科知识大词典[M]．南京：南京大学出版社，1989．

[53]巴伦，伯恩．社会心理学[M]．杨中芳，等译．上海：华东师范大学出版社，2004．

[54]加涅，等．教学设计原理：第五版[M]．王小明，等译．上海：华东师范大学出版社，2007．

[55]申荷永．社会心理学：原理与应用[M]．广州：暨南大学出版社，1999．

[56]申继亮．教学反思与行动研究：教师发展之路[M]．北京：北京师范大学出版社，2006．

[57]申继亮，刘加霞．论教师的教学反思[J]．华东师范大学学报(教育科学版)，2004(3)：44-49．

[58]申继亮．新世纪教师角色重塑：教师发展之本[M]．北京：北京师范大学出版社，2006．

[59]施良方，崔允漷．教学理论：课堂教学的原理、策略与研究[M]．上海：华东师范大学出版社，1999．

[60]宋振韶，张西超，徐世勇．课堂提问的模式、功能及其实施途径[J]．教育科学研究，2004(1)：34-37．

[61]涂艳国．教育评价[M]．北京：高等教育出版社，2007．

[62]汪信砚．马克思主义哲学概论[M]．北京：人民出版社，2011．

[63]王策三．教学论稿[M]．2版．北京：人民教育出版社，2005．

[64]王大珩，于光远．论科学精神[M]．北京：中央编译出版社，2001．

[65]王较过，孟蓓．物理探究教学中培养"猜想与假设"能力的策略[J]．当代教师教育，2008(2)：66-70．

[66]王晶莹，张跃．中小学科学教师探究教学认识现状调查[J]．中国教师，2010(15)：26-28．

[67]王晶莹．中美理科教师对科学探究及其教学的认识[D]．上海：华东师范大学，2009．

[68]王泉泉，魏铭，刘霞．核心素养框架下科学素养的内涵与结构[J]．北京师范大学学报(社会科学版)，2019(2)：52-58．

[69]王宇航．探究教学中物理教师的教学行为研究[D]．北京：北京师范大学，2006．

[70]维尔斯马，于尔斯．教育研究方法导论：第9版[M]．袁振国，主译．北京：教育科学出版社，2010．

[71]温公颐．逻辑学基础教程[M]．天津：天津人民出版社，1987．

[72]文军，蒋逸民．质性研究概论[M]．北京：北京大学出版社，2010．

[73]魏冰．科学素养教育的理念与实践：理科课程发展研究[M]．广州：广东高等教育出版社，2006．

[74]魏宏聚．教师教学行为研究的几个维度与评析[J]．河南大学学报（社会科学版），2009(5)：126-130.

[75]韦冬余，赵璇．杜威"探究教学"中儿童与教师的角色定位探析[J]．青岛大学师范学院学报，2011(4)：11-15.

[76]乌美娜．教学设计[M]．北京：高等教育出版社，1994.

[77]吴德芳．论教师的实践智慧[J]．教育理论与实践，2003(4)：33-35.

[78]吴俊明，等．科学教育学·第一卷　科学教育基础[M]．北京：科学出版社，2008.

[79]吴子健．探究学习与教师行为改善[M]．上海：上海教育出版社，2007.

[80]谢绍平，刘美凤．理科教师对探究教学适应性评价指标体系的构建研究[J]．教师教育研究，2017(1)：63-71.

[81]谢绍平，刘美凤．论教师适应探究教学过程中的三要素[J]．中小学教师培训，2016(2)：33-37.

[82]谢绍平，刘美凤．论理科教师探究教学行为的分类和内容[J]．教育评论，2016(2)：130-134.

[83]谢绍平．论教师适应探究教学应具备的三种能力[J]．教育探索，2016(8)：110-113.

[84]谢绍平．探究教学的"探究性"及其评价标准的构建研究[J]．教学研究，2017(4)：44-48，57.

[85]谢绍平．探究教学评价的指导思想、内容和方法[J]．教学与管理，2016(36)：119-121.

[86]谢绍平．探究教学设计过程的三个基本要素[J]．教学与管理，2016(28)：5-7.

[87]谢绍平．浅析探究式教学与实验教学、启发式教学的关系[J]．教学研究，2019(2)：96-100.

[88]徐书业．中小学科学教育的价值定位[J]．教育发展研究，2000(8)：38-41.

[89]徐学福．模拟视角下的探究教学研究[D]．重庆：西南师范大学，2003.

[90]徐学福，宋乃庆．20世纪探究教学理论的发展及启示[J]．西南师范大学学报（人文社会科学版），2001(4)：92-97.

[91]徐浙宁，郑妙晨．国内"学习适应性"研究综述[J]．上海教育科研，2000(5)：51-53.

[92]严文法，李彦花．美国科学探究教学的历史回顾与启示[J]．课程·教材·教法，2010(8)：107-112.

[93]杨向东．教育中的"科学探究"：理论问题与实践策略[J]．全球教育展望，2011(5)：18-26.

[94]杨彦平．社会适应心理学[M]．上海：上海社会科学院出版社，2010.

[95]尹弘飚，李子建．论课程改革中的教师改变[J]．教育研究，2007(3)：23-29.

[96]喻平．教师的认识信念系统及其对教学的影响[J]．教师教育研究，2007(4)：18-22.

[97]原东生．初中物理科学探究教学现状与策略[J]．课程·教材·教法，2008(5)：60-64.

[98]袁运开，蔡铁权．科学课程与教学论[M]．杭州：浙江教育出版社，2003.

[99]张逢成．探究式教学中的问题设计[M]．徐州：中国矿业大学出版社，2011．

[100]张建伟．反思——改进教师教学行为的新思路[J]．北京师范大学学报（社会科学版），1997(4)：56-62．

[101]张杰，朱炜．物理科学探究教学的现状及思考[J]．中学物理教学参考，2010(6)：5-7．

[102]张之沧．科学哲学导论[M]．北京：人民出版社，2004．

[103]赵银丽．探究教学中教师的教学行为分析与评价[D]．北京：北京师范大学，2003．

[104]中华人民共和国教育部．义务教育物理课程标准：2011 年版[M]．北京：北京师范大学出版社，2012．

[105]中华人民共和国教育部．义务教育物理课程标准：2022 年版[M]．北京：北京师范大学出版社，2022．

[106]钟启泉．知识建构与教学创新：社会建构主义知识论及其启示[J]．全球教育展望，2006(8)：12-18．

[107]钟志贤．知识建构、学习共同体与互动概念的理解[J]．电化教育研究，2005(11)：20-24，29．

[108]周建达，林崇德．教师素质的心理学研究[J]．心理发展与教育，1994(1)：32-37．

[109]周仕东．科学哲学视野下的科学探究教学研究[D]．长春：东北师范大学，2008．

[110]宋广文，李金航．我国科学教育历史与现状的反思[J]．教育发展研究，2001(9)：78-80．

[111]朱晓民，秦杰．公开课与教师专业发展关系的调查研究[J]．课程·教材·教法，2008(5)：83-88．

[112]朱智贤．心理学大词典[M]．北京：北京师范大学出版社，1989．

[113]佐斌．社会心理学[M]．北京：高等教育出版社，2009．

外文文献

[1]Lawson A E．Teaching inquiry science in middle and secondary schools[M]．London：SAGE Publications Inc.，2010．

[2]Bell B，Pearson J．I know about LISP but how do I put it into practice[J]．Research in Science Education，1991(1)：30-38．

[3]Keys C W，Kennedy V．Understanding inquiry science teaching in context：a case study of an elementary teacher[J]．Journal of Science Teacher Education，1999(4)：315-333．

[4]Quigley C，Marshall J C，DEATON C C M，et al．Challenges to inquiry teaching and suggestions for how to meet them[J]．Science Educator，2011(1)：55-60．

[5]Minner D D，Levy A J，Century J．Inquiry-based science instruction：what is it and does it matter？[J]．Journal of Research in Science Teaching，2010(4)：474-496．

[6]FURTAK E M．The dilemma of guidance in scientific inquiry teaching[D]．Palo Alto：Stanford University，2006．

[7]TOSA S．Teaching science as inquiry in US and in Japan：a cross-cultural comparison

of science teachers' understanding of，and attitudes toward inquiry-based teaching[D]. Lowell：University of Massachusetts Lowell，2009.

[8]CHOI SANGHEE. Elementary teachers' beliefs and practical knowledge about teaching science as inquiry：the effects of an inquiry-based elementary science course[D]. Houston：University of Houston，2007.

[9]WAGNER T. Leadership for learning：an action theory of school change[J]. Phi Delta Kappan，2001(5)：378-383.

附　录

附录 A

"中学物理教师对探究教学适应性的现状研究"
教师访谈提纲

1. 请介绍下您的基本情况(教龄、任教学科、所学专业、职称和担任的职务等)。
2. 关于探究教学的价值和意义,您是怎么认为的?
3. 您乐于在平时的教学中开展探究教学吗?为什么?
4. 您认为理想的探究教学应该是怎样的?探究教学与传统的授受式教学的区别体现在哪些方面呢?
5. 关于探究教学与实验教学、探究教学与启发式教学的关系,您是怎么理解的?
6. 请谈谈您对科学素养(如什么是科学素养,科学素养包括哪些内容等)的理解。
7. 对于探究课的教学设计,您把重点放在了哪些方面?您是如何处理它们的?
8. 您在探究教学中开展学生分组探究的频率怎样?
9. 您认为目前的教学评价体系是否适合对探究教学的评价?
10. 您在平时的探究教学中,对学生探究学习的评价注重哪些方面的内容?学生的探究能力、科学态度与科学精神在探究教学评价中能否得到体现?
11. 在探究教学中,您对学生探究学习的评价主要采取哪些方法(如纸笔测验、实验操作、作品分析或者其他方法)?您对您所采取的评价方法有什么认识和理解?
12. 您在开展探究教学的过程中是否遇到过困难和障碍,或者您对探究教学的认识是否存在迷惑的地方?如果有的话,具体有哪些呢?您希望在哪些方面得到支持和帮助?
13. 在您以前所经历的教育或培训中,您自身是否有过参与科学探究的经历?如果有的话,您觉得这些科学探究的经历是否对您的探究教学有帮助?
14. 您是否阅读过有关探究教学的理论或实践案例等方面的书籍?
15. 您所在学区或者学校的教研活动开展的情况是怎样的?是否有专门针对探究教学的教研活动?如果有的话,效果怎样?
16. 在您开展探究教学的过程中,您觉得自己对它的认识、态度、能力和教学行为方面有变化吗?如果有的话,具体有哪些变化?产生这些变化的原因是什么?

附录 B

"中学物理教师对探究教学的认识及其实施情况"
调查问卷

各位老师：

您好！为了了解中学物理教师对探究教学的认识及其实施情况，为改进探究教学实践提供参考与借鉴，我们拟对您进行关于这方面情况的调查。本调查的结果仅用于纯学术研究，不会对您带来任何不利影响，请您如实填写。非常感谢您对本研究的支持和参与！

"中学物理教师对探究教学适应性研究"课题组

填表说明：除有注明的外均为单项选择。

1. 请把您的基本情况填在下列表格中。

性别	教龄	职称	职务	学历	所学专业	任教年级

2. 您所在学校位于哪里？ （   ）

A. 城镇　　　　　　　B. 农村

3. 您所在学校的类型是什么？ （   ）

A. 完全中学　　　　　B. 独立初中　　　　　C. 独立高中　　　　　D. 九年一贯制学校

4. 下列关于科学的观点，在您赞同的后面括号中打"√"，不赞同的打"×"。

(1)科学是关于自然界的知识体系。 （   ）

(2)科学是科学家运用各种科学研究方法探索自然的过程。 （   ）

(3)科学的本质是假说，但这种假说要接受事实的检验。 （   ）

(4)科学就是客观真理。 （   ）

(5)科学仅仅是科学家的事情，与一般人的关系不大。 （   ）

5. 您对科学素养概念的了解程度如何？ （   ）

A. 非常了解　　　　　B. 比较了解　　　　　C. 不太了解　　　　　D. 从未听说

6. 在《义务教育物理课程标准(2011年版)》《普通高中物理课程标准(实验)》中关于科学探究内容的阐述，您的熟悉程度如何？ （   ）

A. 非常熟悉　　　　　B. 比较熟悉　　　　　C. 不熟悉　　　　　D. 从未了解

7. "科学探究教学就是让学生做实验"，您对该观点的态度是什么？ （   ）

A. 非常赞同　　　　　B. 比较赞同　　　　　C. 不赞同　　　　　D. 说不清

8. 您对科学探究及探究教学知识的了解程度如何？ （   ）

A. 非常了解　　　　　B. 比较了解　　　　　C. 不太了解　　　　　D. 很不了解

9. 您是通过什么渠道获得关于科学探究及探究教学知识的(第8题选A、B或C的答此题)？ （   ）

A. 自学相关书籍　　　B. 新课程培训　　　　C. 教研活动　　　　　D. 其他

10. 您认为在中学开设物理课程的目的是什么？　　　　　　　　　　　（　　）

A. 拓展学生的物理知识　　　　　　　　B. 提高学生分析问题、解决问题的能力

C. 为学生的升学打好基础　　　　　　　D. 培养全体学生的科学素养

E. 其他＿＿＿＿＿＿＿＿＿＿＿＿

11. 关于新课程倡导探究教学的根本目的，您的理解是什么？　　　　　（　　）

A. 让学生经历科学探究过程，更好地培养学生的科学素养

B. 使学生更好地掌握科学知识与技能

C. 顺应国际科学教育改革潮流

D. 其他＿＿＿＿＿＿＿＿＿＿＿＿

12. 探究教学与传统的授受式教学相比，您认为其突出的优点是什么？　（　　）

A. 能更好地培养学生分析问题、解决问题的能力

B. 能更好地体现学生的主体地位

C. 能更好地培养学生的科学探究能力、科学态度和科学精神

D. 其他＿＿＿＿＿＿＿＿＿＿＿＿＿

13. 关于探究教学的实施策略，您的观点是什么？　　　　　　　　　（　　）

A. 应该严格遵循科学探究的七要素，分步骤实施

B. 不一定完全包括科学探究的七要素，而要根据探究内容和教学目标、学生实际等情况灵活处理

C. 说不清

D. 其他＿＿＿＿＿＿＿＿＿＿＿＿＿

14. 关于探究教学中的"提出问题"要素，您的观点是什么？　　　　　（　　）

A. 问题应该由学生自主提出，教师给予必要的指导

B. 问题应该由教师提出

C. 问题应该在教师的指导下，由师生共同提出

D. 说不清

15. 关于探究教学中的"猜想与假设"要素，您的观点是什么？　　　　（　　）

A. 由学生自主进行猜想与假设，教师给予必要的指导

B. 由教师提出猜想与假设

C. 教师引导学生，师生共同提出猜想与假设

D. 说不清

16. 您参加新课程培训的情况如何？　　　　　　　　　　　　　　　（　　）

A. 经常参加　　　　　　B. 偶尔参加　　　　　　　C. 未参加过

17. 在新课程培训中教师是否介绍过有关探究教学的知识（第 16 题选 A 或 B 的回答）？　　　　　　　　　　　　　　　　　　　　　　　　　　　　（　　）

A. 介绍过　　　　　　　B. 未介绍过　　　　　　　C. 记不清了

18. 对于新课程强调的探究教学，您的态度是什么？　　　　　　　　（　　）

A. 非常接受　　　　B. 比较接受　　　　C. 不太接受　　　　D. 排斥

19. 您接受探究教学理念的原因是什么（第 18 题选 A 或 B 的回答此题）？　（　　）

A. 探究教学可以更好地培养学生的科学素养　　B. 因为这种教学方式比较时髦

C. 上级要求开展探究教学　　　　　　　　　D. 其他原因＿＿＿＿＿＿＿＿

20. 您不接受或排斥探究教学的原因是什么(第18题选C或D的回答此题)？　　(　　)

A. 探究教学的教学效果(在提高学生考试成绩方面)不如传统的授受式教学

B. 探究教学组织起来费时、费力、太麻烦

C. 已习惯传统的授受式教学

D. 其他原因＿＿＿＿＿＿＿＿＿＿＿＿＿＿＿＿＿＿

21. 对于教材中要求的探究教学内容，您采用的教学方式是什么？　　(　　)

A. 全部采用探究教学方式

B. 大部分采用探究教学方式

C. 少部分采用探究教学方式

D. 从未采用探究教学方式，还是采用传统的授受式教学

(第21题选A、B或C的回答第22题至30题。)

22. 您在开展探究教学的过程中，是否在提出问题之前创设情境？　　(　　)

A. 总是　　　　　　　　B. 很少　　　　　　　　C. 从未

23. 在开展探究教学过程中，您是如何组织"制订计划与设计实验"环节的教学的？

(　　)

A. 由学生自主进行，教师给予必要的指导　　　B. 由教师进行

C. 在教师的指导下，由师生共同进行　　　　　D. 说不清

24. 在开展探究教学的过程中，您是否注重培养学生的证据意识？　　(　　)

A. 非常注重　　　　B. 比较注重　　　　C. 不太注重　　　　D. 从未注重

25. 在开展探究教学的过程中，您是否注重培养学生从实验数据经过判断、推理得到结论的能力？　　(　　)

A. 非常注重　　　　B. 比较注重　　　　C. 不太注重　　　　D. 从未注重

26. 在开展探究教学的过程中，您对学生的分组情况是怎样的？　　(　　)

A. 2～3人一组　　　B. 3～4人一组　　　C. 5～6人一组

D. 7～8人一组　　　E. 未分组

27. 在开展探究教学的过程中，您是否注重培养学生对探究过程、探究结果的评估意识？　　(　　)

A. 非常注重　　　　B. 比较注重　　　　C. 不太注重　　　　D. 从未注重

28. 在开展探究教学的过程中，您是否注重学生之间的交流与合作？　　(　　)

A. 非常注重　　　　B. 比较注重　　　　C. 不太注重　　　　D. 从未注重

29. 您在教学中是否开展课堂外的科学探究活动？　　(　　)

A. 经常开展　　　　B. 很少开展　　　　C. 从未开展

30. 您觉得您对新课程倡导的探究教学是否适应？　　(　　)

A. 非常适应　　　　B. 比较适应　　　　C. 不太适应　　　　D. 很不适应

31. 您在实施探究教学中遇到的困难有哪些？（可多选）　　(　　)

A. 关于探究教学的理论知识和实践知识比较欠缺

B. 传统的考试评价制度阻碍着探究教学的开展

C. 缺乏探究教学的氛围，如同行之间的研讨和切磋

D. 学生的基础差

E. 实验室、仪器设备不足，不能满足探究教学的需要

F. 课时紧张，开展探究教学不容易完成教学任务

G. 其他＿＿＿＿＿＿＿＿＿＿＿＿＿＿＿＿

32. 您认为可以通过哪些措施，增进自己对探究教学的适应？（可多选）　　（　　　）

A. 学习关于探究教学的理论知识　　　　B. 开展有关探究教学的培训

C. 开展关于探究教学的教研活动　　　　D. 得到专家的指导和帮助

E. 其他＿＿＿＿＿＿＿＿＿＿＿＿＿＿＿＿

附录 C

"中学物理教师对探究教学的认识及其实施情况"的调查结果

调查时间：2011 年 7 月 16—21 日

调查对象：贵州省黔东南苗族侗族自治州的 198 名中学物理教师

表 1　研究样本的基本情况

类别	选项	人数/人	百分比/%	类别	选项	人数/人	百分比/%
性别	男	165	83.3	职称	中高	22	11.1
	女	33	16.7		中一	91	46.0
教龄	1～5 年	50	25.2		中二	68	34.3
	6～10 年	69	34.9		中三	17	8.6
	11～20 年	66	33.3	学校地域	城镇	71	35.9
	20 年以上	13	6.6		农村	127	64.1
学历	本科	122	61.6	学校类型	完全中学	22	11.1
					独立初中	96	48.5
					独立高中	0	0
	专科	76	38.4		九年一贯制	80	40.4

表 2　对科学探究及探究教学知识的了解情况

序号	选项	人数/人	百分比/%
1	非常了解	17	8.6
2	比较了解	37	18.7
3	不太了解	90	45.4
4	很不了解	54	27.3
	合计	198	100.0

表 3　对探究教学目的的认识

序号	选项	人数/人	百分比/%
1	让学生经历科学探究过程，更好地培养学生的科学素养	106	53.5
2	使学生更好地掌握科学知识与技能	63	31.8
3	顺应国际科学教育改革潮流	18	9.1
4	其他	11	5.6
	合计	198	100.0

表4 对"提出问题""猜想与假设"和"制订计划与设计实验"的认识

序号	选项	提出问题		猜想与假设		制订计划与设计实验	
		人数/人	百分比/%	人数/人	百分比/%	人数/人	百分比/%
1	由学生自主进行,教师给予必要的指导	71	35.9	86	43.4	68	34.3
2	由教师进行	14	7.1	11	5.6	25	12.6
3	在教师的指导下,由师生共同进行	104	52.5	94	47.5	101	51.1
4	说不清	9	4.5	7	3.5	4	2.0
	合计	198	100.0	198	100.0	198	100.0

表5 对于教材中的科学探究内容所采取的教学方式

序号	选项	人数/人	百分比/%
1	全部采用探究教学方式	3	1.5
2	大部分采用探究教学方式	40	20.2
3	少部分采用探究教学方式	126	63.6
4	从未采用探究教学方式,还是采用传统的授受式教学	29	14.7
	合计	198	100.0

表6 开展探究教学中遇到的困难和障碍(多选)

序号	选项	人数/人	百分比/%
1	关于探究教学的理论知识和实践知识比较欠缺	121	61.1
2	传统的考试评价制度阻碍着探究教学的开展	146	73.7
3	缺乏探究教学的氛围,如同行之间的研讨和切磋	70	35.4
4	学生的基础差	107	54.0
5	实验室、仪器设备不足,不能满足探究教学的需要	125	63.1
6	课时紧张,开展探究教学不容易完成教学任务	64	32.3
7	其他	12	6.1

附录 D

专家对"中学物理教师对探究教学适应性评价指标体系"(初稿)的认同度意见及其量化分析结果

一级指标	二级指标	三级指标		专家对各指标的认同度(5级量表)							平均值	标准差
				专家A	专家B	专家C	专家D	专家E	专家F	专家G		
认识适应	教育理念	教育观	教育观A	5	4	4	5	4	4	5	4.43	0.49
			教育观B	4	4	5	4	4	5	4	4.29	0.45
		教学观	教学观A	5	4	5	5	5	4	2	4.29	1.03
			教学观B	1	5	5	5	5	3	2	3.71	1.58
			教学观C	5	5	5	5	5	5	2	4.57	1.05
		师生观		4	4	5	4	4	5	2	4.00	0.93
	对科学素养的认识	科学素养的内涵		5	4	5	5	5	5	5	4.86	0.35
		探究教学与科学素养的关系		5	5	4	5	4	5	5	4.71	0.45
	对探究教学的认识	了解探究教学的历史和时代背景		5	5	3	5	4	5	4	4.43	0.73
		认识探究教学的内涵		5	4	4	5	5	5	5	4.57	0.49
态度适应		认知成分		5	5	5	4	5	5	4	4.71	0.45
		情感成分		5	5	5	5	5	5	5	5.00	0.00
		行为倾向		5	5	4	4	5	5	5	4.71	0.45
能力适应	科学探究能力	一般的科学探究能力		5	5	5	4	5	4	5	4.71	0.45
		科学探究技能		5	5	5	4	5	4	5	4.71	0.45
	探究课堂的组织与管理能力	制订探究课堂管理常规的能力		5	5	4	4	3	5	5	4.43	0.73
		处理学生问题行为的能力		5	5	5	4	5	5	5	4.86	0.35
		组织探究学习的能力		5	5	5	4	5	5	5	4.86	0.35
		创设探究教学环境的能力		5	5	4	4	5	5	4	4.57	0.49
	教学机智	处理疑难问题的机智		5	5	4	4	5	5	4	4.57	0.49
		处理自身教学失误的机智		5	5	4	4	5	3	3	4.14	0.83
		处理探究课堂偶发事件的机智		5	5	4	4	5	5	4	4.57	0.49

续表

一级指标	二级指标	三级指标		专家对各指标的认同度（5级量表）							平均值	标准差
				专家A	专家B	专家C	专家D	专家E	专家F	专家G		
教学行为适应	教学设计	探究教学目标的制订与阐明		5	5	5	4	5	5	5	4.86	0.35
		探究教学的学生特征分析		5	5	4	5	3	5	5	4.57	0.73
		探究教学策略的制订		5	5	5	5	3	5	5	4.71	0.70
	教学实施	指导学生提出问题		5	5	5	4	5	4	5	4.71	0.45
		指导学生提出猜想与假设		5	5	5	4	5	5	5	4.86	0.35
		指导学生获取证据		5	5	5	4	5	5	5	4.86	0.35
		指导学生分析与论证		5	5	4	5	5	4	5	4.71	0.45
		交流行为		5	5	5	4	5	4	5	4.71	0.45
	教学评价	探究教学评价的指导思想	指导思想A	5	5	4	5	2	4	5	4.29	1.03
			指导思想B	5	5	3	5	2	4	1	3.57	1.50
			指导思想C	5	5	4	5	3	4	4	4.29	0.70
		探究教学评价的内容	科学知识	5	5	5	5	5	5	4	4.86	0.35
			探究学习过程与科学探究能力	5	5	5	5	5	5	5	5.00	0.00
			科学态度与科学精神	5	5	4	4	5	5	5	4.71	0.45
		探究教学评价方法		5	4	5	5	5	5	4	4.71	0.45

后　记

本书是在我的博士学位论文基础上经过修改、充实而成的。

十年磨一剑。十多年前，年近不惑的我带着对学术的憧憬迈入了底蕴深厚的北京师范大学，师从刘美凤教授攻读教育技术学博士学位。感谢导师不计我年龄大、基础薄的弱点，欣然收我为徒，使我能有幸聆听她的教诲和指导。导师渊博的学识、严谨的治学态度、孜孜不倦的学术追求、包容大气的处事风范、博大深厚的仁爱之心等品质，无时无刻不在影响和感染着我，使我学到了很多。从论文选题、开题、实践调研、写作、修改直至成书出版等各个环节无不凝结着导师的心血和付出。正是在导师的悉心指导和全力支持下，我的博士学位论文经历了多次修改和完善才得以最终完成并成书出版。这里我衷心地说声："老师，您辛苦了！"

博士学习期间我有幸聆听了北京师范大学何克抗教授、陈丽教授、余胜泉教授、武法提教授、朱智勇教授、项华教授等众多专家、学者的精彩授课和讲座，这些课和讲座对开阔我的学术视野、提升我的学术素养等发挥了不可替代的作用。谢谢他们！

感谢我的博士学位论文答辩委员会的 5 位专家，他们是衷克定教授、郭玉英教授、丁邦平教授、宋继华教授、王文槿研究员。感谢他们对本研究的肯定和认同，也感谢他们提出的问题和建议。他们所提的问题促使我对本研究进一步思考，为后续的研究指明了方向。

感谢参与专家咨询法研究的 7 位专家，他们是罗星凯教授、丁邦平教授、郭玉英教授、李春密教授、王晶莹博士、卢慕稚博士、姜涛博士。他们基于各自的渊博学识和专业智慧，对本研究的相关成果提出了中肯、客观的意见和建议，使相关结论得到了有效验证，促进了相关研究成果的修改和完善。

本书在撰写过程中参阅、引用了众多专家、学者的成果，这些成果已在注释和参考文献中列出。谨向这些专家、学者致以衷心的感谢！

感谢参与现状研究的 5 位合作教师。感谢他们在百忙之中多次接受我的访谈，并允许我进入他们的课堂教学现场听课，使我获得了丰富、翔实的第一手资料。

感谢"教育系统与绩效技术实验室"所有兄弟姐妹们对我的支持和帮助。感谢吕巾娇博士、康翠博士、马晓玲博士、高铁刚博士、鞠慧敏博士、韩世梅博士、张红艳博士、董丽丽博士对我学习、研究和生活上的无私帮助，与他们的交流讨论使我收获良多。感谢胡雯璟师妹远在美国为我搜集国外文献资料。感谢翁宁娟、王胜男、陈智敏、崔振锋、王宝慧、唐菁君等师弟师妹为我分担了很多日常杂事，使我能潜心于学业。感谢实验室带给了我家一般的温暖。

感谢北京师范大学出版社王建虹编辑对本书的辛勤付出，没有她的支持和帮助，本书的顺利出版是难以想象的。

感谢我的妻子瞿小燕女士一直以来对我的理解、支持和鼓励。在我漫长的硕士、博士求学期间，我们总是聚少离多，但她都毫无怨言，承担了一切家务和抚养孩子、照顾老人的重任，使我得以全身心地投入学业中。感谢聪明、可爱的儿子谢鑫对我的理解和支持，他的聪明懂事使我对他的担心变得多余。感谢我的姐姐、姐夫、妹妹、妹夫一直以来对这个大家庭的操劳、付出与担当。

最后，我要将我最崇高的敬意和无限的感恩之情献给我平凡而伟大的父母。自古忠孝难以两全。他们含辛茹苦将我抚养成人，但繁重的学习和工作任务使我对他们的关心和照顾实在是太少、太少。本想等我完成博士学业后好好地孝敬、照顾他们，报答他们的养育之恩。可是令我万分悲痛和抱憾的是，在我博士学习期间，他们相继因病以七十多岁高龄离开了人世。我现在只有怀揣着"子欲养而亲不待"的无奈，愿他们在天上永远安康！

感谢所有帮助过我的师长、学友和亲人们，谢谢你们对我的无私付出！我将铭记你们的恩情，继续前进。

谢绍平
2024 年 10 月于凯里学院